52
Weeks
of
Socks

52주의 뜨개 양말

지은이 레인(Laine)

핀란드에 기반을 두고 북유럽 스타일의 뜨개와 라이프스타일을 다루는 매거진으로 친환경 소재. 느리게 살기. 지역의 수공예 기술. 삶에서 만나는 아름답고 단순한 것들에 가치를 둔다. 가깝거나 먼 곳에 살고 있는 전 세계의 뜨개인과 창작자들이 레인을 통해 서로의 영감을 공유하고. 함께 공감할 수 있는 콘텐츠를 만들고자 한다.

옮긴이 서효령

이화여자대학교 과학교육과를 졸업하고 중·고등학교에서 3년간 교직 생활 후 외국계 기업에서 오랫동안 근무했다. 어렸을 때부터 관심이 있었던 번역에 뜻을 두고 글밥아카데미 수료 후 현재는 바른번역 소속 전업 번역가로 일하고 있다. 옮긴 책으로 《아르네&카를로스 시리즈》.《올터 니트 스티치 사전 200》.《식물 예찬》.《플라워 룸 모티브 뜨기》 등이 있다.

CONCEPT
Jonna Hietala & Sini Kramer

PHOTOGRAPHY
Jonna Hietala & Sini Kramer

EDITORS
Jonna Hietala, Sini Kramer
& Tiia Pyykkö

LAYOUT
Päivi Häikiö

52
Weeks
of
Socks

52주의 뜨개 양말

한 주에 한 켤레씩, 사계절 손뜨개 양말

레인(Laine) 지음 | 서효령 옮김

Hans Media

차례

서문

어린 시절 크리스마스에 관한 기억이 몇 가지 떠오릅니다. 정확히 말하면 제가 받았던 선물 가운데 말이죠. 빨간 겨울 부츠와 은색 반짝이 끈으로 장식한 분홍 가발. 스키. 그리고 내복과 손모아장갑. 털양말 등 매년 받던 이 부드러운 선물들을 얼마나 지겨워했는지 모르겠습니다. 당시 제게 대단한 선물로 인정받지 못했지만. 라우니 할머니의 알록달록한 손모아장갑과 라이자 할머니의 양말처럼 직접 만든 것들은 저에게 가장 중요한 선물로 남았습니다. 아마 그 한 코 한 코에서 할머니의 사랑을 느낄 수 있었던 것 같아요.

저의 첫 뜨개 작품 또한 양말이었습니다. 초등학생 때 복숭아색과 하얀색 줄무늬 양말을 떴는데 코 줄이기한 발가락이 마음에 들지 않아서 엄마의 도움으로 풀고 다시 떴습니다. 갓 태어난 여동생을 위한 가을색 양말과 아빠를 위한 회색 양말도 떴습니다. 당시 남자친구였던 남편이 가장 좋아하는 축구팀의 색이었던 빨간색과 검은색을 넣은 줄무늬 양말도 떴죠.

수 년째 손으로 직접 스웨터와 카디건을 뜨개질해왔지만. 털양말의 활용도가 가장 높습니다. 뜨개 선물을 해주신 할머니 두 분과는 작별 인사를 해야 했지만. 엄마는 지금도 가끔 양말을 만들어주십니다. 그리고 때때로 친구들로부터 선물 받기도 하죠. 이 책을 작업하면서 털양말에 대한 사랑이 계속 커져서 다시 떠보고 싶다는 마음이 일기 시작했습니다. 이미 자리를 잡은 디자이너들부터 이제 일을 시작한 디자이너까지. 세계 각국의 디자이너들이 이 아름다운 일을 해냈습니다. 사방으로 꼬인 뜨개 패턴을 다루고. 흥미로우면서도 완벽하게 들어맞는 방식으로 뒤꿈치를 만드는 그들의 능숙한 방법이 감탄스럽습니다.

이 책에는 아주 간단한 양말부터 복잡한 디자인의 양말까지 모두 실려 있습니다. 그렇다고 겁먹지는 마세요. 유튜브에서 도움을 얻을 수 있으니까요. 뜨개 약어든 기법이든 처음 보는 내용이라면 검색을 해보는 것도 괜찮습니다. 이 세상에는 기꺼이 자신의 지식을 다른 이들과 함께 나누려는 마음씨 고운 뜨개쟁이가 가득하거든요. 그리고 양말 뜨개와 관련 있는 정보들을 모아놓은 웹사이트에서도 유용한 영상 링크를 찾을 수 있습니다.

이제부터 매주 한 켤레씩 1년 동안 52켤레의 양말 뜨개에 도전할 준비가 되었나요? 뜨개를 천천히 진행하고 싶다면 아마 몇 년은 바쁘게 지낼 수 있을 겁니다. 저는 그렇게 이 책을 완주할 계획입니다. 제 바늘에는 이미 첫 양말이 걸려 있거든요.

욘나 히에타라라

손뜨개 약어

영문 약어	우리말 풀이
APPROX.	약.
BEF	이전.
BEG	시작.
BN	아랫면 바늘.
BO	코를 마무리한다.
BOR	단의 시작.
CC	배색.
CDD	중심 3코 모아뜨기.겉뜨기 방향으로 2코 한꺼번에 옮기기. 다음 코 겉뜨기. 옮긴 코를 방금 겉뜨기한 코에 덮어씌우기. (-2코).
CN	꽈배기바늘.
CO	기초코 만들기.
CONT	계속.
DEC('D)	코 줄이기.
DPN(S)	장갑바늘(양 끝이 뾰족한 바늘).
DS	더블스티치. 실을 앞쪽에 두고 오른바늘에 옮기기. 옮긴 코가 2코처럼(바늘에 걸린 실이 2가닥으로) 보일 때까지 실을 바늘 뒤로 잡아당긴다.
EST	설정. 설정한.
FOLL	다음. 이어서.
INC('D)	코를 늘린다.
K	겉뜨기.
K1B	아랫단 코에 겉뜨기를 한다.
K2TOG	왼코 겹쳐 2코 모아뜨기. 2코를 한꺼번에 겉뜨기를 한다. (-1코).
K2TOG TBL	왼코 겹쳐 2코 모아 꼬아뜨기. 2코를 한꺼번에 뒷고리에 겉뜨기를 한다. (-1코).
K3TOG	왼코 겹쳐 3코 모아뜨기. 3코를 한꺼번에 겉뜨기를 한다. (-2코).
KDS	더블스티치 겉뜨기. 실 2가닥을 한꺼번에 겉뜨기를 한다.
KFB	겉뜨기로 1코 늘리기. 같은 코의 앞뒤에 각각 겉뜨기를 한다. (+1코).
KTBL/K TBL/K1TBL	꼬아뜨기. 코의 뒷고리에 겉뜨기를 한다(코가 꼬인다).
KWISE	겉뜨기 방향으로.
LH	왼손.
M	마커(단수링 또는 콧수링).
M1L(P)	돌려뜨며 왼코 늘리기(안뜨기). 왼바늘을 마지막 겉뜨기(안뜨기) 코와 왼바늘의 다음 코 사이의 싱커 루프를 앞에서 뒤로 끌어 올린 다음 끌어 올린 코의 뒤쪽에 겉뜨기(안뜨기)를 한다. (+1코).
M1R(P)	돌려뜨며 오른코 늘리기(안뜨기). 왼바늘을 마지막 겉뜨기(안뜨기) 코와 왼바늘의 다음 코 사이의 싱커 루프를 뒤에서 앞으로 끌어 올린 다음 끌어 올린 코의 앞쪽에 겉뜨기(안뜨기)를 한다. (+1코).
MC	바탕색.
N/N1/N2, ETC.	바늘/바늘 1/바늘 2 등.
P	안뜨기.
P1B	아랫단 코에 안뜨기를 한다.
P2TOG	왼코 겹쳐 2코 모아 안뜨기. 2코를 한꺼번에 안뜨기를 한다. (-1코).
P3TOG	왼코 겹쳐 3코 모아 안뜨기. 3코를 한꺼번에 안뜨기를 한다. (-2코).
PATT	무늬·패턴.
PDS	더블스티치 안뜨기. 실 2가닥을 한꺼번에 안뜨기를 한다.
PFB	안뜨기로 1코 늘리기. 같은 코의 앞뒤에 각각 안뜨기를 한다. (+1코).

영문 약어	우리말 풀이
PL	걸기.
PM	마커를 건다.
PSSO	코를 덮어씌우기한다. (-1코).
PTBL/P TBL/P1TBL	꼬아 안뜨기. 코의 뒷고리에 안뜨기를 한다(코가 꼬인다).
PUW	실 주워 뜨기. 오른바늘을 다음 코의 밑부분을 감싸는 실과 다음 코의 앞고리를 통해 위쪽으로 넣는다. 안뜨기 단에서는 오른바늘을 뜨개바탕 뒤쪽에서 다음 코의 밑부분을 감싸는 실과 앞쪽 고리에 넣어 1코인 양 두 고리를 안뜨기한다. 겉뜨기 단에서는 오른바늘을 뜨개바탕 앞쪽에서 넣어 1코인 양 두 고리를 겉뜨기한다.
PWISE	안뜨기 방향으로.
REM	남은.
REP	반복한다.
RH	오른손.
RIB	고무뜨기.
RM	마커를 제거한다.
RND(S)	원통뜨기 단.
RS	겉면.
SL	걸러뜨기. 코를 뜨지 않고 오른바늘에 옮긴다. 특별한 지시가 없다면 겉면에서는 실을 뒤쪽에 두고 안뜨기 방향으로, 안면에서는 실을 앞쪽에 두고 안뜨기 방향으로 옮긴다.
SM	마커 옮기기.
SSK	오른코 겹쳐 2코 모아뜨기(걸러뜨기. 걸러뜨기. 겉뜨기). 겉뜨기하듯 한 번에 1코씩 2코 옮기기. 한꺼번에 2코의 뒷고리에 겉뜨기. (-1코).
SSP	오른코 겹쳐 2코 모아 안뜨기(걸러뜨기. 걸러뜨기. 안뜨기). 겉뜨기하듯 한 번에 1코씩 2코 옮기기. 한꺼번에 2코의 뒷고리에 안뜨기. (-1코).
SSSK	오른코 겹쳐 3코 모아뜨기(걸러뜨기. 걸러뜨기. 걸러뜨기. 겉뜨기). 겉뜨기하듯 한 번에 1코씩 3코 옮기기. 한꺼번에 3코의 뒷고리에 겉뜨기. (-2코).
ST(S)	뜨개코.
ST	메리야스뜨기.
TBL	뒷고리에.
TN	윗면 바늘.
TOG	한꺼번에.
TW	뜨개바탕을 돌린다.
WS	안면.
WYIB	실을 뒤쪽에 두고.
WYIF	실을 앞쪽에 두고.
W&T	랩앤턴(WRAP&TURN). 왼바늘의 다음 코를 뜨지 않고 오른바늘에 옮긴다. 겉뜨기 단이라면 실을 바늘 사이로 뒤에서 앞으로 가져오고. 안뜨기 단이라면 실을 바늘 사이로 앞에서 뒤로 보낸다. 해당 코를 다시 왼바늘로 옮겨 코가 실에 '감기게' 한다. 그다음 뜨개바탕을 돌려서 반대쪽 면이 앞을 향하게 한다.
YDS	야드.
YO	바늘비우기. 바늘 사이로 실을 앞으로 가져와 오른바늘을 감고 다음 코를 뜰 준비를 한다. (+1코).
[ ]	괄호 안의 지침을 지정한 횟수만큼 반복한다.
-	*에서 *까지 반복한다.

일러두기

- 이 책에 실린 작품의 게이지(10×10cm)는 블로킹Blocking(완성한 뜨개바탕에 스팀이나 수분을 가해 원하는 형태와 크기로 만들거나 코가 고르게 자리 잡도록 하는 과정) 상태에서 잰 것입니다.
- 특별한 지시가 없다면 도안은 아래에서 위로. 오른쪽에서 왼쪽으로 읽습니다.
- 무늬뜨기를 위해 특정 기초코 만들기나 코마무리법을 명시해놓았지만. 어느 기법이든 선호하는 것으로 대체할 수 있습니다.
- 무늬뜨기 방법으로 장갑바늘이나 매직 루프Magic Loop 중 어느 하나를 지정해놓았지만 선호하는 방법으로 해도 괜찮습니다. 단. 매직 루프는 긴 줄바늘(60~100cm)을 써야 합니다.
- 무늬뜨기에 사용한 실과 같은 것을 구하지 못했거나 다른 실을 사용하고 싶다면 비슷한 실로 대체해도 됩니다.
- 이 책에 사용한 기법에 대한 유용한 영상이나 링크는 웹사이트 lainemagazine.com를 참고하기 바랍니다.

1

13

마르셀린 스미스 ― 나탈리아 바실리에바 ― 아이누 버킴바예바 ― 어맨다 존스 ― 니나 탄스카넨 ― 앤드리아 모우리 ―
파울리나 카루 ― 린지 파울러 ― 넬레 드루이츠 ― 레이철 쿠페이 ― 발렌티나 콘살비 ― 민나 소르바라 ― 조세핀 앤 더 시즈

01 꽈배기 양말 INTERSECTIONS

사이즈

1(2)

완성 치수

발둘레 … 24~25.5(26.5~28)cm
발길이 … 조절 가능
양말목 길이 … 11.5cm

재료

실 … 파톤스Patons의 크로이 삭스Kroy Socks 4-ply(슈퍼워시 메리노 75%, 나일론 25%, 152m/50g) 플랙스색Flax 2(3)볼
바늘 … 2.5mm(미국 1.5) 줄바늘
도구 … 꽈배기바늘, 돗바늘
※바늘은 선호하는 뜨개 방법에 맞춰서 지침을 조정합니다.
장갑바늘, 줄바늘 2개, 동시에 양말 두 짝뜨기 등.
※필요하다면 제거 가능한 마커를 준비하세요.

게이지

메리야스뜨기 30코×43단

손뜨개 약어

왼코 위 2코 교차뜨기2/2 RC : 오른쪽으로 기우는 4코 교차무늬.
2코를 꽈배기바늘에 옮긴 다음 뜨개바탕 뒤쪽에 두기, 겉뜨기 2코, 꽈배기바늘의 2코 겉뜨기.
오른코 위 2코 교차뜨기2/2 LC : 왼쪽으로 기우는 4코 교차무늬.
2코를 꽈배기바늘에 옮긴 다음 뜨개바탕 앞쪽에 두기, 겉뜨기 2코, 꽈배기바늘의 2코 겉뜨기.

기초코 만들기

※바늘 1에는 발등과 양말목 앞쪽 코를, 바늘 2에는 발바닥·뒤꿈치·양말목 뒤쪽 코를 둡니다.
터키식 코잡기Turkish Cast-On나 피겨 에이트 코잡기Figure-Eight Cast-On, 주디의 매직 코잡기Judy's Magic Cast-On(양쪽으로 코를 잡는 방법)로 각 바늘에 12코(14코)씩 잡는다. 총 24코(28코).

(원통뜨기) 준비단 : 양 바늘의 모든 코 겉뜨기.

발가락(원통뜨기)

1단
바늘 1 : 겉뜨기 1코, 겉뜨기로 1코 늘리기, 마지막 2코 전까지 겉뜨기, 겉뜨기로 1코 늘리기, 겉뜨기 1코.
바늘 2 : 겉뜨기 1코, 겉뜨기로 1코 늘리기, 마지막 2코 전까지 겉뜨기, 겉뜨기로 1코 늘리기, 겉뜨기 1코. (+4코).
2단 : 양 바늘의 모든 코 겉뜨기.
총 64코(72코)가 될 때까지 1·2단을 반복한다.
기초코 단에서 잰 발가락 길이가 5cm 될 때까지 또는 뜨개바탕을 늘리지 않은 상태에서 착용자의 새끼발가락 맨 밑 부분에 올 때까지 겉뜨기를 계속해 메리야스뜨기한다.

발(원통뜨기)

바늘 1(발등)의 코는 교차무늬, 바늘 2(발바닥)의 코는 전부 겉뜨기한다. 전체 발길이보다 5.5(6.5)cm 짧을 때까지 설정대로 무늬뜨기한다.

교차무늬(발)

해당하는 교차무늬 도안을 따른다.

거싯Gusset(원통뜨기)

1단+홀수단
바늘 1 : 교차무늬 뜨기.
바늘 2 : 겉뜨기.
2단+짝수단
바늘 1 : 교차무늬 뜨기.
바늘 2 : 겉뜨기 1코, 겉뜨기로 1코 늘리기, 마지막 3코 전까지 겉뜨기, 겉뜨기로 1코 늘리기, 겉뜨기 2코.
바늘 2의 코가 56코(64코)가 될 때까지 1·2단을 반복한다.

힐 턴(왕복뜨기)

바늘 1의 코는 교차무늬를 뜬다. 힐 턴Hill Turn을 시작하기 전에 마친 무늬 단을 표시한다. 힐 턴은 바늘 2의 코에서만 왕복한다.

1단(겉면) : 겉뜨기 31코(35코), 오른코 겹쳐 2코 모아뜨기, 겉뜨기 1코, 뜨개바탕 돌리기. 이 돌리기로 코 사이에 틈이 생긴다.
2단(안면) : 실을 앞쪽에 두고 걸러뜨기 1코, 안뜨기 7코, 왼코 겹쳐 2코 모아 안뜨기, 안뜨기 1코, 뜨개바탕 돌리기.
3단+홀수단 : 실을 뒤쪽에 두고 걸러뜨기 1코, 틈 1코 전까지 겉뜨기, 오른코 겹쳐 2코 모아뜨기, 겉뜨기 1코, 뜨개바탕 돌리기. (-1코).
4단+짝수단 : 실을 앞쪽에 두고 걸러뜨기 1코, 틈 1코 전까지 안뜨기, 왼코 겹쳐 2코 모아 안뜨기, 안뜨기 1코, 뜨개바탕 돌리기. (-1코).
뒤꿈치에 32코(36코)가 남을 때까지 3·4단을 반복한다. 총 64코(72코).
바늘 2의 코는 모두 겉뜨기를 한다.

양말목

원통뜨기를 재개한다. 바늘 1&2에서 모두 교차무늬를 뜬다.

교차무늬(양말목)

해당하는 교차무늬 도안을 따른다. 양말목 길이가 양말목 첫 단에서 약 6.5cm 될 때까지 또는 원하는 길이보다 최소 5cm 짧을 때까지 설정한 대로 무늬뜨기한다.

양말단

2코 고무뜨기로 진행하는데 짱짱하게 뜨려면 더 작은 바늘을 이용한다.

(원통뜨기) 준비단 : 겉뜨기.
2코 고무뜨기
양말 단의 고무뜨기는 양말의 교차무늬와 연결하기 위함이다.
2코 고무뜨기를 시작하기 전 마지막 교차무늬가 왼코 위 2코 교차뜨기였다면 모든 단을 [겉뜨기 2코, 안뜨기 2코]로 진행한다.
양말 단이 5cm가 되거나 원하는 길이가 될 때까지 2코 고무뜨기를 계속한다.

코마무리하기

선호하는 신축성 있는 코막음을 사용해 아주 느슨하게 마무리한다. 2코 고무뜨기에 권장하는 코막음은 다음과 같다.
겉뜨기 1코, *겉뜨기 1코, 오른바늘의 마지막 2코를 안뜨기 방향으로 왼바늘에 옮기기, 왼코 겹쳐 2코 모아 꼬아뜨기* 1코 남을 때까지 *-* 반복.

마무리하기

남은 실을 보이지 않게 정리하고 흠뻑 적셔 블로킹한 다음 치수를 잰다. 단, 교차무늬가 납작해지거나 늘어나지 않게 주의한다.

1사이즈 발&양말목 도안

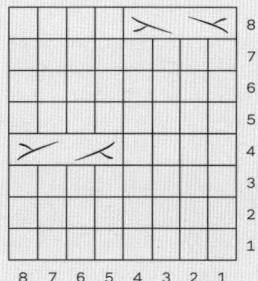

2사이즈 발 도안

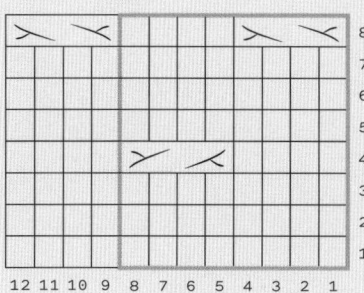

2사이즈 양말목 도안

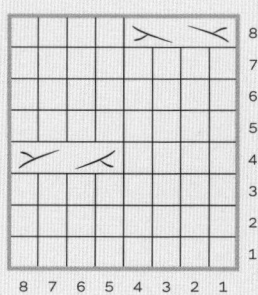

겉뜨기

반복

오른쪽으로 기우는 4코 교차무늬. 2코를 꽈배기바늘에 옮긴 다음 뜨개바탕 뒤쪽에 두기. 겉뜨기 2코. 꽈배기바늘의 2코 겉뜨기

왼쪽으로 기우는 4코 교차무늬. 꽈배기바늘에 2코를 옮기고 뜨개바탕 앞쪽에 두기. 겉뜨기 2코. 꽈배기바늘의 2코 겉뜨기

02 귀리 양말 AVENA

사이즈
1(2)

완성 치수
양말목 둘레 ··· 16.5(20)cm
발둘레 ··· 17.5(21.5)cm
발길이(조절 가능) ··· 24(25.5)cm
양말목 길이(기초코~거싯 시작점, 조절 가능) ··· 15(12.5)cm

재료
실 ··· 츠베어게어 가른Zwerger Garn의 오팔 유니 솔리드Opal Uni Solid 4-ply(울 75%, 나일론 25%, 425m/100g) 3018 크림색Ecru 1볼
바늘 ··· 2.5mm(미국 1.5) 장갑바늘 또는 줄바늘
도구 ··· (가급적잠글 수 있는) 마커 2색, 2.5mm(미국 1.5) 코바늘
※이 무늬뜨기는 실이 많이 필요한데, 2사이즈 양말 또는 양말목을 20.5cm보다 길게 뜨려면 길이가 충분해야 합니다.

게이지
메리야스뜨기 32코×48단
무늬뜨기 36코×52단

손뜨개 약어
딥 스티치 백DSB : 오른바늘을 바로 앞의 꼬인 코의 4단 아래 겉뜨기 코에 넣고, 실을 감아 길게 잡아 뺀다. 다음 코는 겉뜨기 하고 오른바늘을 같은 겉뜨기 코에 넣어 2번째 긴 고리를 만든다. (+2코).
※코바늘을 사용해 고리를 길게 잡아 뺄 수 있습니다.
딥 스티치 프런트DSF : 오른바늘을 다음 꼬인 코의 4단 아래 겉뜨기 코에 넣고, 실을 감아 길게 잡아 뺀다. 다음 코는 겉뜨기 하고 오른바늘을 같은 겉뜨기 코에 넣어 2번째 긴 고리를 만든다. (+2코).
※단의 마지막 DSF는 오른바늘을 다음 꼬인 코(그 단의 1번째 꼬인 코)의 5단 아래 겉뜨기 코에 넣어야 합니다.
왼코 늘리기LLINC : 겉뜨기 코를 끌어 올려 왼쪽으로 기우는 코를 늘린다. 방금 뜬 코의 2단 아래 코의 왼쪽 다리를 끌어 올려 겉뜨기를 한다. (+1코).
왼코 늘리기(안뜨기)LLINC(P) : 안뜨기 코를 끌어 올려 왼쪽으로 기우는 코를 늘린다. 방금 뜬 코의 2단 아래 안뜨기코의 니들 루프를 끌어올려 안뜨기한다. (+1코).
오른코 늘리기RLINC : 겉뜨기 코를 끌어 올려 오른쪽으로 기우는 코를 늘린다. 왼바늘에 걸린 코의 1단 아래 코의 오른쪽 다리를 끌어 올려 겉뜨기를 한다. (+1코).
오른코 늘리기(안뜨기)RLINC(P) : 안뜨기 코를 끌어 올려 오른쪽으로 기우는 코를 늘린다. 왼바늘에 걸린 코의 1단 아래 안뜨기코의 니들 루프를 끌어 올려 안뜨기한다. (+1코).
중심 3코 모아뜨기SL2KP2 : 왼코 겹쳐 2코 모아뜨기를 하듯 2코를 한꺼번에 오른바늘에 옮기기, 다음 코 겉뜨기, 옮긴 2코로 덮어씌우기를 한다(2번째 코가 맨 위에 온 상태로 -2코).
꼬인 오른코 겹쳐 모아뜨기 Twisted SKP : 실을 뒤쪽에 두고 안뜨기 방향으로 1코 옮기기, 다음 코 겉뜨기, 옮긴 코로 덮어씌우기를 한다(맨 위의 코가 꼬인 상태로 -1코).

POINT
거울처럼 대칭되는 양말을 원한다면 전 과정에서 DSB와 DSF를 바꿔 작업할 수 있습니다.

양말단
기초코를 60코(72코) 잡는다. 이중 사슬뜨기 방법Double-chain Methods을 추천한다.
견본 양말의 신축성 있는 코바늘 코잡기 방법은 다음과 같다. 시작매듭을 만들어 코바늘에 걸기, [코바늘에 실 감기, 대바늘에 실을 감고 코바늘 위의 두 고리 사이로 잡아 빼기] 59(71)회. 마지막 고리를 코바늘에서 대바늘로 그대로 옮기기(61(73)코), 코가 꼬이지 않게 조심하며 원통으로 연결하고 (실이 달린) 마지막 고리를 첫 코 위에 덮어씌우기(60(72)코)한다.
다음과 같이 양말단을 꼬아 고무뜨기를 한다.
꼬아뜨기, 안뜨기 2코 15단을 뜨거나 원하는 길이가 될 때까지 *-*를 반복한다.

양말목(원통뜨기)

다음과 같이 본 무늬뜨기를 시작한다.

준비단 : [겉뜨기 1코, 안뜨기 2코, 꼬아뜨기, 안뜨기 2코] 끝까지 반복.

※겉뜨기코가 4단에서 DSB의 토대코로 쓰입니다.

1·2·3단 : [꼬아뜨기, 안뜨기 2코] 끝까지 반복.

4단(DSB) : [꼬아뜨기, 안뜨기 2코, DSB, 안뜨기 2코] 끝까지 반복(반복할 때마다 +2코).

5단 : [꼬아뜨기, 안뜨기 2코, 겉뜨기 3코, 안뜨기 2코] 끝까지 반복.

6단 : [겉뜨기 1코, 안뜨기 2코, 중심 3코 모아뜨기, 안뜨기 2코] 끝까지 반복(반복할 때마다 -2코).

※겉뜨기코가 10단에서 DSF의 토대코로 쓰입니다.

7·8·9단 : [꼬아뜨기, 안뜨기 2코] 끝까지 반복.

10단(DSF) : [꼬아뜨기, 안뜨기 2코, DSF, 안뜨기 2코] 끝까지 반복(반복할 때마다 +2코).

11단 : [꼬아뜨기, 안뜨기 2코, 겉뜨기 3코, 안뜨기 2코] 끝까지 반복.

12단 : [겉뜨기 1코, 안뜨기 2코, 중심 3코 모아뜨기, 안뜨기 2코] 끝까지 반복(반복할 때마다 -2코).

※겉뜨기코는 다음 단의 DSB/DSF의 토대코로 쓰입니다.

원하는 순서로 1~6단과 7~12단을 번갈아 반복해 총 60(48)단(총 10(8)회의 DSB/DSF)을 뜨고 6단 또는 12단에서 끝낸다. 단, 양말목을 길게 뜬다면 실이 더 필요하다. 견본 양말은 DSB/DSF 순서를 DSB, DSF, DSB×2, DSF, DSB, DSF×2[=(1~12단, 1~6단) 2회, 7~12단 2회]와 같이 했다.

양말목 거싯(원통뜨기)

양말목 뒤쪽에서 두 단마다 2코씩 늘어나는데. 늘어나는 코들을 DSB/DSF 순서에 맞춰 무늬에 포함하거나 콧수가 충분하지 않아 DSB 또는 DSF를 더 넣을 수 없다면 꼬아 고무뜨기로 계속 뜬다. 6단 거싯 코 늘리기로 6코가 늘어나더라도 6단 코 늘리기 과정을 2회 진행해야 각 면에 새로운 6코가 나타난다는 점에 주의한다. 즉, DSB/DSF 순서에 따라 거싯의 맨 끝에 있는 꼬아뜨기(코 늘리기 1단에서 추가되는 코 중 하나)를 메인 무늬뜨기 5단이나 10단에 맞춰 DSB 또는 DSF로 바꿔야 할 수 있다.

※양말목 거싯 전체를 꼬아 고무뜨기를 하면 좀 더 차분한 모양으로 완성할 수 있습니다.

단의 첫 코에 잠금 마커를 걸어 시작코를 표시하고(시작 마커는 거싯의 중앙 코와 일치). 거싯 코 늘리기를 다음과 같이 시작한다.

코 늘리기 1단(1/7단에 맞춤) : 마커로 표시한 코에 꼬아뜨기-바늘비우기-꼬아뜨기, 마커를 표시한 3중 코 전까지 설정한 무늬뜨기 계속(양말목 뒤쪽에서 +2코).

다음 단(2/8단에 맞춤) : 꼬아뜨기 3코, 마커로 표시한 코 1코 전까지 설정대로 무늬뜨기 계속.

코 늘리기 2단(3/9단에 맞춤) : 꼬아뜨기, 돌려뜨며 오른코 늘리기(안뜨기), 꼬아뜨기(마커로 표시한 코), 돌려뜨며 오른코 늘리기(안뜨기), 꼬아뜨기, 마커로 표시한 코 2코 전까지 설정한 무늬뜨기 계속(양말목 뒤쪽에서 +2코).

다음 단(4/10단에 맞춤) : 꼬아뜨기, 안뜨기 1코, 꼬아뜨기(마커로 표시한 코), 안뜨기 1코, 꼬아뜨기※1, 마커로 표시한 코 2코 전까지 설정한 무늬뜨기 계속. 이때 늘어난 코는 본 무늬에 포함한다.

※1 DSB/DSF 순서에 따라 이 단이 본 무늬뜨기의 10단(DSF)에 맞춰진다면 1번째 DSF를 위해 거싯의 맨 왼쪽에 꼬아뜨기가 필요하다.

코 늘리기 3단(5/11단에 맞춤) : 꼬아뜨기※2, 안뜨기 1코, 왼코 늘리기(안뜨기), 꼬아뜨기(마커로 표시한 코), 오른코 늘리기(안뜨기), 안뜨기 1코, 꼬아뜨기, 마커로 표시한 코 전까지 설정한 무늬뜨기 계속. 이때 늘어난 코는 본 무늬에 포함한다(양말목 뒤쪽에서 +2코).

※2 DSB/DSF 순서에 따라 이 코 늘리기 단이 본 무늬뜨기의 5단에 맞춰진다면 이전 단의 마지막 DSB를 위해 거싯을 시작하는 부분 가장 오른쪽에 꼬아뜨기가 필요하다.

다음 단(6/12단에 맞춤) : 마커로 표시한 코 전까지 늘어난 코를 포함하며 설정한 무늬뜨기를 한다.

※6단 거싯 코 늘리기의 홀수 횟수 반복 시 이 단은 꼬아뜨기로 시작하고, 짝수 횟수 반복 시 겉뜨기 1코로 시작합니다. DSB/DSF 순서를 유지하면서 늘어난 코를 본 무늬에 포함하며 이 여섯 단을 반복합니다. 필요하다면 3(4)회 더 진행합니다. 양말목 뒤쪽에 24(30)코가 추가되어 총 84(102)코입니다.

마커 걸기 : 마커로 표시한 코부터 세어 12(15)코 후(A1 마커)/A1 마커에서 15(18)코 후(B1 마커)/B1 마커에서 31(37)코 후(B2 마커)/B2 마커에서 15(18)코 후(A2 마커)에 마커를 건다. A1 마커와 A2 마커 사이에 23(29)코가 있고 그 정중앙에 마커로 표시한 코가 있다.

마커를 옮겨가며 거싯 코 늘리기의 첫 다섯 단(코 늘리기 3단까지)을 작업하고 중단한다.

※좀 더 완만하게 힐 턴으로 넘어가려면 콧수를 늘리지 않고 정해진 DSB/DSF 순서를 유지하며 무늬뜨기를 6단 더 떠도 됩니다. 단, 이 작업이 실 소모량에 영향을 끼친다는 점을 주의하

세요.

끝에서 2번째 거싯 단(6/12단에 맞춤) : 늘어난 코를 설정한 무늬에 포함하며 무늬뜨기를 계속한다. 이때 마커로 표시한 코에서 B1 마커까지, B2 마커에서 마커로 표시한 코까지 겉뜨기 1코를 꼬아뜨기로 대체한다. 양말목 뒤쪽에 30(36)코가 추가되어 총 90(108)코가 된다.

최종 거싯 단 : 마커를 옮겨가며 마커로 표시한 코에서 B1 마커까지 겉뜨기한다. B2 마커에서 1코 전까지 [꼬아뜨기, 안뜨기 2코]를 반복하고 꼬아뜨기(발등의 1/7단으로 간주)를 한다. 마커로 표시한 코 전까지 겉뜨기한다.

힐 턴(왕복뜨기)

힐 턴은 왕복뜨기로 진행하는데 모든 단에서 코를 번갈아 걸러뜨기를 한다. 힐 턴은 뒤꿈치를 모래시계 모양으로 확장하는 부분과 발바닥의 중앙을 따라 코를 줄이며 말발굽 모양을 만드는 부분으로 나뉜다.

※독일식 경사뜨기 방법을 소개합니다. 더블스티치에서 뜨개바탕을 돌리는 방식의 경사뜨기라면 모두 가능합니다.

경사뜨기 준비단 1단(겉면) : 시작 마커 제거, [겉뜨기 1코, 실을 뒤쪽에 두고 걸러뜨기 1코] 2(3)회, 겉뜨기 1코, 뜨개바탕 돌리기.

경사뜨기 준비단 2단(안면) : 더블스티치, [안뜨기 1코, 실을 앞쪽에 두고 걸러뜨기 1코] 3(5)회, 안뜨기 2코, 뜨개바탕 돌리기.

왼쪽에 A1 마커와 더블스티치 사이에 10(11)코, 중앙에 작업한 더블스티치 1코와 8(12)코, 오른쪽에 마지막에 뜬 코와 A2 마커 사이에 10(11)코)가 있다.

경사뜨기 3단(겉면) : 더블스티치, 이전 경사뜨기의 더블스티치는 한 코로 뜨며 설정한 대로 걸러뜨기-기본 뜨개코 작업(걸러뜨기한 코는 겉뜨기. 겉뜨기 코는 실을 뒤쪽에 두고 걸러뜨기), 겉뜨기 1코, 뜨개바탕 돌리기.

경사뜨기 4단(안면) : 더블스티치, 이전 경사뜨기의 더블스티치는 한 코로 뜨며 설정한 대로 걸러뜨기-기본 뜨개코 작업(걸러뜨기한 코는 안뜨기. 안뜨기 코는 실을 앞쪽에 두고 걸러뜨기), 안뜨기 1코, 뜨개바탕 돌리기.

A1 마커와 A2 마커까지 마지막 경사뜨기 두 단을 반복해 단마다 힐 턴 면적을 1코씩 늘리고 안면 경사뜨기 4단에서 끝낸다. A1 마커와 A2 마커 사이에 더블스티치 1코+28(34)코. A1 마커와 A2 마커를 제거한다.

모양을 만드는 경사뜨기 5단(겉면) : 더블스티치, 걸러뜨기-기본 뜨개코 순서대로 9(12)코 뜨기, 왼코 겹쳐 2코 모아뜨기, A1 마커 걸기. 걸러

뜨기-기본 뜨개코 순서대로 5코 뜨기. A2 마커
걸기. 오른코 겹쳐 2코 모아뜨기. 9(12)코와 이전
경사뜨기 단의 더블스티치를 설정한 걸러뜨기-
기본 뜨개코 순서대로 뜨기. 겉뜨기 1코. 뜨개바
탕 돌리기.

모양을 만드는 6단(안면) : 더블스티치. 마커를 옮
겨가며 걸러뜨기-기본 뜨개코 순서대로 뜨기.
안뜨기 1코. 뜨개바탕 돌리기.

※이전 모양을 만드는 경사뜨기의 코 줄이기로
인해 안면 단마다 A1 마커와 A2 마커의 앞뒤 2
코를 실 앞쪽에 두고 걸러뜨기합니다.

모양을 만드는 7단(겉면) : 더블스티치. 걸러뜨기-
기본 뜨개코 순서대로 9(12)코 뜨기. 왼코 겹쳐
2코 모아뜨기. A1 마커 옮기기. 걸러뜨기-기본
뜨개코 순서대로 5코 뜨기. A2 마커 옮기기. 오
른코 겹쳐 2코 모아뜨기. 9(12)코와 이전 경사뜨
기 단의 더블스티치를 설정한 걸러뜨기-기본 뜨
개코 순서대로 뜨기. 겉뜨기 1코. 뜨개바탕 돌
리기.

B1 마커와 B2 마커에 이를 때까지 순서대로 마
커 전후에서 모양 만드는 경사뜨기 마지막 두 단
을 반복하고 모양 만드는 안면 경사뜨기 6단에
서 끝낸다. B1 마커와 B2 마커 사이에 더블스
티치 1코+28(34)코가 있고, 발등 코는 온전히
31(37)코다. B2 마커가 단의 시작이다.

발(원통뜨기)

아치 형태 작업을 하든 하지 않든 발바닥 코는
메리야스뜨기로, 발등 코는 DSB/DSF 순서에
따라 무늬뜨기를 계속한다. 발등의 측면에서 반
복이 불완전하다면 4/10단의 DSB/DSF(1/7단의
겉뜨기 1코)를 꼬아뜨기로 대체한다. 다음과 같이
원통뜨기를 재개한다.

발바닥 : 더블스티치. 겉뜨기 27코(33)코. 더블스
티치 겉뜨기.

발등 : 설정한 대로 (2/8단부터 이어서) 마커를 옮겨
가며 발등 31(37)코 무늬뜨기.

아치 형태 작업을 한다면 : '아치 형태 작업'으로
넘어간다.

아치 형태 작업을 하지 않는다면(다음 단)

발바닥 : 더블스티치 겉뜨기. 마커를 옮겨가며
발바닥 28(34)코 겉뜨기.

발등 : 설정한 대로 발등 31(37)코 무늬뜨기.
'발(계속)' 부분으로 넘어간다.

아치 형태 작업(옵션)

힐 턴부터 코 줄이기 선을 유지하며 발바닥의
중앙을 따라 코를 늘린다.

준비단

발바닥 : 더블스티치 겉뜨기. 겉뜨기 9(12)코. 왼

코 겹쳐 2코 모아뜨기. A1 마커 옮기기. 겉뜨기
1코. 오른코 늘리기. 겉뜨기 1코. A3 마커 걸기.
겉뜨기 2코. 왼코 늘리기. 겉뜨기 1코. A2 마커
옮기기. 오른코 겹쳐 2코 모아뜨기. 발바닥 끝까
지 겉뜨기(B1 마커).

발등 : 설정한 대로 마커를 옮겨가며 발등 31(37)
코를 무늬뜨기.

다음 단

발바닥 : 마커를 옮겨가며 겉뜨기.

발등 : 설정한 대로 무늬뜨기.

모양 만들기 단

발바닥 : A1 마커 2코 전까지 겉뜨기. 왼코 겹쳐
2코 모아뜨기. 마커 옮기기. A3 마커 1코 전까
지 겉뜨기. 오른코 늘리기. 겉뜨기 1코. 마커 옮
기기. 겉뜨기 2코. 왼코 늘리기. A2 마커 전까지
겉뜨기. 마커 옮기기. 오른코 겹쳐 2코 모아뜨기.
발바닥 끝까지 겉뜨기(B1 마커).

발등 : 설정한 대로 무늬뜨기.

시작 마커와 A1 마커 사이에 1코가 남을 때까지
마지막 두 단을 반복하며 순서대로 A1 마커와
A2 마커 전후에서는 코를 줄이고, A3 마커 전
후에서는 코를 늘린다.

발(계속)

다음 단

발바닥 : 마커를 지날 때 A 마커를 제거하며 겉
뜨기.

발등 : 설정한 대로 무늬뜨기.

원하는 발길이에서 예상 발가락 길이※3를 뺀 길
이까지 이 방식으로 DSB/DSF 순서를 유지하며
뜨다가 본 무늬뜨기 5/11단에서 끝낸다.

견본 양말은 DSB/DSF 과정을 총 3회 반복했고,
양말단부터 총 24회의 DSB/DSF를 작업했다.
※3발가락 길이는 16단이므로 발바닥에서 16
단을 세어 그 길이를 재야 합니다.

끝에서 2번째 단(6/12단에 맞춰 조정)

발바닥 : 겉뜨기.

발등 : 겉뜨기 1코를 꼬아뜨기로 대체하며 설정
한 대로 무늬뜨기.

발가락으로 넘어가는 단

발바닥 : 겉뜨기.

발등 : 시작 마커 1코 전까지 [꼬아뜨기, 안뜨기
2코]를 반복하고 꼬아뜨기.

필요하다면 원하는 발길이가 될 때까지 이 단을
반복한다.

발가락

무늬뜨기를 하면서 일정한 간격으로 10(12)코
를 줄인다. 발바닥은 메리야스뜨기. 발등은 꼬
아 고무뜨기를 하면서 줄인다.

준비단 : 마커를 전부 제거하고 겉뜨기 29(35)
코. [꼬아뜨기, 안뜨기 2코] 10(12)회. 시작 마커
를 건다. 단의 시작이 오른쪽으로 1코 이동한다.

코 줄이기 1단 : 꼬아뜨기. 겉뜨기 2코. [오른코 겹
쳐 2코 모아뜨기. 겉뜨기 4코] 4(5)회. 오른코 겹
쳐 2코 모아뜨기. 겉뜨기 1코. 꼬아뜨기. 안뜨기
2코. [꼬인 오른코 겹쳐 모아뜨기. 안뜨기 1코.
꼬아뜨기. 안뜨기 2코] 4(5)회. 꼬인 오른코 겹쳐
모아뜨기. 안뜨기 1코. (-10(12)코).

다음 네 단 : 설정한 대로 무늬뜨기.

코 줄이기 2단 : 꼬인 오른코 겹쳐 모아뜨기. 겉뜨
기 3코. [오른코 겹쳐 2코 모아뜨기. 겉뜨기 3코]
4(5)회. [꼬인 오른코 겹쳐 모아뜨기. 안뜨기 1코.
꼬아뜨기. 안뜨기 1코] 5(6)회. (-10(12)코).

다음 세 단 : 설정한 대로 무늬뜨기.

코 줄이기 3단 : 꼬아뜨기. 겉뜨기 1코. [오른코 겹
쳐 2코 모아뜨기. 겉뜨기 2코] 4(5)회. 오른코 겹
쳐 2코 모아뜨기. 꼬아뜨기. 안뜨기 1코. [꼬인
오른코 겹쳐 모아뜨기. 꼬아뜨기. 안뜨기 1코]
4(5)회. 꼬인 오른코 겹쳐 모아뜨기. (-10(12)코).

다음 두 단 : 설정한 대로 무늬뜨기.

코 줄이기 4단 : 꼬인 오른코 겹쳐 모아뜨기. 겉뜨
기 1코. [오른코 겹쳐 2코 모아뜨기. 겉뜨기 1코]
4(5)회. [꼬인 오른코 겹쳐 모아뜨기. 꼬아뜨기]
5(6)회. (-10(12)코).

다음 단 : 설정한 대로 무늬뜨기.

코 줄이기 마지막 단 : 시작 마커 제거. 꼬아뜨기.
시작 마커 걸기. 오른코 겹쳐 2코 모아뜨기 5(6)
회. 왼코 겹쳐 2코 모아 꼬아뜨기 5(6)회. (-10(12)
코).

마무리하기

실 끝을 10cm 남기고, 실을 자른다. 실을 남은
코에 통과시켜 단단히 조인다. 실을 보이지 않게
정리하고 흠뻑 적셔 블로킹한 다음 치수를 잰다.

03 지리 양말 지니

사이즈
1(2)

완성 치수
발둘레 … 19(21.5)cm
발길이 … 21(24)cm

재료
실 … 투쿠울Tukuwool의 투쿠울 삭Tukuwool sock(핀란드산 울 80%. 나일론 20%. 160m/50g) 08 루노색Runo 2볼
바늘 … 3.25mm(미국 3) 장갑바늘 또는 줄바늘
도구 … 제거 가능한 마커. 여벌의 바늘이나 별실. 돗바늘

게이지
꼬아 고무뜨기 32코×40단

손뜨개 약어
감아코로 왼코 늘리기M1L(BL) : 오른바늘에 뜨개바탕 뒤쪽으로 실을 감아 감아코 만들기. (+1코).
감아코로 오른코 늘리기M1R(BL) : 오른바늘에 뜨개바탕 앞쪽으로 실을 감아 감아코 만들기. (+1코).
오른쪽 꼬아뜨기로 코 줄이기RT DEC : 걸러뜨기 1코. 오른바늘을 다음 코의 뒷고리에 뒤에서 앞으로 넣기. 왼바늘에서 빼냈다가 다시 왼바늘에 걸기(코가 꼬임). 오른바늘의 첫 코를 다시 왼바늘에 옮기기. 2코를 한꺼번에 겉뜨기. (-1코).

POINT
1사이즈의 발볼을 더 넓게 뜨려면 2사이즈의 콧수를 잡아 1사이즈 길이로 뜨면 됩니다.

양말목(원통뜨기)
흔들코잡기로 60(68)코를 잡고 바늘 4개에 똑같이 나눈다. 단. 무늬를 조정해 줄바늘로 매직 루프를 이용해 뜰 수도 있다. 코가 꼬이지 않도록 조심하며 원통으로 연결한다. 마커를 건다.
1단 : [꼬아뜨기. 안뜨기 1코] 끝까지 반복. 마커 제거.
2단 : *[꼬아뜨기. 안뜨기 1코] 7(8)회. 마커 걸기. 꼬아뜨기. 마커 걸기. [안뜨기 1코. 꼬아뜨기] 7(8)회. 마커 걸기. 안뜨기 1코. 마커 걸기*. *~*를 1회 더 반복. 마지막 마커가 단의 시작이다.
3단 : 꼬아뜨기. 감아코로 오른코 늘리기. [안뜨기 1코. 꼬아뜨기] 5(6)회. 안뜨기 1코. 왼코 겹쳐 2코 모아 꼬아뜨기. 마

커 옮기기. 꼬아뜨기. 마커 옮기기. 오른쪽 꼬아뜨기로 코 줄이기. 안뜨기 1코. [꼬아뜨기. 안뜨기 1코] 5(6)회. 감아코로 왼코 늘리기. 꼬아뜨기. 마커 옮기기. 안뜨기 1코. 마커 옮기기. 꼬아뜨기. 오른쪽 꼬아뜨기로 코 줄이기. [안뜨기 1코. 꼬아뜨기] 5(6)회. 안뜨기 1코. 감아코로 왼코 늘리기. 마커 옮기기. 꼬아뜨기. 마커 옮기기. 감아코로 오른코 늘리기. [안뜨기 1코. 꼬아뜨기] 5(6)회. 안뜨기 1코. 왼코 겹쳐 2코 모아 꼬아뜨기. 꼬아뜨기. 마커 옮기기. 안뜨기 1코.
4단 : 꼬아뜨기 2회. [안뜨기 1코. 꼬아뜨기] 6(7)회. 마커 옮기기. 꼬아뜨기. 마커 옮기기. [꼬아뜨기. 안뜨기 1코] 6(7)회. 꼬아뜨기 2회. 마커 옮기기. 안뜨기 1코. 마커 옮기기. 꼬아뜨기 2회. [안뜨기 1코. 꼬아뜨기] 6(7)회. 마커 옮기기. 꼬아뜨기. 마커 옮기기. [꼬아뜨기. 안뜨기 1코] 6(7)회. 꼬아뜨기. 마커 옮기기. 안뜨기 1코.
5단 : 꼬아뜨기. 감아코로 오른코 늘리기. 꼬아뜨기. [안뜨기 1코. 꼬아뜨기] 5(6)회. 왼코 겹쳐 2코 모아 안뜨기. 마커 옮기기. 꼬아뜨기. 마커 옮기기. 왼코 겹쳐 2코 모아 안뜨기. [꼬아뜨기. 안뜨기 1코] 5(6)회. 꼬아뜨기. 감아코로 왼코 늘리기. 꼬아뜨기. 마커 옮기기. 안뜨기 1코. 마커 옮기기. 꼬아뜨기. 왼코 겹쳐 2코 모아 안뜨기. 꼬아뜨기. [안뜨기 1코. 꼬아뜨기] 5(6)회. 감아코로 왼코 늘리기. 마커 옮기기. 꼬아뜨기. 마커 옮기기. 감아코로 오른코 늘리기. 꼬아뜨기. [안뜨기 1코. 꼬아뜨기] 5(6)회. 왼코 겹쳐 2코 모아 안뜨기. 꼬아뜨기. 마커 옮기기. 안뜨기 1코.
6단 : *[꼬아뜨기. 안뜨기 1코] 7(8)회. 마커 옮기기. 꼬아뜨기. 마커 옮기기. [안뜨기 1코. 꼬아뜨기] 7(8)회. 마커 옮기기. 안뜨기 1코. 마커 옮기기*. *~*를 1회 더 반복.
양말목 길이가 11.5(12.5)cm가 될 때까지 3·4·5·6단을 반복한다.

발(원통뜨기)
준비단 : 꼬아뜨기. 감아코로 오른코 늘리기. [안뜨기 1코. 꼬아뜨기] 5(6)회. 안뜨기 1코. 왼코 겹쳐 2코 모아 꼬아뜨기. 마커 옮기기. 꼬아뜨기. 마커 옮기기. 오른쪽 꼬아뜨기로 코 줄이기. 안뜨기 1코. [꼬아뜨기. 안뜨기 1코] 5(6)회. 감아코로 왼코 늘리기. 꼬아뜨기. 마커 옮기기. 안뜨기 1코. 마커 제거. 별실을 사용해 다음 29(33)코 겉뜨기. 별실 자르기. 별실로 뜬 코의 처음으로 돌아가기. 뜨는 실로 겉뜨기. 마커 제거. 안뜨기 1코. 원통으로 뜨개바탕 연결하기.
1단 : 꼬아뜨기 2회. [안뜨기 1코. 꼬아뜨기] 6(7)회. 마커 옮기기. 꼬아뜨기. 마커 옮기기. [꼬아뜨기. 안뜨기 1코] 6(7)회. 꼬아뜨기 2회. 마커 옮기기. 안뜨기 1코. 마지막 코 전까지 겉뜨

기, 안뜨기 1코.

2단: 꼬아뜨기, 감아코로 오른코 늘리기, 꼬아뜨기. [안뜨기 1코, 꼬아뜨기] 5(6)회, 왼코 겹쳐 2코 모아 안뜨기, 마커 옮기기, 꼬아뜨기, 마커 옮기기, 왼코 겹쳐 2코 모아 안뜨기, [꼬아뜨기, 안뜨기 1코] 5(6)회, 꼬아뜨기, 감아코로 왼코 늘리기, 꼬아뜨기, 마커 옮기기, 안뜨기 1코, 마지막 코 전까지 겉뜨기, 안뜨기 1코.

3단: [꼬아뜨기, 안뜨기 1코] 7(8)회, 마커 옮기기, 꼬아뜨기, 마커 옮기기, [안뜨기 1코, 꼬아뜨기] 7(8)회, 마커 옮기기, 안뜨기 1코, 마지막 코 전까지 겉뜨기, 안뜨기 1코.

4단: 꼬아뜨기, 감아코로 오른코 늘리기, [안뜨기 1코, 꼬아뜨기] 5(6)회, 안뜨기 1코, 왼코 겹쳐 2코 모아 꼬아뜨기, 마커 옮기기, 꼬아뜨기, 마커 옮기기, 오른쪽 꼬아뜨기로 코 줄이기, 안뜨기 1코, [꼬아뜨기, 안뜨기 1코] 5(6)회, 감아코로 왼코 늘리기, 꼬아뜨기, 마커 옮기기, 안뜨기 1코, 마지막 코 전까지 겉뜨기, 안뜨기 1코.
별실로 뜬 곳부터 발바닥 길이가 12(14)cm 될 때까지 1·2·3·4단을 반복한다.
1·2단을 1회 더 반복한다.

발가락 모양 만들기 (원통뜨기)

준비단: [꼬아뜨기, 안뜨기 1코] 7(8)회, 마커 옮기기, 꼬아뜨기, 마커 옮기기, [안뜨기 1코, 꼬아뜨기] 7(8)회, 마커 제거, 오른코 겹쳐 2코 모아뜨기, 마지막 2코 전까지 겉뜨기, 오른코 겹쳐 2코 모아뜨기. 58(66)코.

1단: [꼬아뜨기, 안뜨기 1코] 6(7)회, 왼코 겹쳐 2코 모아 꼬아뜨기, 마커 옮기기, 꼬아뜨기, 마커 옮기기, 오른쪽 꼬아뜨기로 코 줄이기, [안뜨기 1코, 꼬아뜨기] 6(7)회, 마커 걸기, 왼코 겹쳐 2코 모아뜨기, 마지막 2코 전까지 겉뜨기, 오른코 겹쳐 2코 모아뜨기. 54(62)코.

2단: *꼬아뜨기, 안뜨기 1코* 마커 1코 전까지 *-* 반복, 꼬아뜨기, 마커 옮기기, 꼬아뜨기, 마커 옮기기, *안뜨기 1코, 꼬아뜨기* 마커 전까지 *-* 반복, 마커 옮기기, 끝까지 겉뜨기.

3단: *꼬아뜨기, 안뜨기 1코* 마커 3코 전까지 *-* 반복, 꼬아뜨기, 왼코 겹쳐 2코 모아 안뜨기, 마커 옮기기, 꼬아뜨기, *안뜨기 1코, 꼬아뜨기* 마커 전까지 *-* 반복, 마커 옮기기, 왼코 겹쳐 2코 모아뜨기, 마지막 2코 전까지 겉뜨기, 오른코 겹쳐 2코 모아뜨기. (-4코).

4단: *꼬아뜨기, 안뜨기 1코* 마커 전까지 *-* 반복, 마커 옮기기, 꼬아뜨기, 마커 옮기기, *안뜨기 1코, 꼬아뜨기* 마커 전까지 *-* 반복, 마

커 옮기기, 끝까지 겉뜨기.

5단: *꼬아뜨기, 안뜨기 1코* 마커 2코 전까지 *-* 반복, 왼코 겹쳐 2코 모아 꼬아뜨기, 마커 옮기기, 꼬아뜨기, 마커 옮기기, 오른쪽 꼬아뜨기로 코 줄이기, *안뜨기 1코, 꼬아뜨기* 마커 전까지 *-* 반복, 마커 옮기기, 왼코 겹쳐 2코 모아뜨기, 마지막 2코 전까지 겉뜨기, 오른코 겹쳐 2코 모아뜨기. (-4코).
2·3·4·5단을 2회 더 반복한다. 30(38)코.

다음 단: *꼬아뜨기, 안뜨기 1코* 마커 3코 전까지 *-* 반복, 꼬아뜨기, 왼코 겹쳐 2코 모아 안뜨기, 마커 옮기기, 꼬아뜨기, 마커 옮기기, 왼코 겹쳐 2코 모아 안뜨기, 꼬아뜨기, *안뜨기 1코, 꼬아뜨기* 마커 전까지 *-* 반복, 마커 옮기기, 왼코 겹쳐 2코 모아뜨기, 마지막 2코 전까지 겉뜨기, 오른코 겹쳐 2코 모아뜨기. (-4코).

다음 단: *꼬아뜨기, 안뜨기 1코* 마커 2코 전까지 *-* 반복, 왼코 겹쳐 2코 모아 꼬아뜨기, 마커 옮기기, 꼬아뜨기, 마커 옮기기, 오른쪽 꼬아뜨기로 코 줄이기, *안뜨기 1코, 꼬아뜨기* 마커 전까지 *-* 반복, 마커 옮기기, 왼코 겹쳐 2코 모아뜨기, 마지막 2코 전까지 겉뜨기, 오른코 겹쳐 2코 모아뜨기. (-4코).

2사이즈만
마지막 두 단을 1회 더 반복한다. (-8코).

1·2사이즈
22코. 바늘 2개로 바꾼다.

다음 단: 꼬아뜨기, 안뜨기 1코, 꼬아뜨기, 왼코 겹쳐 2코 모아 안뜨기, 마커 옮기기, 꼬아뜨기, 마커 옮기기, 왼코 겹쳐 2코 모아 안뜨기, 꼬아뜨기, 안뜨기 1코, 꼬아뜨기, 마커 옮기기, 왼코 겹쳐 2코 모아뜨기, 마지막 2코 전까지 겉뜨기, 오른코 겹쳐 2코 모아뜨기. 18코.

다음 단: 꼬아뜨기, 안뜨기 1코. 오른코 겹쳐 2코 모아뜨기, 마커 제거, 꼬아뜨기, 마커 제거, 왼코 겹쳐 2코 모아뜨기, 안뜨기 1코, 꼬아뜨기, 마커 옮기기, 왼코 겹쳐 2코 모아뜨기, 마지막 2코 전까지 겉뜨기, 오른코 겹쳐 2코 모아뜨기. (-4코). 14코.
메리야스 잇기로 코를 연결한다.

뒤꿈치 (원통뜨기)

준비단: 별실을 제거하고 코를 바늘 2개에 건다. 발바닥의 오른쪽부터 겉뜨기 29(33)코, 단의 시작에 마커를 건다.

1단: [꼬아뜨기, 안뜨기 1코] 6(7)회, 왼코 겹쳐 2코 모아 꼬아뜨기, 마커 옮기기, 꼬아뜨기, 마커 옮기기, 오른쪽 꼬아뜨기로 코 줄이기, [안뜨기 1코, 꼬아뜨기] 6(7)회, 마커 걸기, 안뜨기 1코, 왼코 겹쳐 2코 모아뜨기, 마지막 3코 전까지

겉뜨기, 오른코 겹쳐 2코 모아뜨기, 안뜨기 1코. 54(62)코.

2단: *꼬아뜨기, 안뜨기 1코* 마커 1코 전까지 *-* 반복, 꼬아뜨기, 마커 옮기기, 꼬아뜨기, 마커 옮기기, 꼬아뜨기, *안뜨기 1코, 꼬아뜨기* 마커 전까지 *-* 반복, 마커 옮기기, 안뜨기 1코, 마지막 1코 전까지 겉뜨기, 안뜨기 1코.

3단: *꼬아뜨기, 안뜨기 1코* 마커 3코 전까지 *-* 반복, 꼬아뜨기, 왼코 겹쳐 2코 모아 안뜨기, 마커 옮기기, 꼬아뜨기, 마커 옮기기, 왼코 겹쳐 2코 모아 안뜨기, 꼬아뜨기, 꼬아뜨기, *안뜨기 1코, 꼬아뜨기* 마지막 3코 전까지 겉뜨기, 오른코 겹쳐 2코 모아뜨기, 안뜨기 1코. (-4코).

4단: *꼬아뜨기, 안뜨기 1코* 마커 전까지 *-* 반복, 마커 옮기기, 꼬아뜨기, 마커 옮기기, *안뜨기 1코, 꼬아뜨기* 마커 전까지 *-* 반복, 마커 옮기기, 안뜨기 1코, 마지막 코 전까지 겉뜨기, 안뜨기 1코.

5단: *꼬아뜨기, 안뜨기 1코* 마커 2코 전까지 *-* 반복, 왼코 겹쳐 2코 모아 꼬아뜨기, 마커 옮기기, 꼬아뜨기, 마커 옮기기, 오른쪽 꼬아뜨기로 코 줄이기, *안뜨기 1코, 꼬아뜨기* 마커 전까지 *-* 반복, 마커 옮기기, 안뜨기 1코, 왼코 겹쳐 2코 모아뜨기, 마지막 3코 전까지 겉뜨기, 오른코 겹쳐 2코 모아뜨기, 안뜨기 1코. (-4코).
2·3·4·5단을 2회 더 반복한다. 30(38)코.

다음 단: *꼬아뜨기, 안뜨기 1코* 마커 3코 전까지 *-* 반복, 꼬아뜨기, 왼코 겹쳐 2코 모아 안뜨기, 마커 옮기기, 꼬아뜨기, 마커 옮기기, 왼코 겹쳐 2코 모아 안뜨기, 꼬아뜨기, *안뜨기 1코, 꼬아뜨기* 마커 전까지 *-* 반복, 마커 옮기기, 안뜨기 1코, 왼코 겹쳐 2코 모아뜨기, 마지막 3코 전까지 겉뜨기, 오른코 겹쳐 2코 모아뜨기, 안뜨기 1코. (-4코).

다음 단: *꼬아뜨기, 안뜨기 1코* 마커 2코 전까지 *-* 반복, 왼코 겹쳐 2코 모아 꼬아뜨기, 마커 옮기기, 꼬아뜨기, 마커 옮기기, 오른쪽 꼬아뜨기로 코 줄이기, *안뜨기 1코, 꼬아뜨기* 마커 전까지 *-* 반복, 마커 옮기기, 안뜨기 1코, 왼코 겹쳐 2코 모아뜨기, 마지막 3코 전까지 겉뜨기, 오른코 겹쳐 2코 모아뜨기, 안뜨기 1코. (-4코).
마지막 두 단을 1(2)회 더 반복한다. 필요하다면 바늘 2개로 바꾼다. 14코.

마무리하기
메리야스 잇기로 코를 연결한다. 남은 실을 보이지 않게 정리하고 흠뻑 적셔 블로킹한 다음 치수를 잰다.

04 나뭇가지 양말 BRANCHES

사이즈

1(2)

완성 치수

발목 둘레 … 20.5(23)cm
양말목 길이 … 21.5cm 또는 원하는 길이

재료

실 … 하우스 오브 아 라 모드House of a la Mode의 하우스House
4ply 소모사(슈퍼워시 메리노 울 80%. 나일론 20%. 366m/100g)
세이지색sage 1볼
바늘 … 2.5mm(미국 1.5) 줄바늘 또는 장갑 바늘
도구 … 마커. 꽈배기바늘. 돗바늘

게이지

레이스 무늬뜨기 31코×44단

손뜨개 약어

왼코 교차뜨기C2R : 다음 코를 꽈배기바늘에 옮기고 뜨개바
탕 뒤쪽에 두기. 다음 코 겉뜨기. 꽈배기바늘의 1코 겉뜨기.
오른코 교차뜨기C2L : 다음 코를 꽈배기바늘에 옮기고 뜨개바
탕 앞쪽에 두기. 다음 코 겉뜨기. 꽈배기바늘의 1코 겉뜨기.
중심 3코 모아뜨기SSKP : (2코를 한꺼번에 겉뜨기하듯) 2코 옮기기.
겉뜨기 1코. 옮긴 2코로 덮어씌우기. (-2코).
오른코 위 돌려 교차뜨기(아래쪽 안뜨기)T2L : 다음 코를 꽈배기바
늘에 옮기고 뜨개바탕 앞쪽에 두기. 다음 코 안뜨기. 꽈배기
바늘의 1코 꼬아뜨기.
왼코 위 돌려 교차뜨기(아래쪽 안뜨기)T2R : 다음 코를 꽈배기바늘
에 옮기고 뜨개바탕 뒤쪽에 두기. 꼬아뜨기. 꽈배기바늘의 1
코 안뜨기.
왼코에 꿴 매듭 뜨기W3 : 오른바늘을 왼바늘의 3번째 코에 넣
어 1번째와 2번째 코 위로 끌어 올리기. 겉뜨기. 바늘비우기.
겉뜨기.

POINT

'코인스티치'와 '랜턴 무늬' 모두 안뜨기 코를 끼고 작업하세요.

양말단(원통뜨기)

노르웨이식 코잡기Norwegian Cast-On나 다른 신축성 있는 코잡기로 2.5mm(미국 1.5) 바늘에 64(72)코를 잡는다.

코가 꼬이지 않게 조심하며 원통으로 연결한다. 장갑바늘로 뜬다면 코를 바늘 4개에 똑같이 나눈다. 원한다면 제거 가능한 마커로 단의 시작을 표시한다.

겉뜨기 1단.

다음과 같이 무늬뜨기를 한다.

1단: [코인스티치 도안 1단, 안뜨기 1(2)코, 랜턴 도안 1단, 안뜨기 1코, 랜턴 도안 1단, 안뜨기 1(2)코, 코인스티치 도안 1단, 안뜨기 1(2)코, 랜턴 도안 1단, 안뜨기 1코, 랜턴 도안 1단, 안뜨기 1(2)코] 끝까지 반복. 이렇게 무늬 위치가 정해진다.

코인스티치 도안과 랜턴 도안의 2단부터 이어서 뜨며 랜턴 무늬를 온전히 2회 반복하고 7단을 더 뜰 때까지 코인스티치는 네 단을 반복한다. 총 39단을 뜨고 코인스티치 도안의 3단에서 끝낸다.

양말목(원통뜨기)

다음 단: [코인스티치 도안 4단, 안뜨기 1(2)코, 나뭇가지 도안 1단, 안뜨기 1(2)코, 코인스티치 도안 4단, 안뜨기 1(2)코, 나뭇가지 도안 1단, 안뜨기 1(2)코] 단 끝까지 반복. 나머지 양말 무늬 위치가 정해진다.

장갑바늘로 뜬다면 무늬뜨기에 편하도록 코를 나눈다.

코인스티치 도안과 나뭇가지 도안을 따라 21.5cm 또는 원하는 길이가 될 때까지 설정한 대로 계속 뜨다가 짝수단에서 끝낸다. 마지막 단을 표시해놓는다.

1사이즈의 견본 양말은 나뭇가지 도안의 무늬를 2회 반복하고 12단 더 뜬 것이다.

힐 플랩(왕복뜨기)

다음과 같이 코를 다시 나눈다. 35(39)코에서 무늬뜨기를 한다. 이 35(39)코가 발등 코다.

※발등은 코인스티치 도안의 3코로 시작해 코인스티치 도안의 3코로 끝납니다.

[안뜨기 1코, 꼬아뜨기] 14(16)회, 안뜨기 1코, 뜨개바탕 돌리기. 이 29(33)코로 뒤꿈치를 만든다.

1사이즈만

다음 단(안면): [겉뜨기 1코, 꼬아 안뜨기] 14회, 겉뜨기 1코, 뜨개바탕 돌리기.

이 29코에서 다음과 같이 계속 평면으로 뜬다.

1단(겉면): 걸러뜨기 1코, [꼬아뜨기, 실을 뒤쪽에 두고 걸러뜨기 1코] 13회. 실을 뒤쪽에 두고 걸러뜨기 1코, 안뜨기 1코.

2단(안면): 걸러뜨기 1코, [꼬아 안뜨기, 겉뜨기 1코] 14회.

1·2단을 15회 더 반복한다. 힐 플랩으로 총 33단을 떴다.

2사이즈만

다음 단(안면): 겉뜨기 2코, [꼬아 안뜨기, 겉뜨기 1코] 14회. 꼬아 안뜨기, 겉뜨기 2코, 뜨개바탕 돌리기.

33코에서 다음과 같이 계속 평면으로 뜬다.

1단(겉면): 걸러뜨기 1코, 안뜨기 1코, [꼬아뜨기, 실을 뒤쪽에 두고 걸러뜨기] 14회, 꼬아뜨기, 안뜨기 2코.

2단(안면): 걸러뜨기 1코, 겉뜨기 1코, [꼬아 안뜨기, 겉뜨기 1코] 14회, 꼬아 안뜨기, 겉뜨기 2코.

1·2단을 16회 더 반복한다. 힐 플랩으로 총 35단을 떴다.

힐 턴(왕복뜨기)

1단(겉면): 걸러뜨기 1코, 겉뜨기 18(21)코, 오른코 겹쳐 2코 모아뜨기, 뜨개바탕 돌리기.

2단(안면): 걸러뜨기 1코, 안뜨기 9(11)코, 왼코 겹쳐 2코 모아 안뜨기, 뜨개바탕 돌리기.

3단: 걸러뜨기 1코, 겉뜨기 9(11)코. 오른코 겹쳐 2코 모아뜨기(틈의 양옆 1코씩), 뜨개바탕 돌리기.

4단: 걸러뜨기 1코, 안뜨기 9(11)코. 왼코 겹쳐 2코 모아 안뜨기(틈의 양옆 1코씩). 뜨개바탕 돌리기.

3·4단을 반복해 모든 코를 뜨고 안면 단에서 마친다. 11(13)코가 남는다.

거싯

원통뜨기로 돌아간다.

뒤꿈치 11(13)코 겉뜨기, 힐 플랩의 옆면을 따라 걸러뜨기 코에서 16(17)코 줍기. 힐 플랩과 발등 사이에서 1코 더 줍기.

발등 35(39)코에서 설정한 대로 무늬뜨기, 발등과 힐 플랩 사이에서 1코 줍기. 힐 플랩의 반대쪽 옆면을 따라 걸러뜨기 코에서 16(17)코 줍기. 뒤꿈치 5(6)코 겉뜨기. 총 80(88)코.

※원통뜨기는 뒤꿈치의 중앙에서 시작합니다. 매직 루프나 줄바늘 2개로 뜬다면 여기에 마커를 겁니다.

발등 35(39)코는 중단했던 부분부터 이어 무늬뜨기하고 거싯 코는 단마다 안뜨기 1코, 마지막 코 전까지 겉뜨기, 안뜨기 1코로 뜬다.

준비단: (뒤꿈치부터) 겉뜨기 6(7)코, 꼬아뜨기 16(17)코, 안뜨기 1코, 발등 35(39)코 무늬뜨기, 안뜨기 1코, 꼬아뜨기 16(17)코, 단 끝까지 겉뜨기 5(6)코.

코 줄이기 단: 발등 3코 전까지 겉뜨기, 왼코 겹쳐 2코 모아뜨기, 안뜨기 1코, 발등 35(39)코 무늬뜨기, 안뜨기 1코, 오른코 겹쳐 2코 모아뜨기, 단 끝까지 겉뜨기. (-2코).

다음 단: 발등 1코 전까지 겉뜨기, 안뜨기 1코, 발등코 무늬뜨기, 안뜨기 1코, 끝까지 겉뜨기.

마지막 두 단을 6(7)회 더 반복한다. 66(72)코가 남는다.

발

완성한 양말의 원하는 발길이보다 4cm 짧을 때까지 콧수 변화 없이 무늬뜨기를 한다.

발가락(원통뜨기)

준비단: 발바닥 33(36)코, 발등 33(36)코를 겉뜨기한다. 다음과 같이 계속 메리야스뜨기를 한다.

1단(코 줄이기 단): 발등 시작 3코 전까지 겉뜨기, 왼코 겹쳐 2코 모아뜨기, 겉뜨기 2코, 오른코 겹쳐 2코 모아뜨기. 발등 끝나기 3코 전까지 겉뜨기. 왼코 겹쳐 2코 모아뜨기, 겉뜨기 2코, 오른코 겹쳐 2코 모아뜨기, 단 끝까지 겉뜨기. (-4코).

2단: 겉뜨기.

마지막 두 단을 5(6)회 더 반복한다. 42(44)코가 남는다.

22(24)코가 남을 때까지 단마다 코 줄이기를 한다.

장갑바늘로 뜬다면 바늘 2개에 11(12)코씩 코를 나눈다.

실 끝을 30.5cm 정도 남기고, 실을 자른다.

마무리하기

메리야스 잇기로 코를 연결한다. 남은 실을 보이지 않게 정리하고 흠뻑 적셔 블로킹한 다음 치수를 잰다.

나뭇가지 도안

랜턴 도안

코인스티치 도안

겉뜨기

안뜨기

꼬아뜨기

바늘비우기

왼코 겹쳐 2코 모아뜨기

오른코 겹쳐 2코 모아뜨기

왼코 겹쳐 2코 모아뜨기하듯 2코 옮기기. 겉뜨기 1코. 옮긴 2코를 겉뜨기 코에 덮어씌우기

왼코 교차뜨기

오른코 교차뜨기

오른코 위 돌려 교차뜨기(아래쪽 안뜨기)

왼코 위 돌려 교차뜨기(아래쪽 안뜨기)

왼코에 꿴 매듭 뜨기

05 유니티 양말UNITY

사이즈
1(2)

완성 치수
양말목 길이 … 14cm
양말목 둘레 … 18(21.5)cm
발길이 … 20.5(25.5)cm
발둘레 … 18.5(22)cm
※특히 둘레 치수에 주의하세요. 발길이는 9단을 덜 뜨거나 더 떠서 조정 가능합니다.

재료
실 … 투쿠울Tukuwool의 투쿠울 삭Tukuwool sock(핀란드산 울 80%, 나일론 20%, 160m/50g) H22 발로색Valo 2볼
바늘 … 2.75mm(미국 2) 줄바늘
도구 … 마커, 돗바늘

게이지
메리야스뜨기 26코×34단
무늬뜨기 28코×34단

손뜨개 약어
오른코 교차뜨기LC : 꽈배기바늘에 1코 옮기고 뜨개바탕 앞쪽에 두기, 겉뜨기 1코, 꽈배기바늘의 1코 겉뜨기.
오른코 교차뜨기(아래쪽 안뜨기)LPC : 꽈배기바늘에 1코 옮기고 뜨개바탕 앞쪽에 두기, 안뜨기 1코, 꽈배기바늘의 1코 겉뜨기.
왼코 교차뜨기RC : 꽈배기바늘에 1코 옮기고 뜨개바탕 뒤쪽에 두기, 겉뜨기 1코, 꽈배기바늘의 1코 겉뜨기.
왼코 교차뜨기(아래쪽 안뜨기)RPC : 꽈배기바늘에 1코 옮기고 뜨개바탕 뒤쪽에 두기, 겉뜨기 1코, 꽈배기바늘의 1코 안뜨기.

양말단(원통뜨기)
막코잡기로 50(60)코를 잡는다. 코가 꼬이지 않게 조심하며 원통으로 연결한다. 마커를 건다.
1단 : [겉뜨기 1코, 안뜨기 1코, 겉뜨기 1코, 안뜨기 1코, 겉뜨기 2코, 안뜨기 1코, 겉뜨기 1코, 안뜨기 1코, 겉뜨기 1코] 끝까지 반복.
총 7단을 떴다.

양말목(원통뜨기)
원통뜨기로 도안을 따라서 뜬다. 18단 무늬를 총 2회 뜨고, 1~5단을 1회 더 뜨거나 원하는 양말목 길이가 될 때까지 진행한다.

힐 플랩(왕복뜨기)
힐 플랩은 평면으로 뜬다.
1사이즈만
준비단(겉면) : 마커를 제거한다. 마지막 코를 왼바늘에 다시 옮기기. 겉뜨기 21코. 총 22코.
2사이즈만
준비단(겉면) : 마커를 제거한다. 첫 코를 겉뜨기한 다음 오른바늘에 옮기고 보류한다. 겉뜨기 28코.
2단 : 겉뜨기 1코, 안뜨기 20(26)코, 겉뜨기 1코.
3단 : *겉뜨기 1코, 걸러뜨기 1코* 2코 남을 때까지 *-* 반복, 겉뜨기 2코.
4단 : 겉뜨기 1코, 안뜨기 20(26)코, 겉뜨기 1코.
3·4단을 총 14(15)회 반복한다.

힐 턴(왕복뜨기)
1단(겉면) : *겉뜨기 1코, 걸러뜨기 1코* 6(9)코 남을 때까지 *-* 반복, 오른코 겹쳐 2코 모아뜨기.
2단 : 걸러뜨기 1코, 안뜨기 10코, 왼코 겹쳐 2코 모아 안뜨기.

3단 : 걸러뜨기 0(1)코, [걸러뜨기 1코, 겉뜨기 1코] 5회, 걸러뜨기 1(0)코, 오른코 겹쳐 2코 모아뜨기.

12코가 남을 때까지 2·3단을 반복하고 2단에서 끝낸다.

거싯(원통뜨기)

1단(준비단) : 걸러뜨기 1코, 겉뜨기 11코. 힐 플랩의 가장자리를 따라 꼬아뜨기로 14(15)코 줍기.

※안뜨기의 니들 루프Needle Loop(바늘에 걸려 있는 고리)와 첫 겉뜨기 코 사이의 '고리'를 주우면 가장자리가 깔끔합니다.

28(32)코에서 무늬뜨기(6단 무늬).

※거싯의 시작점에서 1코 더 주워 무늬뜨기 첫 코와 함께 왼코 겹쳐 2코 모아 안뜨기(왼코 겹쳐 2코 모아뜨기)를 하면 구멍이 생기지 않습니다. 마찬가지로 거싯의 반대쪽에서도 1코 더 주워서 무늬뜨기 마지막 코와 함께 왼코 겹쳐 2코 모아 안뜨기를 합니다.

14(15)코 줍기. 왼바늘의 6코를 겉뜨기해서 오른바늘로 옮긴다. 새로운 단의 시작에 마커를 건다.

2단 : 겉뜨기 18(21)코, 무늬뜨기 32코, 겉뜨기 18(21)코.

3단 : 겉뜨기 17(20)코, 왼코 겹쳐 2코 모아뜨기, 무늬뜨기 30코, 오른코 겹쳐 2코 모아뜨기, 겉뜨기 17(20)코.

4단 : 겉뜨기 17(20)코, 무늬뜨기 32코, 겉뜨기 17(20)코.

5단 : 겉뜨기 16(19)코, 왼코 겹쳐 2코 모아뜨기, 무늬뜨기 30코, 오른코 겹쳐 2코 모아뜨기, 겉뜨기 16(19)코.

6단 : 겉뜨기 16(19)코, 무늬뜨기 32코, 겉뜨기 16(19)코.

7단 : 겉뜨기 15(18)코, 왼코 겹쳐 2코 모아뜨기, 무늬뜨기 30코, 오른코 겹쳐 2코 모아뜨기, 겉뜨기 15(18)코.

8단 : 겉뜨기 15(18)코, 무늬뜨기 32코, 겉뜨기 15(18)코.

9단 : 겉뜨기 14(17)코, 왼코 겹쳐 2코 모아뜨기, 무늬뜨기 30코, 오른코 겹쳐 2코 모아뜨기, 겉뜨기 14(17)코.

10단 : 겉뜨기 14(17)코, 무늬뜨기 32코, 겉뜨기 14(17)코.

11단 : 겉뜨기 13(16)코, 왼코 겹쳐 2코 모아뜨기, 무늬뜨기 30코, 오른코 겹쳐 2코 모아뜨기, 겉뜨기 13(16)코.

12단 : 겉뜨기 13(16)코, 무늬뜨기 32코, 겉뜨기 13(16)코.

13단 : 겉뜨기 12(15)코, 왼코 겹쳐 2코 모아뜨기, 무늬뜨기 30코, 오른코 겹쳐 2코 모아뜨기, 겉뜨기 12(15)코.

14단 : 겉뜨기 12(15)코, 무늬뜨기 32코, 겉뜨기 12(15)코.

15단 : 겉뜨기 11(14)코, 왼코 겹쳐 2코 모아뜨기, 무늬뜨기 30코, 오른코 겹쳐 2코 모아뜨기, 겉뜨기 11(14)코.

(1사이즈만(코 줄이기 계속)

16단 : 겉뜨기 11코, 무늬뜨기 32코, 겉뜨기 11코.

17단 : 겉뜨기 10코, 왼코 겹쳐 2코 모아뜨기, 무늬뜨기 30코, 오른코 겹쳐 2코 모아뜨기, 겉뜨기 10코.

18단 : 겉뜨기 10코, 무늬뜨기 32코, 겉뜨기 10코.

19단 : 겉뜨기 9코, 왼코 겹쳐 2코 모아뜨기, 무늬뜨기 30코, 오른코 겹쳐 2코 모아뜨기, 겉뜨기 9코.

50코로 줄어들었다. 이어서 발을 뜨는데 교차무늬 6단에서 끝나야 한다.

<u>2사이즈만</u>
60코로 줄어들었다. 이어서 발을 뜨는데 교차무늬 2단에서 끝나야 한다.

발(원통뜨기)

1단 : 겉뜨기 9(14)코, 무늬뜨기 32코, 겉뜨기 9(14)코.

총 26(39)단을 떴다.
교차무늬는 14(5)단에서 끝나야 한다.

발가락(원통뜨기)

1단(1사이즈) : 겉뜨기 11코, 왼코 겹쳐 2코 모아뜨기, 겉뜨기 3코, 왼코 겹쳐 2코 모아뜨기, 겉뜨기 3코, 왼코 겹쳐 2코 모아뜨기, 겉뜨기 4코, 오른코 겹쳐 2코 모아뜨기, 겉뜨기 3코, 오른코 겹쳐 2코 모아뜨기, 겉뜨기 11코.

1단(2사이즈) : 겉뜨기 12코, 왼코 겹쳐 2코 모아뜨기, 겉뜨기 2코, 오른코 겹쳐 2코 모아뜨기, 겉뜨기 24코, 왼코 겹쳐 2코 모아뜨기, 겉뜨기 2코, 오른코 겹쳐 2코 모아뜨기, 겉뜨기 12코.

2단 : 겉뜨기.

3단 : 겉뜨기 8(11)코, 왼코 겹쳐 2코 모아뜨기, 겉뜨기 2코, 오른코 겹쳐 2코 모아뜨기, 겉뜨기 16(22)코, 왼코 겹쳐 2코 모아뜨기, 겉뜨기 2코, 오른코 겹쳐 2코 모아뜨기, 겉뜨기 8(11)코.

4단 : 겉뜨기.

5단 : 겉뜨기 7(10)코, 왼코 겹쳐 2코 모아뜨기, 겉뜨기 2코, 오른코 겹쳐 2코 모아뜨기, 겉뜨기 14(20)코, 왼코 겹쳐 2코 모아뜨기, 겉뜨기 2코, 오른코 겹쳐 2코 모아뜨기, 겉뜨기 7(10)코.

6단 : 겉뜨기.

7단 : 겉뜨기6(9)코, 왼코 겹쳐 2코 모아뜨기, 겉뜨기 2코, 오른코 겹쳐 2코 모아뜨기, 겉뜨기 12(18)코, 왼코 겹쳐 2코 모아뜨기, 겉뜨기 2코, 오른코 겹쳐 2코 모아뜨기, 겉뜨기 6(9)코.

8단 : 겉뜨기.

9단 : 겉뜨기 5(8)코, 왼코 겹쳐 2코 모아뜨기, 겉뜨기 2코, 오른코 겹쳐 2코 모아뜨기, 겉뜨기 10(16)코, 왼코 겹쳐 2코 모아뜨기, 겉뜨기 2코, 오른코 겹쳐 2코 모아뜨기, 겉뜨기 5(8)코.

10단(1사이즈) : 겉뜨기.

10단(2사이즈) : 겉뜨기 7코, 왼코 겹쳐 2코 모아뜨기, 겉뜨기 2코, 오른코 겹쳐 2코 모아뜨기, 겉뜨기 14코, 왼코 겹쳐 2코 모아뜨기, 겉뜨기 2코, 오른코 겹쳐 2코 모아뜨기, 겉뜨기 7코.

11단 : 겉뜨기 4(6)코, 왼코 겹쳐 2코 모아뜨기, 겉뜨기 2코, 오른코 겹쳐 2코 모아뜨기, 겉뜨기 8(12)코, 왼코 겹쳐 2코 모아뜨기, 겉뜨기 2코, 오른코 겹쳐 2코 모아뜨기, 겉뜨기 4(6)코.

12단 : 겉뜨기 3(5)코, 왼코 겹쳐 2코 모아뜨기, 겉뜨기 2코, 오른코 겹쳐 2코 모아뜨기, 겉뜨기 6(10)코, 왼코 겹쳐 2코 모아뜨기, 겉뜨기 2코, 오른코 겹쳐 2코 모아뜨기, 겉뜨기 3(5)코.

13단 : 겉뜨기 2(4)코, 왼코 겹쳐 2코 모아뜨기, 겉뜨기 2코, 오른코 겹쳐 2코 모아뜨기, 겉뜨기 4(8)코, 왼코 겹쳐 2코 모아뜨기, 겉뜨기 2코, 오른코 겹쳐 2코 모아뜨기, 겉뜨기 2(4)코.

14단 : 겉뜨기 1(3)코, 왼코 겹쳐 2코 모아뜨기, 겉뜨기 2코, 오른코 겹쳐 2코 모아뜨기, 겉뜨기 2(6)코, 왼코 겹쳐 2코 모아뜨기, 겉뜨기 2코, 오른코 겹쳐 2코 모아뜨기, 겉뜨기 1(3)코.

15단 : 겉뜨기 0(2)코, 왼코 겹쳐 2코 모아뜨기, 겉뜨기 2코, 오른코 겹쳐 2코 모아뜨기, 겉뜨기 0(4)코, 왼코 겹쳐 2코 모아뜨기, 겉뜨기 2코, 오른코 겹쳐 2코 모아뜨기, 겉뜨기 0(2)코.

<u>1사이즈만</u>
남은 8코를 코마무리한다.

<u>2사이즈만</u>
16단 : 겉뜨기 1코, 왼코 겹쳐 2코 모아뜨기, 겉뜨기 2코, 오른코 겹쳐 2코 모아뜨기, 겉뜨기 2코, 왼코 겹쳐 2코 모아뜨기, 겉뜨기 2코, 오른코 겹쳐 2코 모아뜨기, 겉뜨기 1코.

17단 : 왼코 겹쳐 2코 모아뜨기, 겉뜨기 2코, 오른코 겹쳐 2코 모아뜨기, 왼코 겹쳐 2코 모아뜨기, 겉뜨기 2코, 오른코 겹쳐 2코 모아뜨기.

남은 8코를 코마무리한다.

마무리하기

남은 실을 보이지 않게 정리하고 흠뻑 적셔 블로킹한 다음 치수를 잰다.

범례

□	겉뜨기
•	안뜨기
⋋⋌	오른코 교차뜨기
⋋⋌	오른코 교차뜨기(아래쪽 안뜨기)
⋎⋌	왼코 교차뜨기
⋎⋌	왼코 교차뜨기(아래쪽 안뜨기)
□	코 아님

※코 아님 : 무늬를 이해하기 좋도록 추가한 임의의 칸.
실제로 뜨개를 할 때 해당 칸은 코가 아니므로 뜨지 않
습니다. 즉 '코 아님' 기호가 나오면 뜨지 않고 도안의
그다음 칸에 맞춰 이어서 뜨면 됩니다.

도안 (가로 11 ~ 1, 세로 1 ~ 18)

11	10	9	8	7	6	5	4	3	2	1	단
		⋎	⋌	•			•	⋎	⋌		18
⋎	⋌		•	•			•	•			17
	⋋	⋌	•	•			•	•	⋎	⋌	16
		⋋	⋌	•			•	⋎	⋌		15
		•		•			•		•		14
		•		•			•		•		13
		•		•			•		•		12
		•		•			•		•		11
		•		•			•		•		10
		•	⋋	⋌			⋎	⋌	•		9
		•	•		⋋	⋌		•	•		8
		•	•	⋎	⋌	⋋	⋌	•	•		7
		•	⋎	⋌			⋋	⋌	•		6
		•		•			•		•		5
		•		•			•		•		4
		•		•			•		•		3
		•		•			•		•		2
		•		•			•		•		1

06 크라스페디아 양말 CRASPEDIA

사이즈

1(2)

완성 치수

둘레 … 17.5(21.5)cm
양말목 길이(힐 턴부터 챈) … 약 16~19.5cm

재료

실 … 호자 포마르Rosa Pomar의 몬딩Mondim(포르투갈산 울
100%, 385m/100g) 115 골든 옐로 1볼
바늘 … 2.0mm(미국 0) 줄바늘, 2.5mm(미국 1.5) 줄바늘
도구 … 제거 가능한 마커, 꽈배기바늘, 코바늘, 돗바늘
※매직 루프로 뜨도록 고안한 이 패턴은 둘레가 작은 원통뜨
기에 장갑바늘을 선호한다면 윗면 바늘과 아랫면 바늘에 각
각 2개씩 사용할 것을 추천합니다.

게이지

메리야스뜨기 29코×48단
무늬뜨기 31.5코×48단

손뜨개 약어

오른코 위 돌려 교차뜨기(아래쪽 안뜨기)1/1 LPT : 다음 코를 꽈배기
바늘에 옮기고 뜨개바탕 앞쪽에 두기. 안뜨기 1코. 꽈배기바
늘의 1코 꼬아뜨기.
왼코 위 돌려 교차뜨기(아래쪽 안뜨기)1/1 RPT : 다음 코를 꽈배기
바늘에 옮기고 뜨개바탕 뒤쪽에 두기. 꼬아뜨기. 꽈배기바늘
의 1코 안뜨기.
오른코 교차뜨기1/1 LC : 다음 코를 꽈배기바늘에 옮기고 뜨개
바탕 앞쪽에 두기. 겉뜨기 1코. 꽈배기바늘의 1코 겉뜨기.
왼코 교차뜨기1/1 RC : 다음 코를 꽈배기바늘에 옮기고 뜨개바
탕 뒤쪽에 두기. 겉뜨기 1코. 꽈배기바늘의 1코 겉뜨기.

구슬뜨기

제시한 2가지 구슬뜨기 방법 가운데 선호하는 쪽을 고른다.
코바늘로 뜨는 긴뜨기 구슬3HDC : 코에 코바늘을 넣고 실을 끌
고 나오기. [코바늘에 실을 한 번 감고 다시 그 코에 넣어 또
다른 고리를 잡아 빼기] 2회.
이때 코바늘에 고리 5개가 있어야 한다. 실을 감고 고리 5개
를 모두 통과시킨다. 사슬코 1코. 코바늘을 앞쪽으로 가져와
원래의 코에 넣고 실을 감아 원래 코와 코바늘 사슬의 고리
사이로 잡아 뺀다. 오른바늘에 완성한 구슬을 옮긴다.
대바늘로 뜨는 구슬 Knit Bobble : 한 코의 앞고리, 뒷고리, 앞고
리에 겉뜨기 3회. 뜨개바탕을 돌려서 안뜨기 3코. 뜨개바탕
을 돌려서 겉뜨기 3코. 1번째 코와 2번째 코를 3번째 코에 덮
어씌워서 다시 1코로 줄인다.

발가락(원통뜨기)

큰 바늘(2.5mm)과 터키식 코잡기로 각 바늘에 14(16)코씩 28(32)코를 잡는다. 제거 가능한 마커를 걸어 단의 시작을 표시한다.

1단 : 겉뜨기.

2단 (코 늘리기) : *겉뜨기 1코, 돌려뜨며 오른코 늘리기, 윗면 바늘의 마지막 코 전까지 겉뜨기, 돌려뜨며 왼코 늘리기, 겉뜨기 1코*, 아랫면 바늘에서 *-*를 1회 더 반복한다. (+4코)

1·2단을 6(7)회 더 반복한다.

다음 단 : 겉뜨기.

다음 단(코 늘리기) : 윗면 바늘의 마지막 코 전까지 겉뜨기, 돌려뜨며 왼코 늘리기, 겉뜨기 1코, 겉뜨기 1코, 돌려뜨며 오른코 늘리기, 아랫면 바늘의 마지막 코 전까지 겉뜨기, 돌려뜨며 왼코 늘리기, 겉뜨기 1코. (+3코)

31(35)코가 늘어나서 총 59(67)코가 되었다. 양말 윗면에 29(33)코, 아랫면에 30(34)코가 있어야 한다.

발(원통뜨기)

1·2단 : 겉뜨기.

3단

윗면 바늘 : 도안을 따라 뜨기[1사이즈는 3번 칸에서 시작해 3~31번 칸(주황색 선 안)을, 2사이즈는 1번 칸에서 시작해 도안의 전체 1~33번 칸을 반복한다].

아랫면 바늘 : 겉뜨기.

발을 구부렸을 때 발목이 시작되는 지점까지 또는 발가락에서 발뒤꿈치까지 원하는 길이보다 7(8.5)cm 짧을 때까지 양말의 윗면(윗면 바늘)은 계속 설정한 대로 뜨고, 아랫면(아랫면 바늘)은 계속 메리야스뜨기한다.

힐 거싯(원통뜨기)

뒤꿈치 모양 만들기는 아랫면 바늘에서 작업한다.

1단

윗면 바늘 : 도안을 따라서 설정한 대로 계속 진행한다.

아랫면 바늘(코 늘리기) : 겉뜨기 1코, 돌려뜨며 오른코 늘리기, 마지막 코 전까지 겉뜨기, 돌려뜨며 왼코 늘리기, 겉뜨기 1코. (+2코)

2단 : 겉뜨기.

1·2단을 13(15)회 더 반복한다.

28(32)코가 늘어나서 아랫면 바늘에 58(66)코가 있다. 윗면 바늘의 콧수는 변함없다.

힐 턴(왕복뜨기)

윗면 바늘은 설정한 대로 무늬뜨기를 한다.

나머지 뒤꿈치 부분은 아랫면 바늘의 겉면이 앞을 향한 상태에서 시작해 뒤꿈치의 겉면과 안면을 왕복하며 평면으로 뜬다.

1단(겉면) : 겉뜨기 31(35)코, 왼코 겹쳐 2코 모아뜨기, 겉뜨기 1코, 뜨개바탕 돌리기. (-1코)

2단(안면) : 실을 앞쪽에 두고 걸러뜨기 1코, 안뜨기 5코, 왼코 겹쳐 2코 모아 안뜨기, 안뜨기 1코, 뜨개바탕 돌리기. (-1코)

3단 : 실을 뒤쪽에 두고 걸러뜨기 1코, 틈 1코 전까지 겉뜨기, 틈의 양옆 2코를 왼코 겹쳐 2코 모아뜨기, 겉뜨기 1코, 뜨개바탕 돌리기. (-1코)

4단 : 실을 앞쪽에 두고 걸러뜨기 1코, 틈 1코 전까지 안뜨기, 틈의 양옆 2코를 왼코 겹쳐 2코 모아 안뜨기, 안뜨기 1코, 뜨개바탕 돌리기. (-1코)

3·4단을 10(12)회 더 반복한다.

3단을 1회 더 뜨고 뜨개바탕을 안면으로 돌리지 않는다. 25(29)코가 줄어서 아랫면 바늘에 33(37)코가 남는다.

원통뜨기를 재개한다.

힐 마무리하기(원통뜨기)

이 마지막 두 단으로 거싯 상단에 구멍이 생길 가능성을 차단한다.

1단

윗면 바늘 : 설정한 대로 무늬뜨기.

아랫면 바늘 : 겉뜨기 1코, 오른코 겹쳐 2코 모아뜨기, 마지막 2코 전까지 겉뜨기, 왼코 겹쳐 2코 모아뜨기. (-2코)

2단

윗면 바늘 : 설정한 대로 무늬뜨기.

아랫면 바늘 : 오른코 겹쳐 2코 모아뜨기, 끝까지 겉뜨기. (-1코) 총 59(67)코.

양말목(원통뜨기)

1단

윗면 바늘 : 도안을 따라서 진행한다.

아랫면 바늘 : 겉뜨기.

양말목 길이가 거싯의 맨 윗부분부터 7.5~10cm 정도 될 때까지 양말의 윗면(윗면 바늘)은 설정한 대로 진행하고, 아랫면(아랫면 바늘)은 메리야스뜨기를 뜨다가 도안의 9단 또는 19단에서 끝낸다.

작은 바늘(2.0mm)로 바꾼다.

양말단

고무뜨기를 시작한다.

처음 8(10)코는 계속 설정한 대로 벌집 무늬뜨기, 안뜨기 1코, [꼬아뜨기, 안뜨기 1코] 6회, 벌집 무늬뜨기 8(10)코, 안뜨기 2코, [겉뜨기 2코, 안뜨기 2코] 단 끝까지 반복.

고무단이 3cm가 될 때까지 계속 고무뜨기를 한다.

신축성이 매우 뛰어난 제니의 코막음Jeny's surprisingly stretchy bind-off으로 코를 마무리한다.

마무리하기

남은 실을 보이지 않게 정리하고 흠뻑 적셔 블로킹한 다음 치수를 잰다.

범례

기호	설명
□	겉뜨기
Q	꼬아뜨기
⅄⅊	오른코 위 돌려 교차뜨기(아래쪽 안뜨기)
⅄⅊	왼코 위 돌려 교차뜨기(아래쪽 안뜨기)
⅄	오른코 교차뜨기
⅄	왼코 교차뜨기
•	안뜨기
⑩	구슬뜨기
☐	1사이즈만

07 흔들의자 양말 ROCKING CHAIR

사이즈

1(2)

완성 치수

발둘레 … 18.5(21.5)cm
길이 … 조절 가능

재료

실 … 트리스켈리온 얀Triskelion yarn의 스킬핑 삭Scylfing Sock
(블루페이스 레스터 50%. 고틀란드 25%. 웬슬리데일 25%. 350m/
100g) 갈매기색seagull 1볼
바늘 … 2mm(미국 0) 장갑바늘 또는 줄바늘
도구 … 마커 3개

게이지

입체감 있는 레이스 무늬뜨기 30코×68단
메리야스뜨기 30코×48단

양말단 가터뜨기 (원통뜨기)

막코잡기로 56(64)코를 잡는다. 기초코 단에 신축성이 좀 있
는지 확인한다. 필요하다면 더 굵은 바늘로 코를 잡거나 다른
코잡기 방법을 사용한다. 꼬이지 않게 조심하며 원통으로 연
결하고, 마커로 단의 시작을 표시한다.
1단 : 겉뜨기.
2단 : 안뜨기.
1·2단을 총 5회 진행한다.

양말목 (원통뜨기)

도안을 따라서 입체감 있는 레이스 무늬뜨기를 시작한다.
3~19단을 총 4회 뜨고 힐 플랩을 시작한다.

힐 플랩 (왕복뜨기)

힐 플랩은 다음 28(32)코에서 평면으로 진행한다. 발등 코는
바늘에 그대로 걸어둔다. 시작 마커를 제거한다.
※힐 플랩은 실을 안면 쪽에 두고 걸러뜨기를 합니다.
1단(겉면) : 걸러뜨기 1코, 겉뜨기 27(31)코.
2단(안면) : 걸러뜨기 1코, 안뜨기 27(31)코.
1·2단을 총 14(16)회 진행한다.

힐 턴(왕복뜨기)

※힐턴은 실을 안면 쪽에 두고 걸러뜨기를 합니다.

3단(겉면) : 걸러뜨기 1코, 겉뜨기 17(19)코, 오른코 겹쳐 2코 모아뜨기, 겉뜨기 1코, 뜨개바탕 돌리기.

4단(안면) : 걸러뜨기 1코, 안뜨기 9(9)코, 왼코 겹쳐 2코 모아 안뜨기, 안뜨기 1코, 뜨개바탕 돌리기.

5단 : 걸러뜨기 1코, 전 단에서 뜨개바탕을 돌린 지점 1 코 전까지 겉뜨기, 오른코 겹쳐 2코 모아뜨기, 겉뜨기 1 코, 뜨개바탕 돌리기.

6단 : 걸러뜨기 1코, 전 단에서 뜨개바탕을 돌린 지점 1 코 전까지 안뜨기, 왼코 겹쳐 2코 모아 안뜨기, 안뜨기 1 코, 뜨개바탕 돌리기.

양 끝에 뜨지 않은 코가 1코씩 될 때까지 5·6단을 반복한다.

7단 : 걸러뜨기 1코, 전 단에서 뜨개바탕을 돌린 지점 1 코 전까지 겉뜨기, 오른코 겹쳐 2코 모아뜨기, 뜨개바탕 돌리기.

8단 : 걸러뜨기 1코, 전 단에서 뜨개바탕을 돌린 지점 1 코 전까지 안뜨기, 왼코 겹쳐 2코 모아 안뜨기, 뜨개바탕 돌리기.

뒤꿈치 코를 전부 작업했다. 뒤꿈치에 18(20)코가 남는다.

거싯(원통뜨기)

원통뜨기를 재개한다.

준비단(뜨기 패턴 1단) : (뒤꿈치 코) 겉뜨기 18(20)코, 힐 플랩의 옆면에서 14(16)코 줍기, 마커 걸기, (보류했던 발등 코) 겉뜨기 28(32)코, 마커 걸기, 힐 플랩의 다른 옆면에서 14(16)코 줍기, 겉뜨기 9(10)코(뒤꿈치 코의 절반). 새로운 단의 시작에 시작 마커를 건다. 74(84)코.

발등 코에서는 레이스와 뜨기 패턴(4단부터 이어서)을, 발바닥 코에서는 메리야스뜨기(모든 코 겉뜨기)를 시작한다. 동시에 다음과 같이 두 단마다 거싯 코 줄이기를 한다.

코 줄이기 단 : 마커 2코 전까지 겉뜨기, 왼코 겹쳐 2코 모아뜨기, 마커 옮기기, 마커 전까지 뜨기 패턴의 다음 단 뜨기, 마커 옮기기, 오른코 겹쳐 2코 모아뜨기, 단의 시작 전까지 겉뜨기.

코 줄이기 단을 총 9(10)회 진행한다. 56(64)코.

발(원통뜨기)

발바닥 코는 메리야스뜨기, 발등 코는 뜨기 패턴으로 원하는 길이보다 약 4(4.5)cm 짧을 때까지 진행하다가 뜨기 패턴의 12단이나 18단에서 끝낸다.

발가락(원통뜨기)

준비단 : 겉뜨기 14(16)코, 마커 옮기기, 안뜨기 28(32)코, 마커 옮기기, 단의 시작 전까지 겉뜨기.

코 줄이기 단 : [마커 3코 전까지 겉뜨기, 왼코 겹쳐 2코 모아뜨기, 겉뜨기 1코, 마커 옮기기, 겉뜨기 1코, 오른코 겹쳐 2코 모아뜨기] 2회, 단의 시작 전까지 겉뜨기. (−4코).

다음 21단 : 겉뜨기.

20·21단을 총 7회 진행한다. 28(36)코.

16코 남을 때까지 코 줄이기 단(20단)만 반복한다.

그다음 (실이 양말의 옆면에 있도록) 겉뜨기를 4코 한다.

실 끝을 길게 남기고, 실을 자른다. 메리야스 잇기로 발가락 구멍을 닫는다.

마무리하기

남은 실을 보이지 않게 정리하고 흠뻑 적셔 블로킹한 다음 치수를 잰다.

	기호	설명
	□	겉뜨기
	/	왼코 겹쳐 2코 모아뜨기
	\	오른코 겹쳐 2코 모아뜨기
	o	바늘비우기
	•	안뜨기

4	3	2	1	
•	•	•	•	19
•		•		18
•		•		17
				16
•		•		15
				14
•	•	•	•	13
				12
				11
o	/			10
				9
				8
		o	\	7
				6
o	/			5
				4
				3

08

등불 양말 PORCH LIGHT

사이즈

1(2)

완성 치수

발둘레 … 19(22.5)cm
길이 … 조절 가능

재료

실(바탕색) … 리틀 라이온헤드 니트Little Lionhead Knits의 트위드 소모사Tweed Fingering(슈퍼워시 메리노 85%. 나일론 15%. 400m/100g) 겨울 양모색winter woolen 1볼
실(배색) … 리틀 라이온헤드 니트의 슈퍼워시 메리노/나일론 (슈퍼워시 메리노 85%. 나일론 15%. 80m/20g) 엘더베리 티색Elderberry Tea 미니 1볼
바늘 … 2.25mm(미국 1) 줄바늘(길이20cm)
바늘(매직 루프, 발가락양) … 2.25mm(미국 1) 줄바늘(길이80cm)
바늘(구슬뜨기용) … 2.25mm(미국 B) 코바늘
도구 … 마커, 돗바늘

게이지

메리야스뜨기 32코×44단

손뜨개 약어

구슬뜨기MB : 코바늘을 이용해 아주 깔끔한 모양이 만들어지는 일본식 구슬뜨기 방법을 추천한다.
(1) 작은 코바늘로 다음 코를 안뜨기 방향으로 왼바늘에서 빼낸다. 왼손에 실을 잡는다.
(2) 코바늘에 실을 감고 방금 코바늘에 옮긴 코에 넣는다. 실을 감고 다시 코를 통해 잡아 뺀다. 바늘에 고리 3개가 있어야 한다.
(3) 다시 실을 감고 3개의 고리를 모두 통과시킨다. 코바늘에 고리 1개가 있어야 한다.
(4) 다시 실을 감고 코바늘 위 고리를 통과시킨다.
(5) 구슬을 고정하기 위해 코바늘을 작업하던 원 코의 아래에 있는 겉뜨기 코에 넣는다. 실을 감고 아래 코와 코바늘에 걸린 고리를 모두 통과시킨다.
(6) 실을 살살 잡아당겨 코를 조이며 구슬이 뜨개바탕 앞쪽에 오게 하고 새 코를 오른바늘에 옮긴 다음 뜨개질을 계속한다.
다음 단에서 무늬뜨기를 한다.

양말단(원통뜨기)

바탕실과 막코잡기로 60(72)코를 잡는다.

원통으로 연결하고 마커로 단의 시작을 표시한다. 양말단 끝까지 [겉뜨기 2코, 안뜨기 2코]를 반복한다.

양말단 길이가 4cm 될 때까지 또는 원하는 길이가 될 때까지 반복한다.

준비

겉뜨기를 5단 한다.

배색뜨기 1구역

도안 1을 따라서 모든 단의 끝까지 2코를 반복한다.

도안을 따라서 5단을 뜬다.

바탕실을 자른다.

배색실로 겉뜨기를 1단 한다.

모스 아일릿 Moss Eyelet

매직 루프로 1사이즈를 뜨고 있다면 이 부분의 콧수를 다르게 나눠야 한다. 앞바늘에 24코, 뒷바늘에 36코로 나눈다. 도안 2를 따라서 단마다 12코를 5(6)회 반복한다.

도안 2를 마치고 배색실로 겉뜨기를 1단 진행한다.

매직 루프로 1사이즈를 계속 뜨려면 다시 앞바늘과 뒷바늘에 코를 똑같이 나눈다.

배색뜨기 2구역

도안 1을 따라서 모든 단의 끝까지 2코를 반복한다.

도안을 따라서 5단을 뜬다.

배색실을 자른다.

양말목

양말 길이가 기초코 단에서 15cm가 될 때까지 바탕실을 이용해 모든 코를 겉뜨기한다.

힐 플랩(왕복뜨기)

힐 플랩은 30(36)코만 뜨며. 왕복뜨기로 뜨개바탕을 돌려가며 뒤꿈치가 될 정사각형 플랩을 만든다.

1단(겉면) : [걸러뜨기 1코, 겉뜨기 1코] 힐 플랩 끝까지 반복. 뜨개바탕 돌리기.

2단(안면) : 걸러뜨기 1코, 끝까지 안뜨기, 뜨개바탕 돌리기.

옆면에 걸러뜨기 코가 18(20)코가 될 때까지 1·2단을 반복한다. 나중에 이 코들에서 코를 줍는다.

힐 턴(왕복뜨기)

1단(겉면) : 걸러뜨기 1코, 겉뜨기 17(20)코, 오른코 겹쳐 2코 모아뜨기, 겉뜨기 1코, 뜨개바탕 돌리기.

2단(안면) : 걸러뜨기 1코, 안뜨기 7코, 왼코 겹쳐 2코 모아 안뜨기, 안뜨기 1코.

3단(겉면) : 걸러뜨기 1코, 틈 1코 전까지 겉뜨기, 오른코 겹쳐 2코 모아뜨기, 겉뜨기 1코, 뜨개바탕 돌리기.

4단(안면) : 걸러뜨기 1코, 틈 1코 전까지 안뜨기, 왼코 겹쳐 2코 모아 안뜨기, 안뜨기 1코, 뜨개바탕 돌리기.

모든 코를 작업하고 18(22)코가 남을 때까지 3·4단을 반복한다. 1사이즈의 마지막 반복 구간은 오른코 겹쳐 2코 모아뜨기/왼코 겹쳐 2코 모아 안뜨기로 끝나게 된다.

걸러뜨기 1코. 단 끝까지 겉뜨기를 하면 겉면의 맨 왼쪽에서 코를 주울 차례가 된다.

거싯(원통뜨기)

힐 플랩의 가장자리를 따라서 걸러뜨기 코마다 1코씩 18(20)코를 줍는다. 힐 플랩과 양말 윗면 사이의 틈에서 코를 더 줍는 게 좋을 수 있다. 코를 더 주웠다면 반대쪽도 똑같이 더 주워야 한다. 마커를 건다.

양말 윗면의 30(36)코를 겉뜨기한다. 마커를 건다. 힐 플랩의 반대쪽 면을 따라 18(20)코를 줍는다. 먼저 측면의 틈에서 코를 더 주웠다면 이곳에서도 똑같이 더 주워야 한다.

힐 턴의 아래쪽 가운데 코 전까지 겉뜨기를 하며 마커 사이의 코를 반으로 나눈다. 이때 마커는 뒤꿈치 아래쪽의 가운데에 있어야 한다. 마커를 걸어 단의 시작을 표시한다.

1단 : 1번째 마커 3코 전까지 겉뜨기. 왼코 겹쳐 2코 모아뜨기, 겉뜨기 1코, 마커 옮기기, 겉뜨기 30(36)코, 마커 옮기기, 겉뜨기 1코, 오른코 겹쳐 2코 모아뜨기, 시작 마커 전까지 겉뜨기, 마커 옮기기.

2단 : 마커를 옮겨가며 끝까지 겉뜨기.

발의 아랫면 콧수가 윗면의 콧수 30(36)코와 같아질 때까지 1·2단을 반복한다.

단의 끝(뒤꿈치 아랫면의 중간)에서 마커를 제거하고 1번째 마커까지 겉뜨기한다.

발

세탁하고 블로킹하면 약간 늘어나므로 발길이가 원하는 길이보다 4(5)cm 짧을 때까지 겉뜨기한다.

발가락(원통뜨기)

20cm 줄바늘로 작업하고 있다면 매직 루프로 뜨기 위해 80cm 줄바늘로 바꾼다. 이 부분에서 처음 30(36)코는 '윗부분'. 2번째 30(36)코는 '아랫부분'이라 부른다.

1단

윗부분 : 겉뜨기 1코, 오른코 겹쳐 2코 모아뜨기, 마지막 3코 전까지 겉뜨기, 왼코 겹쳐 2코 모아뜨기, 겉뜨기 1코.

아랫부분 : 겉뜨기 1코, 오른코 겹쳐 2코 모아뜨기, 마지막 3코 전까지 겉뜨기, 왼코 겹쳐 2코 모아뜨기, 겉뜨기 1코.

2단 : 끝까지 겉뜨기.

각 바늘에 18코가 남을 때까지 1·2단을 총 6(9)회 반복한다.

각 바늘에 8코가 남을 때까지 1단을 5회 반복한다.

마무리하기

실 끝을 30.5cm 정도 남기고, 실을 자른다. 메리야스 잇기로 코를 연결한다. 남은 실을 보이지 않게 정리하고 블로킹한 다음 치수를 잰다.

도안 1

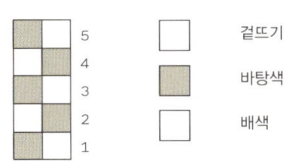

	겉뜨기
(바탕색)	바탕색
	배색

도안 2

12	11	10	9	8	7	6	5	4	3	2	1	
O					∧					O		9
					•							8
O				/	•	\				O		7
				•	•	•						6
O			/	•	•	•	\			O		5
		•	•	•	◉	•	•					4
O		/	•	•	•	•	•	\		O		3
	•	•	•	•	•	•	•	•				2
O	/	•	•	•	•	•	•	•	\	O		1

	겉뜨기
O	바늘비우기
/	왼코 겹쳐 2코 모아뜨기
\	오른코 겹쳐 2코 모아뜨기
•	안뜨기
∧	걸러뜨기 1코. 왼코 겹쳐 2코 모아뜨기. 코 덮어씌우기
◉	구슬뜨기

09 벌집무늬 양말 IMKER

사이즈

1(2)

완성 치수

발/양말목 둘레 … 20(21.5)cm
발길이 … 22.5(23.5)cm
양말목 길이 … 10.5cm
양말단 길이 … 10cm(반으로 접어서 착용)

재료

실 … 블랙커 얀스Blacker yarns의 모헤어 블렌드Mohair Blend
4ply(퓨어 뉴 울 50%. 모헤어 50%. 175m/50g) 메더렐색Metherel
2볼
바늘 … 2mm(미국 0) 줄바늘. 2.5mm(미국 1.5) 줄바늘 또는
장갑바늘
도구 … 마커, 꽈배기바늘, 돗바늘

게이지

메리야스뜨기 28코×38단/2.5mm(미국 1.5) 바늘
교차무늬뜨기 32코×40단/2.5mm(미국 1.5) 바늘

손뜨개 약어

오른코 교차뜨기1/1 LC : 첫 코를 왼바늘에 걸어둔 상태로 첫 코
뒤로 2번째 코 겉뜨기. 첫 코를 겉뜨기하고 왼바늘에서 2코
옮기기.
왼코 교차뜨기1/1 RC : 첫 코를 왼바늘에 걸어둔 상태로 첫 코
앞으로 2번째 코 겉뜨기. 첫 코를 겉뜨기하고 왼바늘에서 2
코 옮기기.
오른코 위 2코 교차뜨기2/2 LC : 꽈배기바늘에 2코를 옮기고 뜨

개바탕 앞쪽에 두기. 겉뜨기 2코. 꽈배기바늘의 2코 겉뜨기.
왼코 위 2코 교차뜨기2/2 RC : 꽈배기바늘에 2코를 옮기고 뜨
개바탕 뒤쪽에 두기. 겉뜨기 2코. 꽈배기바늘의 2코 겉뜨기.

발가락(원통뜨기)

주디의 매직 코잡기를 이용해 2.5mm(미국 1.5) 바늘에 8코씩
16코를 잡는다.
첫 8코는 바늘 1. 마지막 8코는 바늘 2라 부른다.
1단
바늘 1 : 겉뜨기 8코.
바늘 2 : 꼬아뜨기 8코.
2단
바늘 1 : 겉뜨기 1코. 돌려뜨며 오른코 늘리기. 마지막 코 전까
지 겉뜨기. 돌려뜨며 왼코 늘리기. 겉뜨기 1코. (+2코).
바늘 2 : 겉뜨기 1코. 돌려뜨며 오른코 늘리기. 마지막 코 전까
지 겉뜨기. 돌려뜨며 왼코 늘리기. 겉뜨기 1코. (+2코).
3·4단 : 2단을 2회 더 반복한다.
총 28코여야 한다.
5단
바늘 1 : 겉뜨기.
바늘 2 : 겉뜨기.
6단
바늘 1 : 겉뜨기 1코. 돌려뜨며 오른코 늘리기. 마지막 코 전까
지 겉뜨기. 돌려뜨며 왼코 늘리기. 겉뜨기 1코. (+2코).
바늘 2 : 겉뜨기 1코. 돌려뜨며 오른코 늘리기. 마지막 코 전까
지 겉뜨기. 돌려뜨며 왼코 늘리기. 겉뜨기 1코. (+2코).
7~18(20)단 : 5·6단을 6(7)회 더 반복한다.
총 56(60)코여야 한다.
19단

바늘 1 : 겉뜨기.
바늘 2 : 겉뜨기.

발(원통뜨기)
준비단
바늘 1 : 안뜨기 1코, 겉뜨기 2코, 안뜨기 1(2)코, 겉뜨기 1코, 돌려뜨며 왼코 늘리기, 겉뜨기 4코, 돌려뜨며 왼코 늘리기, 겉뜨기 10코, 돌려뜨며 오른코 늘리기, 겉뜨기 4코, 돌려뜨며 오른코 늘리기, 겉뜨기 1코, 안뜨기 1(2)코, 겉뜨기 2코, 안뜨기 1코. (+4코). 32(34)코.
바늘 2 : 겉뜨기.
바늘 1에서 교차무늬 뜨기를 한다.
지시가 없는 한 바늘 2는 모두 겉뜨기를 한다.
도안 A의 교차무늬를 뜬다.
기초코 단에서 12(12.5)cm가 될 때까지 또는 원하는 발길이보다 10.5(11)cm 짧을 때까지 1~8단을 반복한다. 양말목 뒤쪽도 교차무늬를 뜨고 싶다면 2단 또는 6단(4단 또는 8단)에서 끝내고 거싯을 시작한다.

거싯(원통뜨기)
1단
바늘 1 : 발 부분에 설정한 무늬뜨기.
바늘 2 : 겉뜨기 1코, 돌려뜨며 오른코 늘리기, 마지막 코 전까지 겉뜨기, 돌려뜨며 왼코 늘리기, 겉뜨기 1코.
2단
바늘 1 : 무늬뜨기.
바늘 2 : 겉뜨기.
3~28(3~30)단 : 1·2단을 13(14)회 더 반복한다.
바늘 1에 32(34)코, 바늘 2에 56(60)코로 총 88(94)코여야 한다.

뒤꿈치(왕복뜨기)
(원통뜨기) 준비단
바늘 1 : 발 부분에 설정대로 무늬뜨기를 한다.
바늘 1의 코는 꽈배기바늘에 걸어두고 뜨지 않는다. 뒤꿈치는 바늘 2의 56(60)코에서 평면으로 뜬다.
1단(겉면) : 겉뜨기 40(43)코, 랩앤턴.
2단(안면) : 안뜨기 24(26)코, 랩앤턴.
3단 : 겉뜨기 22(24)코, 랩앤턴.
4단 : 안뜨기 20(22)코, 랩앤턴.
5단 : 겉뜨기 18(20)코, 랩앤턴.
6단 : 안뜨기 16(18)코, 랩앤턴.
7단 : 겉뜨기 14(16)코, 랩앤턴.
8단 : 안뜨기 12(14)코, 랩앤턴.
9단 : 겉뜨기 11(12)코, 랩앤턴.

10단 : 안뜨기 10(10)코, 랩앤턴.
다음 두 단에서는 코에 감긴 실을 주워서 코와 함께 떠야 한다.
11단 : 겉뜨기 18(19)코, 오른코 겹쳐 2코 모아뜨기, 뜨개바탕 돌리기. (-1코).
12단 : 걸러뜨기 1코, 안뜨기 26(28)코, 왼코 겹쳐 2코 모아 안뜨기, 뜨개바탕 돌리기. (-1코).

힐 플랩(왕복뜨기)
힐 플랩은 바늘 2의 나머지 54(58)코에서 뜬다.
1단(겉면) : 걸러뜨기 1코, [겉뜨기 1코, 걸러뜨기 1코] 13(14)회, 오른코 겹쳐 2코 모아뜨기, 뜨개바탕 돌리기. (-1코).
2단(안면) : 걸러뜨기 1코, 안뜨기 26(28)코, 왼코 겹쳐 2코 모아 안뜨기, 뜨개바탕 돌리기. (-1코).
3단 : 걸러뜨기 1코, [걸러뜨기 1코, 겉뜨기 1코] 13(14)회, 오른코 겹쳐 2코 모아뜨기, 뜨개바탕 돌리기. (-1코).
4단 : 걸러뜨기 1코, 안뜨기 26(28)코, 왼코 겹쳐 2코 모아 안뜨기, 뜨개바탕 돌리기. (-1코).
5~26(5~28)단 : 바늘 2의 코가 28(30)코 될 때까지 1~4단을 반복하다가 2(4)단에서 끝낸다.
27(29)단 : 겉뜨기.

양말목(원통뜨기)
바늘 1의 코들을 꽈배기바늘에서 바늘로 다시 옮긴다. 원통뜨기를 재개하며 중단했던 곳에서 이어서 진행한다. 즉 추천한 단 중 하나에서 끝내고 거싯을 시작했다면 2단 또는 6단(4단 또는 8단)이다.

준비단
바늘 1 : 발 부분에서 설정한 대로 무늬뜨기.
바늘 2 : (안뜨기 1코.) 겉뜨기 1코, 돌려뜨며 왼코 늘리기, 겉뜨기 4코, 돌려뜨며 오른코 늘리기, 겉뜨기 18코, 돌려뜨며 왼코 늘리기, 겉뜨기 4코, 돌려뜨며 오른코 늘리기, 겉뜨기 1코(. 안뜨기 1코.). 4코 늘어서 32(34)코.
두 바늘에서 무늬뜨기를 계속한다. 바늘 1은 도안 A. 바늘 2는 도안 B를 따라 중단했던 단에서 이어 진행한다.
무늬 전체를 5회 반복 또는 원하는 길이가 될 때까지 반복하며 1단이나 5단에서 끝낸다.

양말단(원통뜨기)
2mm(미국 0) 바늘로 다음과 같이 원통뜨기를 한다.
1사이즈만
준비단
바늘 1 : 안뜨기 1코, 왼코 겹쳐 2코 모아뜨기, 겉

뜨기 1코, 왼코 겹쳐 2코 모아뜨기, 겉뜨기 20코, 오른코 겹쳐 2코 모아뜨기, 겉뜨기 1코, 오른코 겹쳐 2코 모아뜨기, 안뜨기 1코. 4코 줄어서 28코.
바늘 2 : 왼코 겹쳐 2코 모아뜨기, 겉뜨기 1코, 왼코 겹쳐 2코 모아뜨기, 겉뜨기 22코, 오른코 겹쳐 2코 모아뜨기, 겉뜨기 1코, 오른코 겹쳐 2코 모아뜨기. 4코 줄어서 28코.
1단
바늘 1 : 안뜨기 1코, [겉뜨기 2코, 안뜨기 2코] 6회, 겉뜨기 2코, 안뜨기 1코.
바늘 2 : 안뜨기 1코, [겉뜨기 2코, 안뜨기 2코] 6회, 겉뜨기 2코, 안뜨기 1코.

2사이즈만
준비단
바늘 1 : 겉뜨기 4코, 왼코 겹쳐 2코 모아뜨기, 겉뜨기 22코, 오른코 겹쳐 2코 모아뜨기, 겉뜨기 4코. 2코 줄어서 32코.
바늘 2 : 왼코 겹쳐 2코 모아뜨기, 겉뜨기 30코, 오른코 겹쳐 2코 모아뜨기. 2코 줄어서 32코.
1단
바늘 1 : 겉뜨기 1코, [안뜨기 2코, 겉뜨기 2코] 7회, 안뜨기 2코, 겉뜨기 1코.
바늘 2 : 겉뜨기 1코, [안뜨기 2코, 겉뜨기 2코] 7회, 안뜨기 2코, 겉뜨기 1코.

1·2사이즈
양말단 길이가 약 10cm 될 때까지 1단을 반복한다.
신축성이 매우 뛰어난 제니의 코막음처럼 탄력적인 방법을 사용해 무늬뜨기의 모든 코를 마무리한다.

마무리하기
남은 실을 보이지 않게 정리하고 흠뻑 적셔 블로킹한 다음 치수를 잰다. 양말단을 반으로 접는다.

도안 A

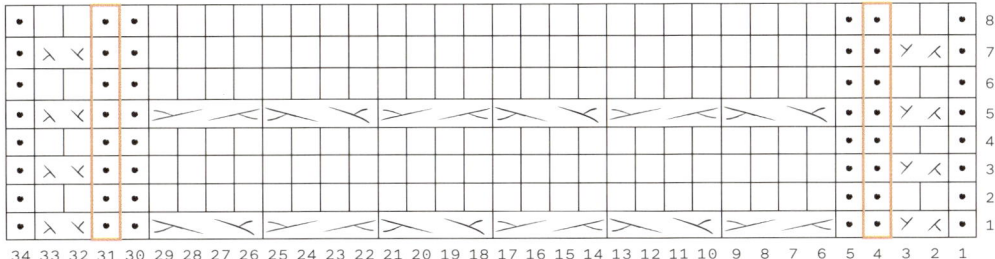

도안 B

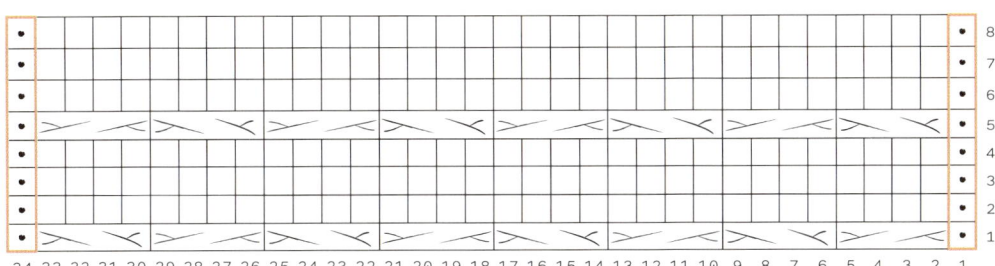

	겉뜨기
	안뜨기
	2사이즈만
	왼코 교차뜨기
	오른코 교차뜨기
	왼코 위 2코 교차뜨기
	오른코 위 2코 교차뜨기

10 렘피 양말 LEMPI

사이즈
1(2)

완성 치수
발둘레(늘리지 않은 상태) ⋯ 20(22)cm
양말목 길이 ⋯ 15cm
※ 실제 길이보다 0.5cm 짧게 완성해야 양말이 발에 잘 맞습니다.

재료
실(색①) ⋯ 쿱 니트Coop Knits의 삭스 예!Socks Yeah!(슈퍼워시 메리노 75%. 나일론 25%. 212m/50g) 103 액시나이트색Axinite 1볼
실(색②) ⋯ 쿱 니트의 삭스 예!(슈퍼워시 메리노 75%. 나일론 25%. 212m/50g) 112 수길라이트색Sugilite 1볼
실(색③) ⋯ 쿱 니트의 삭스 예!(슈퍼워시 메리노 75%. 나일론 25%. 212m/50g) 105 댄버라이트색Danburite 1볼
바늘 ⋯ 2.5mm(미국 1.5) 줄바늘 또는 장갑바늘
도구 ⋯ 마커. 돗바늘

게이지
메리야스뜨기 36코×50단/2.5mm(미국 1.5) 바늘

양말단(원통뜨기)
색① 실로 72(80)코를 잡는다. 코가 꼬이지 않게 조심하며 원통으로 연결하고. 단의 시작에 마커를 건다.
1~12단 : [안뜨기 2코. 겉뜨기 2코] 끝까지 반복.
13~16단 : [겉뜨기 2코. 안뜨기 2코] 끝까지 반복.
이 열여섯 단을 2회 반복하고 1~12단을 1회 더 뜬다. 44단을 떴다.
색① 실을 자른다.

양말목(원통뜨기)
1단 : *도안은 오른쪽에서 왼쪽으로 읽고. 스트랜디드 니팅 Stranded Knitting(세로 배색뜨기)으로 도안 A의 1단부터 8코 뜨기* 끝까지 *-*를 반복한다.
매번 도안의 다음 단을 뜨면서 도안 A를 두 번 완성할 때(28단)까지 설정한 대로 계속 무늬뜨기를 한다.
색③ 실을 자른다.
색② 실로 겉뜨기를 1단 한다.
뒤꿈치 준비 : 부분적 원통뜨기.
1사이즈만
겉뜨기 3(1)코.
2사이즈만
겉뜨기 31(41)코.

힐 플랩(왕복뜨기)

뜨개바탕을 돌려서 안면이 앞을 향하게 한다.
힐 플랩은 안면 단에서 시작해 다음 36(40)코에서 평면으로 뜬다. 나머지 발등 36(40)코는 바늘에 걸어둔다.

1단(안면) : 실을 앞쪽에 두고 걸러뜨기 1코, 안뜨기 35(39)코.

2단(겉면) : [실을 뒤쪽에 두고 걸러뜨기 1코, 겉뜨기 1코] 끝까지 반복.

이 두 단을 14회 더 반복하고 1단을 1회 더 뜬다(31단).

힐 턴(왕복뜨기)

1단(겉면) : 실을 뒤쪽에 두고 걸러뜨기 1코, 겉뜨기 20(22)코, 오른코 겹쳐 2코 모아뜨기, 겉뜨기 1코, 뜨개바탕 돌리기. 나머지 12(14)코는 뜨지 않고 두기.

2단(안면) : 실을 앞쪽에 두고 걸러뜨기 1코, 안뜨기 7코, 왼코 겹쳐 2코 모아 안뜨기, 안뜨기 1코, 뜨개바탕 돌리기. 나머지 12(14)코는 뜨지 않고 두기.

3단 : 실을 뒤쪽에 두고 걸러뜨기 1코, 틈 1코 전까지 겉뜨기. 오른코 겹쳐 2코 모아뜨기, 겉뜨기 1코, 뜨개바탕 돌리기.

4단 : 실을 앞쪽에 두고 걸러뜨기 1코, 틈 1코 전까지 안뜨기. 왼코 겹쳐 2코 모아 안뜨기, 안뜨기 1코, 뜨개바탕 돌리기.

마지막 두 단을 5(6)회 더 반복한다. 뒤꿈치 코를 모두 완성했다. 뒤꿈치에 22(24)코.

거싯(원통뜨기)

겉면이 앞을 향한 상태에서 다음과 같이 원통뜨기를 재개한다.

준비단 : 실을 뒤쪽에 두고 걸러뜨기 1코, 겉뜨기 21(23)코. 힐 플랩의 가장자리를 따라서 16코를 줍는다(걸러뜨기 코마다 1코씩). 도안은 오른쪽에서 왼쪽으로 읽으며 발등 코에서 도안 B의 1단부터 4코 뜨기를 9(10)회 한다.
힐 플랩의 가장자리를 따라 16코 줍기. 겉뜨기 38(40)코.
새로운 단의 시작에 마커 걸기(발등 코의 시작점). 90(96)코.

1단 : 매번 도안 B의 다음 단 뜨기를 한다. 발등 코 무늬뜨기, 오른코 겹쳐 2코 모아뜨기, 단의 마지막 2코 전까지 겉뜨기, 왼코 겹쳐 2코 모아뜨기. (-2코).

2단 : 발등 코 무늬뜨기, 끝까지 겉뜨기.
마지막 두 단에서 거싯의 코가 줄어든다.
매번 발등 무늬의 다음 단을 뜨며 이 두 단을 8(7)회 더 반복한다. 18(16)코가 줄어서 72(80)코.
발등과 발바닥에 36(40)코가 있다.

발(원통뜨기)

양말이 원하는 길이보다 5(5.5)cm 짧을 때까지 설정한 대로 무늬뜨기(발등은 도안 B, 발바닥은 겉뜨기)를 한다.
색② 실을 자른다.

발가락(원통뜨기)

색① 실로 다음과 같이 진행한다.

1단 : 겉뜨기.

2단 : 겉뜨기 1코, 오른코 겹쳐 2코 모아뜨기, 겉뜨기 30(34)코, 왼코 겹쳐 2코 모아뜨기, 겉뜨기 1코, 마커 걸기, 겉뜨기 1코, 오른코 겹쳐 2코 모아뜨기, 마지막 3코 전까지 겉뜨기. 왼코 겹쳐 2코 모아뜨기, 겉뜨기 1코. 68(76)코.

3단 : 겉뜨기.

4단 : [겉뜨기 1코, 오른코 겹쳐 2코 모아뜨기, 마커 3코 전까지 겉뜨기, 왼코 겹쳐 2코 모아뜨기, 마커 옮기기] 2회. (-4코).
마지막 두 단을 10(12)회 반복한다. 44(52)코가 줄어서 24(24)코.

마무리하기

실 끝을 30.5cm 남기고, 실을 자른 다음 메리야스 잇기로 코를 연결한다.
남은 실을 보이지 않게 정리하고 블로킹한 다음 치수를 잰다.

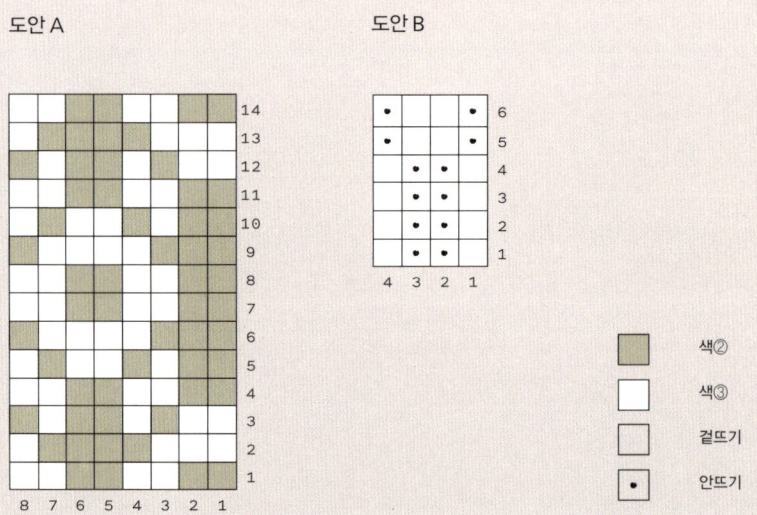

도안 A

도안 B

	색②
	색③
	겉뜨기
	안뜨기

11 모닝커피 양말 MORNING COFFEE

사이즈

1(2)

완성 치수

발둘레 ··· 19(21.5)cm
발길이 ··· 22(24)cm
양말목 길이 ··· 22(23.5)cm

재료

실 ··· 스네일얀SnailYarn의 삭 셋Sock set(슈퍼워시 메리노 75%. 나
일론 25%. 425m/100g) 카페라테색Caffelatte 미니 1볼(5×25g)
바늘(매직 루프용) ··· 2.25mm(미국 1) 줄바늘
바늘(별실 코잡기용) ··· 2mm(미국 0) 코바늘
도구 ··· 마커. 별실. 돗바늘
※입체감 있는 무늬는 신축성이 매우 뛰어나므로 느슨하게
뜨개질한다면 2mm(미국 0) 바늘을 추천합니다.

게이지

무늬뜨기 28코×64단
메리야스뜨기 36코×52단

손뜨개 약어

아랫단 코에 겉뜨기K1 Below : 다음 코의 아랫단 코에 오른바늘
을 넣고 겉뜨기한 다음 2코 모두 왼바늘에서 벗겨내기.

POINT

이 뜨기 패턴은 미니 볼 세트(5개)로 단마다 짙은 색에서 옅
은 색으로 바꿔가며 진행합니다. 밝은색은 항상 전경에 드러
나 패턴을 만들고 어두운색은 배경에 깊이를 줍니다. 색상은
짙은 색에서 옅은 색으로. 색ⓐ·색ⓑ·색ⓒ·색ⓓ·색ⓔ라 부
릅니다.

발가락

다음과 같이 경사뜨기를 한다.
별실로 30(34)코를 잡는다.
색ⓐ 실로 발가락의 전반부 작업을 한다.
1단(겉면) : 안뜨기.
2단(안면) : 단 끝까지 겉뜨기. 뜨개바탕 돌리기.
3단 : 더블스티치. 단 끝까지 안뜨기. 뜨개바탕 돌리기.
4단 : 더블스티치. 더블스티치 전까지 겉뜨기. 뜨개바탕 돌리
기.
5단 : 더블스티치. 더블스티치 전까지 안뜨기. 뜨개바탕 돌리
기.
4·5단을 8(9)회 더 반복한다. 바늘 중앙에 11(13)코가 있고.
양옆으로 더블스티치가 한쪽에 9(10)코, 다른 쪽에 10(11)코
가 있다.
발가락의 후반부 작업을 한다.
1단(안면) : 더블스티치. 더블스티치 전까지 겉뜨기. 더블스티
치 (한 코인 양) 겉뜨기. 뜨개바탕 돌리기.
2단(겉면) : 방금 더블스티치 겉뜨기코를 더블스티치. 더블스
티치 전까지 안뜨기. 더블스티치 (한 코인 양) 안뜨기. 뜨개바탕
돌리기.

3단 : 방금 더블스티치 안뜨기코를 더블스티치. 더블스티치 전까지 겉뜨기. 다음 더블스티치 2코 (한 코인 양) 겉뜨기, 뜨개바탕 돌리기.

4단(겉면) : 방금 더블스티치 겉뜨기코를 더블스티치. 더블스티치 전까지 안뜨기. 다음 더블스티치 2코를 각각 (한 코인 양) 안뜨기, 뜨개바탕 돌리기.

3·4단을 7(8)회 반복한다.

3단을 1회 더 반복한다.

다음 단(겉면) : 더블스티치 전까지 안뜨기. 다음 더블스티치의 실 두 가닥을 (한 코인 양) 안뜨기. 별실을 풀고 코를 줄바늘 또는 장갑바늘에 건다.

발가락을 완성했다. 이제부터 원통으로 뜨는데. 필요하다면 단의 시작에 마커를 건다. 각 바늘에 30(34)코씩 총 60(68)코.

겉면(안뜨기 쪽)이 앞을 향한 상태에서 안뜨기를 1단한다.

발(원통뜨기)

발바닥은 안메리야스뜨기, 발등은 입체감 있는 뜨기 패턴을 작업한다. 두 무늬의 게이지가 달라서 입체감 있는 무늬가 굴곡이 없는 무늬보다 짧아 보이겠지만 블로킹하면 같아진다.

2색으로 뜨기 시작한다.

1단 : 색ⓑ 실로 안뜨기.

2단

바늘 1 : 색ⓐ 실로 안뜨기.

바늘 2 : 색ⓐ 실로 [겉뜨기 1코, 아랫단 코에 겉뜨기] 끝까지 반복.

3단 : 색ⓑ 실로 1단을 반복한다.

4단

바늘 1 : 색ⓐ 실로 안뜨기.

바늘 2 : 색ⓐ 실로 [아랫단 코에 겉뜨기, 겉뜨기 1코] 끝까지 반복.

이 네 단을 10(11)회 더 뜨거나 발의 뜨기 패턴부터 잰 길이가 7(7.5)cm 정도 될 때까지 반복한다.

색ⓐ 실을 자르고 색ⓒ 실로 다음과 같이 진행한다.

1단 : 색ⓒ 실로 안뜨기.

2단

바늘 1 : 색ⓑ 실로 안뜨기.

바늘 2 : 색ⓑ 실로 [겉뜨기 1코, 아랫단 코에 겉뜨기] 끝까지 반복.

3단 : 색ⓒ 실로 1단을 반복한다.

4단

바늘 1 : 색ⓑ 실로 안뜨기.

바늘 2 : 색ⓑ 실로 [아랫단 코에 겉뜨기, 겉뜨기

1코] 끝까지 반복.

이 네 단을 10(11)회 더 뜨거나 발의 뜨기 패턴부터 잰 길이가 14(15)cm 정도 될 때까지 반복하다가 4단에서 끝낸다.

양말 길이를 쟀을 때 발길이보다 5cm 정도 짧아야 한다. 색ⓑ 실을 자른다.

뒤꿈치(왕복뜨기)

색ⓒ 실로 다음과 같이 바늘 1에서만 뒤꿈치 경사뜨기를 한다.

뒤꿈치의 전반부를 작업한다.

1단(겉면) : 바늘 끝까지 안뜨기, 뜨개바탕 돌리기.

2단(안면) : 더블스티치, 끝까지 겉뜨기, 뜨개바탕 돌리기.

3단 : 더블스티치, 더블스티치 전까지 안뜨기, 뜨개바탕 돌리기.

4단 : 더블스티치, 더블스티치 전까지 겉뜨기, 뜨개바탕 돌리기.

3·4단을 8(9)회 더 반복한다.

뒤꿈치의 후반부를 작업한다.

1단(겉면) : 더블스티치, 더블스티치 전까지 안뜨기, (한 코인 양) 더블스티치 안뜨기, 뜨개바탕 돌리기.

2단(안면) : 방금 더블스티치 안뜨기코를 더블스티치, 더블스티치 전까지 겉뜨기, (한 코인 양) 더블스티치 겉뜨기, 뜨개바탕 돌리기.

3단 : 방금 더블스티치 겉뜨기코를 더블스티치. 더블스티치 전까지 안뜨기. 다음 두 더블스티치를 각각 (한 코인 양) 안뜨기. 뜨개바탕 돌리기.

4단 : 방금 더블스티치 안뜨기 코를 더블스티치. 더블스티치 전까지 겉뜨기. 다음 두 더블스티치를 각각 (한 코인 양) 겉뜨기. 뜨개바탕 돌리기.

3·4단을 7(8)회 반복한다.

3단을 1회 더 반복한다.

다음 단(안면) : 더블스티치 전까지 겉뜨기. 다음 두 더블스티치를 각각 (한 코인 양) 겉뜨기.

양말목(원통뜨기)

뜨개바탕을 돌려 원통뜨기를 재개하며 2색으로 두 바늘에서 모두 뜨기 패턴을 작업한다. 첫 단의 발뒤꿈치 전후에서 한 코씩 주워 다음 코와 함께 뜨면 양옆의 틈을 좁힐 수 있다.

1단 : 색ⓓ 실로 안뜨기.

2단 : 색ⓒ 실로 [겉뜨기 1코, 아랫단 코에 겉뜨기] 끝까지 반복.

3단 : 색ⓓ 실로 1단을 반복한다.

4단 : 색ⓒ 실로 [아랫단 코에 겉뜨기, 겉뜨기 1코] 끝까지 반복.

이 네 단을 10(11)회 더 뜨거나 뜨기 패턴의 뒤꿈치 길이가 7(7.5)cm 정도 될 때까지 반복한다. 색ⓒ 실을 자르고 색ⓔ 실을 다음과 같이 진행한다.

1단 : 색ⓔ 실로 안뜨기.

2단 : 색ⓓ 실로 [겉뜨기 1코, 아랫단 코에 겉뜨기] 끝까지 반복.

3단 : 색ⓔ 실로 1단을 반복한다.

4단 : 색ⓓ 실로 [아랫단 코에 겉뜨기, 겉뜨기 1코] 끝까지 반복.

이 네 단을 10(11)회 더 뜨거나 뜨기 패턴의 뒤꿈치 길이가 14(15)cm 정도 될 때까지 반복한다.

양말단(원통뜨기)

색ⓓ 실을 자르고 색ⓔ 실로 다음과 같이 양말단 뜨기를 한다.

1단 : [꼬아뜨기, 안뜨기 1코] 끝까지 반복.

1단을 약 20회 뜨거나 양말단 길이가 4cm 정도 될 때까지 반복한다.

다음과 같이 다음 단에서 신축성 있는 코막음으로 무늬뜨기를 느슨하게 마무리한다. 꼬아뜨기, *안뜨기 1코. 왼바늘을 방금 뜬 2코의 뒤로 밀어 넣어 왼코 겹쳐 2코 모아 안뜨기. 꼬아뜨기 1코. 왼바늘을 방금 뜬 2코의 앞으로 밀어 넣어 왼코 겹쳐 2코 모아 꼬아뜨기*. 모든 코를 마무리할 때까지 *-*를 반복한다.

마무리하기

남은 실을 보이지 않게 정리하고 흠뻑 적셔 블로킹한 다음 치수를 잰다.

12 리네아 양말 LINEA

사이즈

1(2)

완성 치수

발둘레 ··· 19(20)cm
발길이 ··· 조절 가능
양말단 길이 ··· 조절 가능

재료

실 ··· 로우히타렌 루오라Louhittaren luola의 배이내뫼이넨 Väinämöinen(슈퍼워시 울 75%, 나일론 25%, 400m/100g) 빌리아 색Vilja 1볼
바늘 ··· 2.5mm(미국 1.5) 줄바늘
도구 ··· 돗바늘

게이지

메리야스뜨기 32코×46단

손뜨개 약어

오른코 교차뜨기1/1 LC : 꽈배기바늘에 1코 옮기고 뜨개바탕 앞쪽에 두기, 겉뜨기 1코, 꽈배기바늘의 1코 겉뜨기.
왼코 교차뜨기1/1 RC : 꽈배기바늘에 1코 옮기고 뜨개바탕 뒤쪽에 두기, 겉뜨기 1코, 꽈배기바늘의 1코 겉뜨기.

발가락(원통뜨기)

주디의 매직 코잡기 또는 선호하는 방법을 사용해 각 바늘에 12코씩 총 24코를 잡는다.

지금부터 1번째 바늘은 윗면 바늘, 2번째 바늘은 아랫면 바늘이라 한다.

준비단 : 겉뜨기.

발가락 코 늘리기

1단

윗면 바늘 : 겉뜨기로 1코 늘리기, 2코 남을 때까지 겉뜨기, 겉뜨기로 1코 늘리기, 겉뜨기 1코.

아랫면 바늘 : 겉뜨기로 1코 늘리기, 2코 남을 때까지 겉뜨기, 겉뜨기로 1코 늘리기, 겉뜨기 1코. (+4코).

2단 : 겉뜨기.

60(64)코(각 바늘에 30(32)코)가 될 때까지 1·2단을 반복하고 2단에서 끝낸다.

발(원통뜨기)

※1사이즈는 도안의 2~31코만 진행합니다.
1~32코는 2사이즈용입니다.

1단
윗면 바늘 : 도안 1단을 따라서 진행한다.
아랫면 바늘 : 겉뜨기.
다음 단
윗면 바늘 : 도안 A의 다음 단을 진행한다.
아랫면 바늘 : 겉뜨기.
원하는 양말 길이보다 9.5(10.5)cm 짧을 때까지
도안의 1~32단을 설정한 대로 진행한다. 거싯
코 늘리기를 시작한다.

거싯 코 늘리기(원통뜨기)

1단
윗면 바늘 : 도안 A의 다음 단을 진행한다.
아랫면 바늘 : 돌려뜨며 왼코 늘리기, 끝까지 겉
뜨기, 돌려뜨며 오른코 늘리기. (+2코).
2단
윗면 바늘 : 도안 A의 다음 단을 진행한다.
아랫면 바늘 : 겉뜨기.
1·2단을 11(12)회 더 반복한다. 아랫면 바늘에
54(58)코가 있다.

뒤꿈치(왕복뜨기)

윗면 바늘 : 도안 A의 다음 단을 진행한다.
경사뜨기로 모양 만들기를 시작한다.
지금부터 왕복뜨기로 아랫면 바늘에서만 뜬다.
1단(겉면) : 12(13)코 남을 때까지 겉뜨기, 뜨개바
탕 돌리기.
2단(안면) : 더블스티치, 12(13)코 남을 때까지 안
뜨기, 뜨개바탕 돌리기.
3단(겉면) : 더블스티치, *겉뜨기 1코, 걸러뜨기
1코* 전 단의 더블스티치 2코 전까지 *-* 반복.
겉뜨기 2코, 뜨개바탕 돌리기.
4단(안면) : 더블스티치, 전 단의 더블스티치 전까
지 안뜨기, 뜨개바탕 돌리기.
5단(겉면) : 더블스티치, *걸러뜨기 1코, 겉뜨기 1
코* 전 단의 더블스티치 전까지 *-* 반복, 뜨개
바탕 돌리기.
6단(안면) : 더블스티치, 전 단의 더블스티치 전까
지 안뜨기, 뜨개바탕 돌리기.
더블스티치 사이에 10(10)코가 남을 때까지
3·4·5·6단을 반복한다.
더블스티치 사이에 10코가 있고, 겉면을 뜰 차
례다.
왼바늘의 첫 더블스티치에 이를 때까지 겉면에
서 무늬뜨기를 계속한다.

힐 턴(왕복뜨기)

1단(겉면) : 마지막 더블스티치를 제외하고 모두
겉뜨기.
※더블스티치는 실 두 가닥을 모두 떠야 합니다.
마지막 더블스티치를 다음 코(뜨지 않고 걸어두었
던 코의 첫 코)와 함께 꼬아뜨기를 하고, 뜨개바탕
을 돌린다.
2단(안면) : 실을 앞쪽에 두고 안뜨기할 듯이 걸러
뜨기 1코, 마지막 더블스티치 전까지 안뜨기, 마
지막 더블스티치를 걸어두었던 첫 코와 함께 안
뜨기, 뜨개바탕 돌리기.
3단(겉면) : 실을 뒤쪽에 두고 겉뜨기할 듯이 걸러
뜨기 1코, *겉뜨기 1코, 걸러뜨기 1코* 틈 1코
전까지 *-* 반복, 왼코 겹쳐 2코 모아 꼬아뜨기,
뜨개바탕 돌리기.
4단(안면) : 실을 앞쪽에 두고 안뜨기할 듯이 걸러
뜨기 1코, 틈 1코 전까지 안뜨기, 왼코 겹쳐 2코
모아 안뜨기, 뜨개바탕 돌리기.
겉면 단에서 뜨지 않고 걸어두었던 마지막 코 전
까지 3·4단을 반복한다. 진행 중인 마지막 코와
걸어둔 마지막 코를 함께 꼬아뜨기한다.
원통뜨기를 시작한다. 보류해둔 마지막 안면 코
는 다음 단에서 다음과 같이 진행한다.
윗면 바늘 : 도안 A의 다음 단을 진행한다.
아랫면 바늘 : 왼코 겹쳐 2코 모아뜨기, 끝까지 겉
뜨기.
각 바늘에 30(32)코씩 총 60(64)코다.
윗면 바늘 : 도안 A의 다음 단을 진행한다.

양말목(원통뜨기)

※도안 A와 도안 B를 진행합니다.
아랫면 바늘 : 방금 도안 A에서 뜬 교차무늬의 꼬
임과 일치하는 도안 B의 단을 뜬다. 도안 A의 5
단을 떴다면 도안 B의 4단을 뜬다. 이렇게 하면
각 면에서 교차무늬 꼬임 방향이 같다.
이제부터 전부 무늬뜨기를 진행한다.
1단
윗면 바늘 : 도안 A의 다음 단을 진행한다.
아랫면 바늘 : 도안 B의 다음 단을 진행한다.
양말목 길이가 뒤꿈치 윗부분에서 8.5cm 정도
될 때까지 뜨다가 도안 A의 32단을 마치고 끝낸
다. 아랫면 바늘은 설정한 대로 뜬다.

양말단

※도안 A와 도안 B를 진행합니다.
윗면 바늘 : 도안 A의 33단을 진행한다. (-1코).
아랫면 바늘 : 도안 B의 다음 단을 진행한다.
다음 단 : 도안 A와 도안 B의 다음 단을 진행한
다. 도안 A에서 양말단 무늬 반복은 34·35·

36·37단이다.
양말단 길이가 3cm 될 때까지 뜨다가 도안 B의
4단에서 끝낸다. 느슨하게 코를 마무리한다.

마무리하기

남은 실을 보이지 않게 정리하고 흠뻑 적셔 블로
킹한 다음 치수를 잰다.

도안 POINT

도안 A는 양말단 외에도 발의 윗면 지침을 포
함합니다. 발의 윗면은 1~32단을. 양말단은
34·35·36·37단을 반복합니다.
도안 B는 양말목 뒤쪽의 지침을 포함합니다.

도안 A

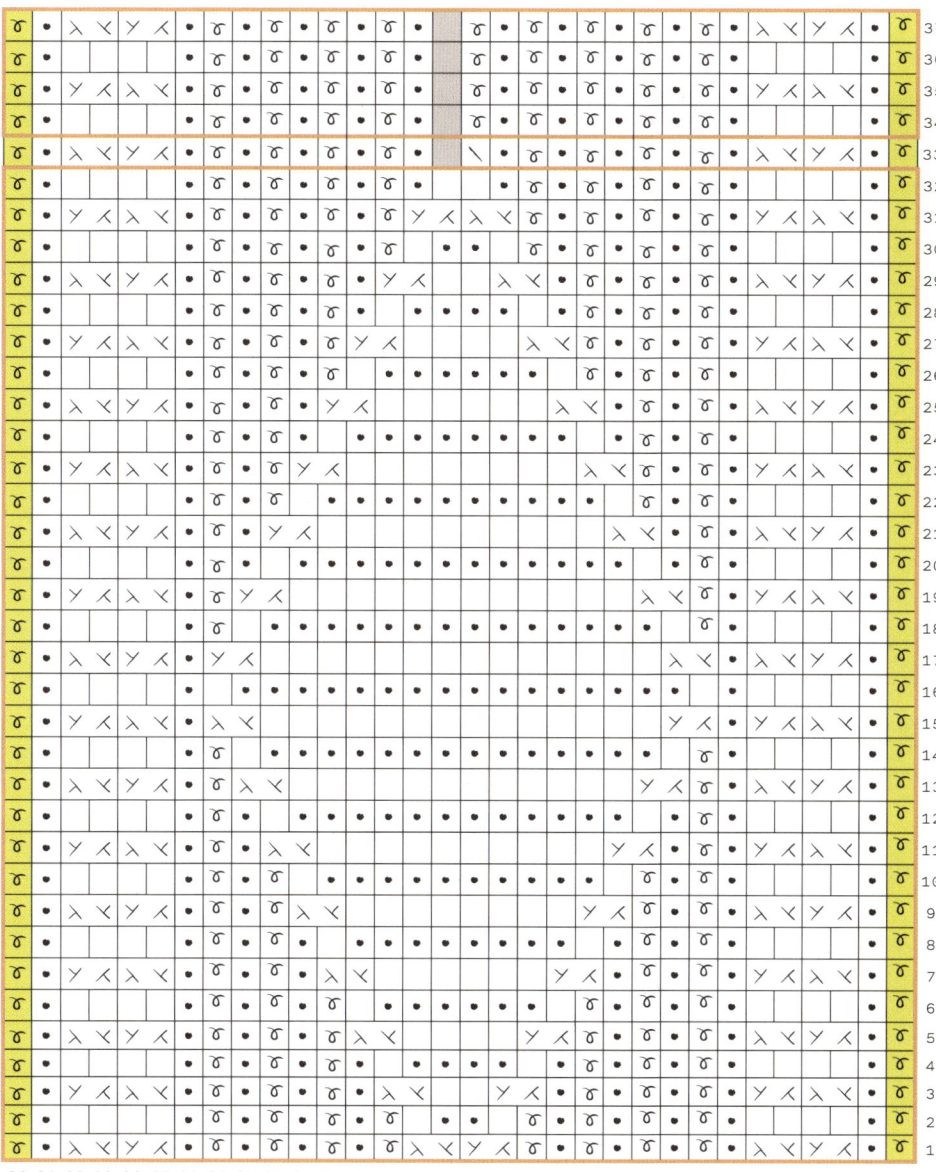

도안 B 양말목 뒤쪽

기호	설명
□	겉뜨기
•	안뜨기
⅄ ⋌	오른코 교차뜨기
⅄ ⋋	왼코 교차뜨기
℧	꼬아뜨기
＼	오른코 겹쳐 2코 모아뜨기
▨	코 아님
▭	반복
▨	2사이즈만

13 하티초크 양말 HEARTICHOKE

사이즈

1(2)

완성 치수

발/양말목 둘레 … 20(22.5)cm

발길이(조절 가능) … 20.5(22)cm

양말목 길이(뒤꿈치~양말단 끝) … 21.5(22)cm

재료

실 … 슈발 블랑Cheval Blanc Official의 발라데Balade(울 75%, 나일론 25%, 420m/100g) 플란넬색Flanelle (058) 1볼 또는 소모사 약 311(370)m

바늘 … 2.25mm(미국 1) 줄바늘, 2.5mm(미국 1.5) 줄바늘 또는 장갑바늘

도구 … 꽈배기바늘, 마커 2개, 돗바늘

게이지

메리야스뜨기 32코×48단/2.25mm(미국 1) 바늘
레이스 패턴 32코×44단/2.25mm(미국 1) 바늘

손뜨개 약어

돌려뜨며 3코 만들기KTBLYOKTBL : 같은 코에서 꼬아뜨기를 한 다음 왼바늘에서 벗겨내지 않은 상태로 실을 앞으로 가져와 바늘비우기하고 다시 꼬아뜨기. (+2코).

오른코 돌려 교차뜨기(아래쪽에 안뜨기 2코)1/2 LPT : (오른코 교차, 안뜨기 2코) 다음 코를 꽈배기바늘에 옮기고 뜨개바탕 앞에 두기, 안뜨기 2코, 꽈배기바늘의 1코 꼬아뜨기.

오른코 돌려 교차뜨기(아래쪽에 안뜨기와 꼬아뜨기)1/2 LT : (오른코 교차, 안뜨기 1코, 꼬아뜨기 1코) 다음 코를 꽈배기바늘에 옮기고 뜨개바탕 앞에 두기, 안뜨기 1코, 꼬아뜨기, 꽈배기바늘의 1코 꼬아뜨기.

오른코 돌려 교차뜨기(아래쪽에 안뜨기)1/1 LPT : (오른코 교차, 안뜨기 1코) 다음 코를 꽈배기바늘에 옮기고 뜨개바탕 앞에 두기, 안뜨기 1코, 꽈배기바늘의 1코 꼬아뜨기.

왼코 교차뜨기(아래쪽에 안뜨기 2코)2/1 RPC : (왼코 교차, 안뜨기 2코)

다음 2코를 꽈배기바늘에 옮기고 뜨개바탕 뒤에 두기, 겉뜨기 1코, 꽈배기바늘의 2코 안뜨기.

왼코 위 교차뜨기(아래쪽에 꼬아뜨기와 안뜨기)2/1 RC : (왼코 교차, 꼬아뜨기, 안뜨기) 다음 2코를 꽈배기바늘에 옮기고 뜨개바탕 뒤에 두기, 겉뜨기 1코, 꽈배기바늘의 2코 꼬아뜨기와 안뜨기.

왼코 돌려 교차뜨기(아래쪽에 안뜨기)1/1 RPT : (왼코 교차, 안뜨기 1코) 다음 코를 꽈배기바늘에 옮기고 뜨개바탕 뒤에 두기, 꼬아뜨기, 꽈배기바늘의 1코 안뜨기.

오른코 겹쳐 3코 모아뜨기SK2P : 겉뜨기 방향으로 1코 옮기기, 왼코 겹쳐 2코 모아뜨기, 옮긴 코로 덮어씌우기. (-2코).

꼬아 고무뜨기 Twisted Rib : [꼬아뜨기, 안뜨기 3코] 끝까지 반복.

POINT

선호하는 뜨개 기법에 쉽게 맞출 수 있도록 지침에 단의 시작을 표시하고 발바닥과 발등을 분리하는 마커 2개를 사용해 제공합니다. 단, 양말목은 한 바늘에서 두 짝을 동시에 뜰 수 없으니 주의하세요.

발가락(원통뜨기)

주디의 매직 코잡기로 작은 바늘(2.25mm)에 바늘당 9(11)코씩 잡는다.

총 18(22)코.

1단 : 발등 겉뜨기 9(11)코, 마커 걸기, 발바닥 겉뜨기 9(11)코, 마지막 마커 걸기.

2단 : [겉뜨기 1코, 돌려뜨며 왼코 늘리기, 마커 1코 전까지 겉뜨기, 돌려뜨며 오른코 늘리기, 겉뜨기 1코] 2회. (+4코).

3단 : [겉뜨기 3코, 돌려뜨며 왼코 늘리기, 마커 3코 전까지 겉뜨기, 돌려뜨며 오른코 늘리기, 겉뜨기 3코] 2회. (+4코).

2·3단을 1회 더 반복한다. 34(38)코.

6단 : [겉뜨기 1코, 돌려뜨며 왼코 늘리기, 마커 1코 전까지 겉뜨기, 돌려뜨며 오른코 늘리기, 겉뜨기 1코] 2회. (+4코).

7단 : 끝까지 겉뜨기.

6·7단을 6(7)회 더 반복한다. 62(70)코.

발(원통뜨기)

교차무늬(도안 A)

양말 사이즈에 맞는 도안 A1(A2)을 따라 다음과 같이 진행한다.

※발등 도안을 함께 제공합니다. 발바닥 코는 메리야스뜨기를 하고, 도안 1단에서 2코가 증가합니다.

1단 : 도안 1단 뜨기, 마커 옮기기, 끝까지 겉뜨기.

도안 A1(A2)의 모든 단을 뜰 때까지 설정한 대로 계속한다. 발등에 33(37)코, 발바닥에 31(35)코. 총 64(72)코.

꼬아 고무뜨기(원통뜨기)

1단 : *꼬아뜨기, 안뜨기 3코* 마커 1코 전까지 *-* 반복, 꼬아뜨기, 마커 옮기기, 끝까지 겉뜨기.

뜨개바탕이 원하는 완성 발길이보다 9.5(10)cm 짧을 때까지 또는 기초코 단에서 쟀을 때 11(12)cm가 될 때까지 1단을 반복한다.

거싯(원통뜨기)

1단 : 마커 전까지 설정한 대로 꼬아 고무뜨기, 마커 옮기기, 겉뜨기 2코, 바늘비우기, 마커 2코 전까지 겉뜨기, 바늘비우기, 겉뜨기 2코. (+2코).

2단 : 마커 전까지 설정한 대로 꼬아 고무뜨기, 마커 옮기기, 겉뜨기 2코, 꼬아뜨기, 마커 3코 전까지 겉뜨기, 꼬아뜨기, 겉뜨기 2코.

1·2단을 15(17)회 더 반복한다. 발바닥에 63(71)코, 총 96(108)코.

힐 턴(왕복뜨기)

힐 턴은 독일식 경사뜨기로 왕복한다. 더블스티치를 짱짱하게 뜨면 깔끔한 결과물을 얻을 수 있다.

1단(겉면) : 마커 전까지 설정한 대로 꼬아 고무뜨기, 마커 옮기기, 겉뜨기 45(51)코. 마지막 마커 전 왼바늘에 18(20)코가 남는다. 뜨개바탕을 돌린다.

2단(안면) : 더블스티치, 안뜨기 26(30)코. 왼바늘에 마커 전 18(20)코가 남는다. 뜨개바탕을 돌린다.

3단 : 더블스티치, 겉뜨기 24(28)코, 뜨개바탕 돌리기.

4단 : 더블스티치, 안뜨기 22(26)코, 뜨개바탕 돌리기.

5단 : 더블스티치, 겉뜨기 20(24)코, 뜨개바탕 돌리기.

6단 : 더블스티치, 안뜨기 18(22)코, 뜨개바탕 돌리기.

7단 : 더블스티치, 겉뜨기 16(20)코, 뜨개바탕 돌리기.

8단 : 더블스티치, 안뜨기 14(18)코, 뜨개바탕 돌리기.

9단 : 더블스티치, 겉뜨기 12(16)코, 뜨개바탕 돌리기.

10단 : 더블스티치, 안뜨기 10(14)코, 뜨개바탕 돌리기.

11단 : 더블스티치, 겉뜨기 8(12)코, 뜨개바탕 돌리기.

12단 : 더블스티치, 안뜨기 6(10)코, 뜨개바탕 돌리기.

2사이즈만

13단 : 더블스티치, 겉뜨기 0(8)코, 뜨개바탕 돌리기.

14단 : 더블스티치, 안뜨기 0(6)코, 뜨개바탕 돌리기.

다음 단 : 더블스티치, 더블스티치에 주의하며 마지막 마커 전까지 겉뜨기.

힐 플랩(왕복뜨기)

힐 플랩을 왕복한다.

걸러뜨기는 겉면에서는 실을 뒤쪽에 두고 안뜨기 방향으로, 안면에서는 실을 앞쪽에 두고 안뜨기 방향으로 옮긴다. 각 면에서 코 줄이기를 할 때 짱짱하게 하면 깔끔한 결과물을 얻을 수 있다.

준비단 1단(겉면) : 마커 전까지 설정한 대로 꼬아 고무뜨기, 마커 옮기기, 더블스티치에 주의하며 겉뜨기 47(53)코, 오른코 겹쳐 2코 모아뜨기. 마지막 마커 전 왼바늘에 14(16)코가 남는다. 뜨개바탕을 돌린다.

준비단 2단(안면) : 걸러뜨기 1코, 꼬아뜨기, 겉뜨기 2코, [걸러뜨기 1코, 겉뜨기 3코] 6(7)회 더 반복, 걸러뜨기 1코, 겉뜨기 2코, 꼬아뜨기, 왼코 겹쳐 2코 모아 안뜨기.

마커 전 왼바늘에 14(16)코가 남는다. 뜨개바탕을 돌린다.

3단(겉면) : 걸러뜨기 1코, *안뜨기 3코, 꼬아뜨기* 틈 4코 전까지 *-* 반복, 안뜨기 3코, 오른코 겹쳐 2코 모아뜨기. 뜨개바탕 돌리기.

4단(안면) : 걸러뜨기 1코, 꼬아뜨기, 겉뜨기 2코, *걸러뜨기 1코, 겉뜨기 3코* 틈 5코 전까지 *-* 반복, 걸러뜨기 1코, 겉뜨기 2코, 꼬아뜨기, 왼코 겹쳐 2코 모아 안뜨기. 뜨개바탕 돌리기.

3·4단을 13(15)회 더 반복해 마커 사이의 코를 전부 뜨고 안면 단에서 끝내야 한다.

다음 단(겉면) : 걸러뜨기 1코, *안뜨기 3코, 꼬아뜨기* 마지막 마커 4코 전까지 *-* 반복, 안뜨기 3코, 걸러뜨기 1코.

양말목(원통뜨기)

꼬아 고무뜨기

준비단 : 마지막 마커 제거, 오른바늘의 마지막 코를 왼바늘에 옮기고 다시 마커 걸기. 왼코 겹쳐 2코 모아뜨기, *안뜨기 3코, 꼬아뜨기* 마커 4코 전까지 *-* 반복, 안뜨기 3코, 걸러뜨기 1코. 마커 제거(대체하지 않는다). 오른바늘의 마지막 코를 다시 왼바늘에 옮기기. 오른코 겹쳐 2코 모아뜨기, *안뜨기 3코, 꼬아뜨기* 마지막 마커 3코 전까지 *-* 반복, 안뜨기 3코. (-2코). 총 64(72)코.

양말목 길이가 힐 플랩의 끝에서 2cm가 될 때까지 꼬아 고무뜨기를 한다.

레이스(도안 B)

※레이스 도안은 단마다 8(9)회 반복합니다. 5단과 7단의 시작과 끝을 뜰 때 특히 주의하세요(지침 참고). 양말이 편안하고 레이스 패턴이 뒤틀리지 않으려면 종아리 둘레가 늘어나기 시작할 때 큰 바늘(2.5mm)로 바꿔야 합니다.

다음과 같이 5단과 7단을 진행한다.

5단 : 마커 제거, 오른바늘의 마지막 코를 다시 왼바늘에 옮기기, 마커 제거. [오른코 겹쳐 3코 모아뜨기, 돌려뜨며 오른코 늘리기, 안뜨기 5코, 돌려뜨며 왼코 늘리기] 끝까지 반복.

7단 : [돌려뜨며 3코 만들기, 안뜨기 7코] 끝까지 반복.

마커 제거, 실을 뒤쪽에 두고 안뜨기 방향으로 왼바늘의 첫 코를 오른바늘에 옮기기, 마커 제거.

도안 B를 따라 다음과 같이 진행한다(5단과 7단은 앞의 지침을 참고한다).

1~16단을 뜬다.

5~16단을 2회 더 반복한다.

5·6·7단을 1회 더 반복한다.

17·18·19·20단을 뜬다.

양말단

작은 바늘(2.25mm)로 바꾼다.

양말단 길이가 2.5cm 될 때까지 꼬아 고무뜨기를 한다.

마무리하기

실 끝을 90cm 정도 남기고, 실을 자른다. 돗바늘에 실을 꿰고 엘리자베스 짐머만식 코마무리 Sewn bind off(원통뜨기에서 돗바늘로 신축성 있게 마무리하는 방법)로 느슨하게 마무리한다. 남은 실을 보이지 않게 정리하고 흠뻑 적셔 블로킹한 다음 치수를 잰다.

1사이즈 도안 A1

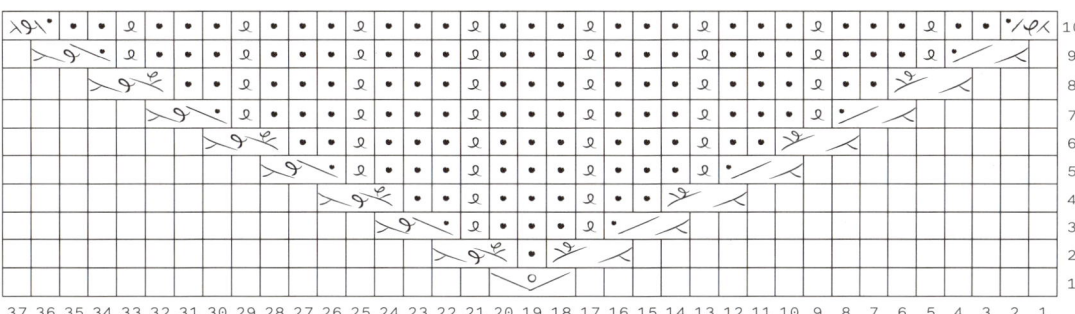

2사이즈 도안 A2

도안 B

기호	설명	기호	설명
□	겉뜨기	＼○	돌려뜨며 3코 만들기
ℓ	꼬아뜨기	＼ℓ／	오른코 돌려 교차뜨기(아래쪽에 안뜨기 2코)
•	안뜨기	＼ℓ⌣	오른코 돌려 교차뜨기(아래쪽에 안뜨기와 꼬아뜨기)
＼	오른코 겹쳐 2코 모아뜨기	＼ℓ•	오른코 돌려 교차뜨기(아래쪽에 안뜨기)
／	왼코 겹쳐 2코 모아뜨기	•／＼	왼코 교차뜨기(아래쪽에 안뜨기 2코)
Ƙ	돌려뜨며 1코 늘리기(왼쪽)	ℓ／＼	왼코 위 교차뜨기(아래쪽에 꼬아뜨기와 안뜨기)
Ⴑ	돌려뜨며 1코 늘리기(오른쪽)	•ℓ＼	왼코 돌려 교차뜨기(아래쪽에 안뜨기)
⋀	오른코 겹쳐 3코 모아뜨기		
⋁	돌려뜨며 3코 만들기		
▢(주황)	반복		
▢(남색)	서면 지시 따르기		

14

26

헤이디 알란데르 — 크리스틴 베잘 — 케이틀린 헌터 — 파비엔느 가스만 — 지나 바글리아 — 루신다 가이 —
카이사 부오렐라 — 돈 헨더슨 — 타티아나 쿠리코바 — 아멜리아 푸트리 — 에밀리 조이 리카드 — 사치코 버긴

14 연꽃 양말 LUMME

사이즈
1(2)

완성 치수
양말목/발둘레 … 19(21.5)cm

재료
실 … 헤지호그 파이버스Hedgehog Fibres의 트위스트 삭Twist Sock(블루페이스 레스터 80%, 나일론 20%, 365m/100g) 차콜색 charcoal 1볼
바늘 … 2.5mm(미국 1.5) 줄바늘
도구 … 돗바늘

게이지
메리야스뜨기 32코×48단

손뜨개 약어&패턴 기법
오른코 위 돌려 3코 모아뜨기SK2PO : 안뜨기할 듯이 1코 옮기기, 다음 2코 한꺼번에 겉뜨기, 옮긴 코로 덮어씌우기. (-2코).
랩앤턴W&T : 가터뜨기의 경사뜨기에서 랩앤턴. 다음 코를 안뜨기 방향으로 옮기기, 실을 앞으로 가져오기, 감긴 코를 다시 왼바늘에 옮기기, 뜨개바탕 돌리기.

POINT
가터뜨기로 뒤꿈치를 작업할 때 쓰이는 랩앤턴은 일반적인 방법과 약간 다릅니다. 손뜨개 약어를 참고하세요.

왼쪽 양말

발가락&발

주디의 매직 코잡기로 24코를 잡는다(바늘당 12코).

바늘 1의 코는 발바닥 코, 바늘 2의 코는 발등 코이다.

1사이즈만

1단+홀수단

바늘 1 : 끝까지 안뜨기.

바늘 2 : 1사이즈 왼쪽 발가락 도안을 따라서 진행한다.

2·4·6·8·10·12·14·16·18단

바늘 1 : 겉뜨기 1코, 돌려뜨며 오른코 늘리기, 바늘 1의 마지막 1코 전까지 겉뜨기, 돌려뜨며 왼코 늘리기, 겉뜨기 1코.

바늘 2 : 1사이즈 왼쪽 발가락 도안을 따라서 진행한다.

20·22·24·26·28·30·32단

바늘 1 : 끝까지 겉뜨기.

바늘 2 : 1사이즈 왼쪽 발가락 도안을 따라서 진행한다.

2사이즈만

1단+홀수단

바늘 1 : 끝까지 안뜨기.

바늘 2 : 2사이즈 왼쪽 발가락 도안을 따라서 진행한다.

2·4·6·8·10·12·14·16·18·20·22단

바늘 1 : 겉뜨기 1코, 돌려뜨며 오른코 늘리기, 바늘 1의 마지막 1코 전까지 겉뜨기, 돌려뜨며 왼코 늘리기, 겉뜨기 1코.

바늘 2 : 2사이즈 왼쪽 발가락 도안을 따라서 진행한다.

24·26·28·30·32단

바늘 1 : 끝까지 겉뜨기.

바늘 2 : 2사이즈 왼쪽 발가락 도안을 따라서 진행한다.

총 60(68)코.

원하는 양말 길이보다 7cm 짧을 때까지 메리야스뜨기를 한다.

코 늘리기 1단 : 겉뜨기 1코, 돌려뜨며 오른코 늘리기, 바늘에 1코 남을 때까지 겉뜨기, 돌려뜨며 왼코 늘리기, 겉뜨기 1코. 끝까지 겉뜨기.

코 늘리기 2단 : 끝까지 겉뜨기.

코 늘리기 1·2단을 2회 더 반복한다. 발바닥에 6코가 증가한다.

경사뜨기 뒤꿈치

뒤꿈치는 바늘 1에서 작업한다.

※감긴 실을 주울 필요는 없습니다.

1·2단 : 바늘에 1코 남을 때까지 겉뜨기, 랩앤턴.

3·4단 : 마지막 감긴 코에서 1코 전까지 겉뜨기, 랩앤턴.

3·4단을 12(13)회 더 반복한다. 중앙에 8(10)코, 양옆으로 감긴 코가 14(15)코씩 있다.

5·6단 : 감긴 첫 코 전까지 겉뜨기, 감긴 첫 코 겉뜨기, 랩앤턴(두 겹이 된다).

7·8단 : 두 겹으로 감긴 코 전까지 겉뜨기, 두 겹으로 감긴 코 겉뜨기, 랩앤턴.

양 끝 코가 두 겹으로 감길 때까지 7·8단을 반복한다.

다음 단(겉면) : 뒤꿈치 끝까지 겉뜨기(마지막 코 포함). 뒤꿈치와 발등 사이에 1코 주워 왼바늘에 걸기. 주운 코를 발등 첫 코와 한꺼번에 겉뜨기. 발등 코는 겉뜨기.

양말목(원통뜨기)

다시 원통으로 뜬다. 뒤꿈치 시작 부분에 뜨지 않은 감긴 코가 하나 있어야 한다.

다음 단 : 발등과 뒤꿈치 사이에 1코 주워 왼바늘에 걸고 뒤꿈치 첫 코와 한꺼번에 겉뜨기. 오른코 겹쳐 2코 모아뜨기, 바늘에 3코 남을 때까지 겉뜨기, 왼코 겹쳐 2코 모아뜨기, 겉뜨기 1코. 끝까지 겉뜨기.

코 줄이기 1단 : 끝까지 겉뜨기.

코 줄이기 2단 : 겉뜨기 1코, 오른코 겹쳐 2코 모아뜨기, 바늘에 3코 남을 때까지 겉뜨기, 왼코 겹쳐 2코 모아뜨기, 겉뜨기 1코. 끝까지 겉뜨기. 코 줄이기 1·2단을 1회 더 반복한다. 60(68)코. 양말목 길이가 5cm 되거나 원하는 길이보다 5cm 짧을 때까지 뜬다.

양말목 도안을 따라서 진행한다. 도안은 매 단을 4회 뜬다. 도안의 1~25단을 1회 뜬다.

※1사이즈는 1~15코, 2사이즈는 1~17코를 진행합니다.

느슨하게 코마무리한다.

오른쪽 양말

발가락&발

주디의 매직 코잡기로 24코를 잡는다(바늘당 12코).

바늘 1의 코는 발등 코, 바늘 2의 코는 발바닥 코이다.

1사이즈만

1단+홀수단

바늘 1 : 1사이즈 오른쪽 발가락 도안 뜨기.

바늘 2 : 끝까지 안뜨기.

2·4·6·8·10·12·14·16·18단

바늘 1 : 1사이즈 오른쪽 발가락 도안 뜨기.

바늘 2 : 겉뜨기 1코, 돌려뜨며 오른코 늘리기, 바늘 2의 마지막 코 전까지 겉뜨기, 돌려뜨며 왼코 늘리기, 겉뜨기 1코.

20·22·24·26·28·30·32단

바늘 1 : 1사이즈 오른쪽 발가락 도안 뜨기.

바늘 2 : 끝까지 겉뜨기.

2사이즈만

1단+홀수단

바늘 1 : 2사이즈 오른쪽 발가락 도안 뜨기.

바늘 2 : 끝까지 안뜨기.

2·4·6·8·10·12·14·16·18·20·22단

바늘 1 : 2사이즈 오른쪽 발가락 도안 뜨기.

바늘 2 : 겉뜨기 1코, 돌려뜨며 오른코 늘리기, 바늘 2의 마지막 코 전까지 겉뜨기, 돌려뜨며 왼코 늘리기, 겉뜨기 1코.

24·26·28·30·32단

바늘 1 : 2사이즈 오른쪽 발가락 도안 뜨기.

바늘 2 : 끝까지 겉뜨기.

총 60(68)코.

원하는 양말 길이보다 7cm 짧을 때까지 메리야스뜨기를 한다.

코 늘리기 1단 : 발등 코 겉뜨기, 겉뜨기 1코, 돌려뜨며 오른코 늘리기, 바늘에 1코 남을 때까지 겉뜨기, 돌려뜨며 왼코 늘리기, 겉뜨기 1코.

코 늘리기 2단 : 끝까지 겉뜨기.

코 늘리기 1·2단을 2회 더 반복한다. 발바닥에 6코가 증가한다.

경사뜨기 뒤꿈치

뒤꿈치는 바늘 2에서 작업한다.

※감긴 실을 주울 필요는 없습니다.

발등코 겉뜨기를 한다.

1·2단 : 바늘에 1코 남을 때까지 겉뜨기, 랩앤턴.

3·4단 : 마지막 감긴 코 1코 전까지 겉뜨기, 랩앤턴.

3·4단을 12(13)회 더 반복한다. 중앙에 8(10)코, 양옆에 감긴 코가 14(15)코씩 있다.

5·6단 : 감긴 첫 코 전까지 겉뜨기, 감긴 첫 코 겉뜨기, 랩앤턴(두 겹이 된다).

7·8단 : 두 겹으로 감긴 코 전까지 겉뜨기, 두 겹으로 감긴 코 겉뜨기, 랩앤턴.

양 끝 코가 두 겹으로 감길 때까지 7·8단을 반복한다.

양말목(원통뜨기)

다시 원통으로 뜬다. 뒤꿈치 끝까지 겉뜨기(마지막 두 겹으로 감긴 코도 겉뜨기)를 한다.

다음 단 : 뒤꿈치와 발등 사이에서 1코 주워 왼바늘에 걸고 발등 첫 코와 한꺼번에 겉뜨기. 발등 끝까지 겉뜨기.

발등과 뒤꿈치 사이에 1코 주워 왼바늘에 걸고 뒤꿈치 첫 코와 한꺼번에 겉뜨기. 오른코 겹쳐 2코 모아뜨기, 바늘에 3코 남을 때까지 겉뜨기, 왼코 겹쳐 2코 모아뜨기, 겉뜨기 1코.

코 줄이기 1단 : 끝까지 겉뜨기.

코 줄이기 2단 : (발등) 겉뜨기. (뒤꿈치) 겉뜨기 1코, 오른코 겹쳐 2코 모아뜨기, 3코 남을 때까지 겉뜨기, 왼코 겹쳐 2코 모아뜨기, 겉뜨기 1코.

코 줄이기 1·2단을 1회 더 반복한다. 60(68)코.

양말목 길이가 5cm 되거나 원하는 길이보다 5cm 짧을 때까지 메리야스뜨기를 한다.

양말목 도안을 따라서 진행한다. 도안은 매 단을 4회 뜬다. 도안의 1~25단을 1회 뜬다.

※1사이즈는 1~15코, 2사이즈는 1~17코를 진행합니다.

느슨하게 코마무리한다.

마무리하기

남은 실을 보이지 않게 정리하고 흠뻑 적셔 블로킹한 다음 치수를 잰다.

양말목 도안

	겉뜨기
•	안뜨기
■	코 아님
⼁	돌려뜨며 오른코 늘리기
⼃	돌려뜨며 왼코 늘리기
o	바늘비우기
/	왼코 겹쳐 2코 모아뜨기
\	오른코 겹쳐 2코 모아뜨기
人	오른코 위 돌려 3코 모아뜨기

1사이즈 왼쪽 발가락 도안

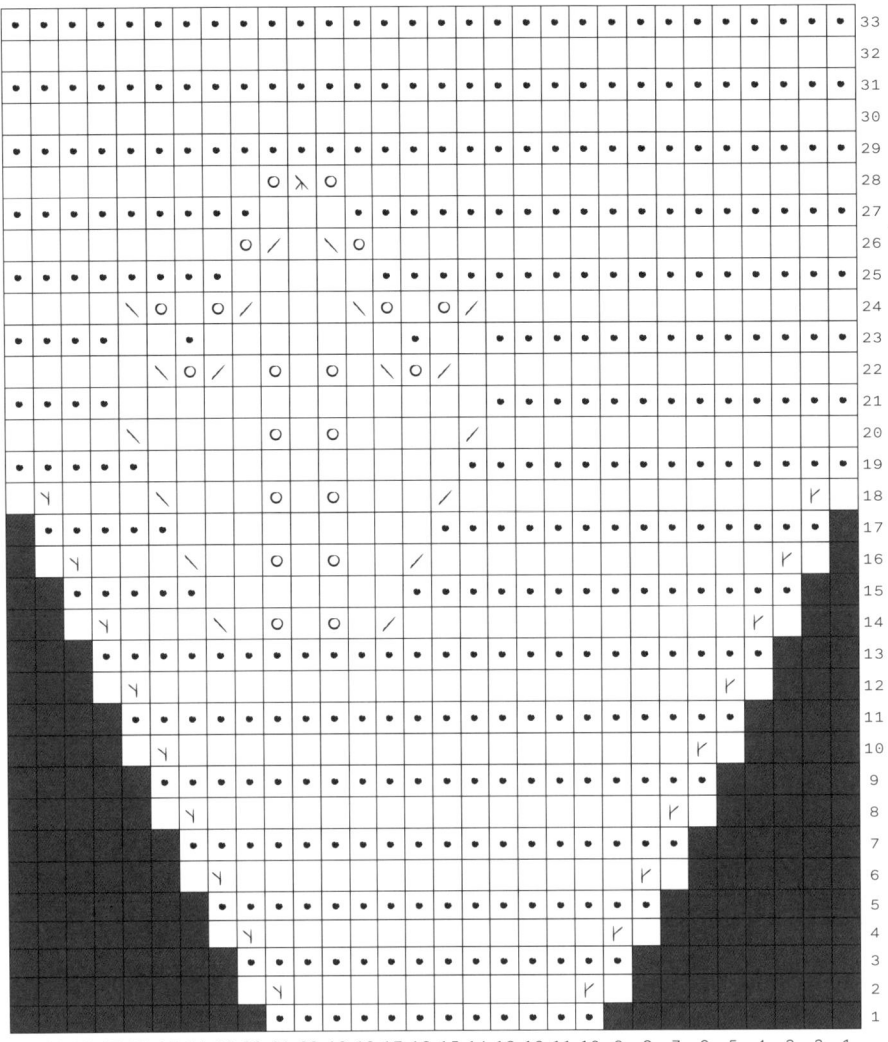

1사이즈 오른쪽 발가락 도안

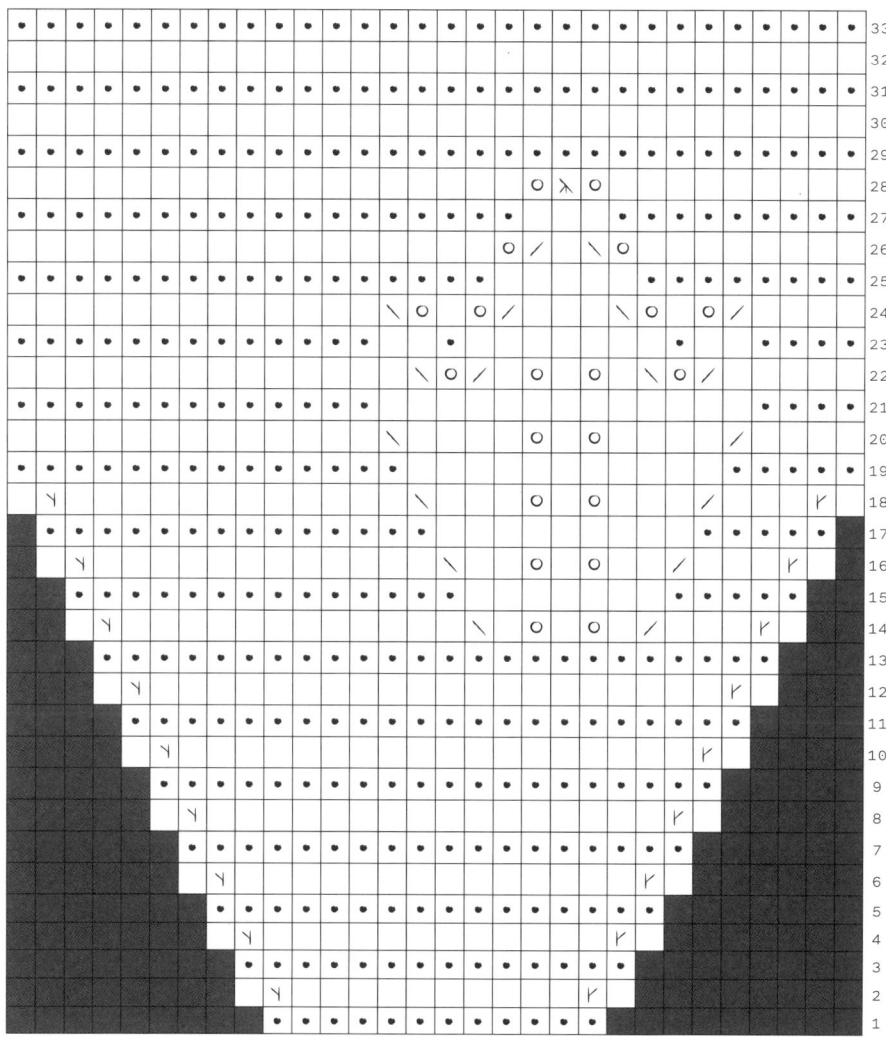

2사이즈 왼쪽 발가락 도안

2사이즈 오른쪽 발가락 도안

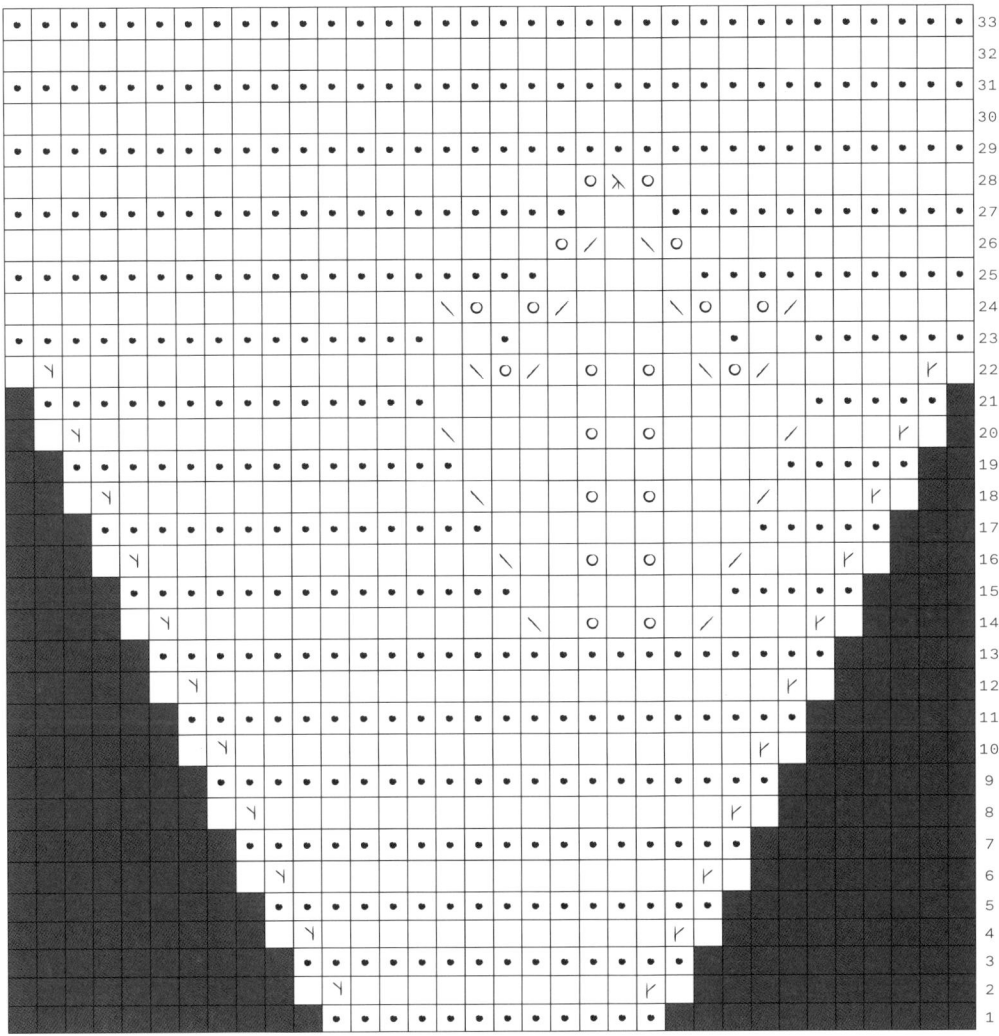

15 미카 양말 MICA

사이즈
1(2)

완성 치수
둘레 … 17(20)cm
길이(뒤꿈치~양말단) … 25(26)cm

재료
실(색①) … 어 버브 포 키핑 웜A verb for Keeping Warm의 개더 Gather(미국산 랑부예 75%, 미국산 알파카 25%, 183m/50g) 스모크 색Smoke 2볼
실(색②) … 어 버브 포 키핑 웜의 개더(미국산 랑부예 75%, 미국산 알파카 25%, 183m/50g) 라이트하우스색Lighthouse 1볼
바늘 … 3.25mm(미국 3) 줄바늘
도구 … 제거 가능한 마커 1개, 돗바늘

게이지
메리야스뜨기 28코×34단

양말단(원통뜨기)
색① 실을 이용해 막코잡기로 48(56)코를 잡고, 바늘 2개에 똑같이 나눈다. 제거 가능한 마커를 첫 코에 걸어 단의 시작을 표시한다. 코가 꼬이지 않게 조심하며 원통으로 연결한다.
1단 : [겉뜨기 2코, 안뜨기 2코] 끝까지 반복.
양말단 길이가 5cm 될 때까지 위의 단을 반복한다.

양말목(원통뜨기)
4cm가 될 때까지 겉뜨기를 한다.
색② 실을 연결한다. 도안 A를 따라서 배색뜨기를 한다. 색② 실을 자른다.
4cm가 될 때까지 겉뜨기를 한다.

힐 플랩(왕복뜨기)
뜨개바탕을 돌려서 안면이 앞을 향하게 한다.
1단(안면) : 걸러뜨기 1코, 안뜨기 23(27)코.
2단(겉면) : [걸러뜨기 1코, 겉뜨기 1코] 끝까지 반복.
힐 플랩은 이 24(28)코에서 왕복한다. 다른 24(28)코는 꽈배기바늘에 걸어둔다.
앞으로 작업하는 바늘은 바늘 1, 쉬는 코가 있는 바늘은 바늘 2다.
이 두 단을 13(15)회 더 반복해 총 14(16)회/28(32)단을 뜬다.

힐 턴(왕복뜨기)
1단(안면) : 걸러뜨기 1코, 안뜨기 15(18)코, 왼코 겹쳐 2코 모아 안뜨기. 뜨개바탕 돌리기.
2단(겉면) : 걸러뜨기 1코, 겉뜨기 8(10)코, 오른코 겹쳐 2코 모아뜨기. 뜨개바탕 돌리기.
3단 : 걸러뜨기 1코, 틈 1코 전까지 안뜨기, 왼코 겹쳐 2코 모아 안뜨기. 뜨개바탕 돌리기.
4단 : 걸러뜨기 1코, 틈 1코 전까지 겉뜨기, 오른코 겹쳐 2코 모아뜨기. 뜨개바탕 돌리기. 10(12)코가 힐 플랩을 형성한다.
뒤꿈치 코를 전부 뜰 때까지 3·4단을 반복한다.
※마지막 코 줄이기 4단을 마치고, 뜨개바탕은 돌리지 않습니다.

거싯(원통뜨기)

준비단

바늘 1 : 힐 플랩의 왼쪽 가장자리를 따라서 14(16)코 줍기.

바늘 2 : 겉뜨기 24(28)코.

바늘 1 : 힐 플랩의 오른쪽 가장자리를 따라서 14(16)코 줍기. 뒤꿈치 5(6)코 겉뜨기. 다음 코에 제거 가능한 마커를 걸어 단의 시작을 표시한다. 새로운 단의 시작이다.

원통뜨기를 재개한다. 바늘 1의 코는 발바닥과 뒤꿈치 코, 바늘 2의 코는 발등 코다.

1단

바늘 1 : 마지막 3코 전까지 겉뜨기. 왼코 겹쳐 2코 모아뜨기. 겉뜨기 1코.

바늘 2 : 겉뜨기.

바늘 1 : 겉뜨기 1코. 오른코 겹쳐 2코 모아뜨기. 끝까지 겉뜨기.

2단 : 겉뜨기.

48(56)코가 될 때까지 1·2단을 반복한다.

발

원하는 길이보다 5.5cm 짧을 때까지 겉뜨기한다.

색② 실을 연결한다. 도안 B를 따라서 배색뜨기를 한다. 색② 실을 자른다.

겉뜨기 1단.

발가락(원통뜨기)

준비단 : 시작 마커를 제거한다. 바늘 1 끝까지 겉뜨기를 한다. 여기가 단의 시작이다.

1단

바늘 2 : 겉뜨기 1코. 오른코 겹쳐 2코 모아뜨기. 마지막 3코 전까지 겉뜨기. 왼코 겹쳐 2코 모아뜨기. 겉뜨기 1코.

바늘 1 : 겉뜨기 1코. 오른코 겹쳐 2코 모아뜨기. 마지막 3코 전까지 겉뜨기. 왼코 겹쳐 2코 모아뜨기. 겉뜨기 1코.

2단 : 겉뜨기.

각 바늘에 8(12)코씩 16(24)코가 남을 때까지

1·2단을 반복한다.

마무리하기

실 끝을 30.5cm 남기고, 실을 자른다. 메리야스 잇기로 코와 코를 연결한다. 남은 실을 보이지 않게 정리하고 흠뻑 적셔 블로킹한 다음 치수를 잰다.

도안 A

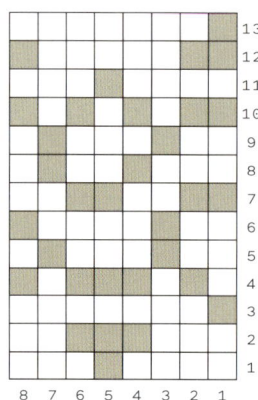

8 7 6 5 4 3 2 1

도안 B

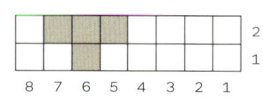

8 7 6 5 4 3 2 1

 겉뜨기

색①

 색②

16 토이보하류 양말 TOIVOHARJU

사이즈

1(2)

완성 치수

양말목/발둘레 ··· 20.5(22)cm

재료

실 ··· 언커먼 스레드Uncommon Thread의 트위스트 삭Twist Sock(메리노 울 80%, 나일론 20%, 365m/100g) 보타니색Botany 1 볼
바늘 ··· 2.5mm(미국 1.5) 장갑바늘
도구 ··· 꽈배기바늘, 돗바늘

게이지

메리야스뜨기 30코×48단

손뜨개 약어

오른코 교차뜨기1/1 LC : 꽈배기바늘에 1코 옮기고 뜨개바탕 앞에 두기, 겉뜨기 1코, 꽈배기바늘의 1코 겉뜨기.
왼코 교차뜨기1/1 RC : 꽈배기바늘에 1코 옮기고 뜨개바탕 뒤에 두기, 겉뜨기 1코, 꽈배기바늘의 1코 겉뜨기.
중심 3코 모아뜨기CDD : 겉뜨기 방향으로 2코 한꺼번에 옮기기, 겉뜨기 1코, 옮긴 코로 덮어씌우기. (-2코).
오른코 위 돌려 3코 모아뜨기SK2PO : 안뜨기할 듯이 걸러뜨기 1코, 다음 2코를 한꺼번에 겉뜨기, 옮긴 코로 덮어씌우기. (-2코).

왼쪽 양말

양말목(원통뜨기)

기초코를 62(66)코 잡는다. 장갑바늘 4개에 코를 나누고 원통으로 연결한다. 바늘 1&2의 코는 양말목의 앞면(발등), 바늘 3&4의 코는 양말목의 뒷면(발바닥)이다.

1사이즈만
양말단 : [안뜨기 1코, 꼬아뜨기] 끝까지 반복.
2사이즈만
양말단 : [꼬아뜨기, 안뜨기 1코] 끝까지 반복.
양말단을 총 12회 진행한다.

다음 단 : 겉뜨기 36(39)코, 마커 걸기, 다음 21코에서 도안 A의 1단 뜨기, 마커 걸기, 끝까지 겉뜨기.

다음 단 : 마커 전까지 겉뜨기, 마커 옮기기, 도안의 다음 단 뜨기, 마커 옮기기, 끝까지 겉뜨기.
도안 A의 1~12단을 끝까지 뜰 때까지 설정한 대로 계속한다.

레이스가 이동하기 시작한다. 마커 사이에서는 도안을 따라 다시 1단부터 시작해 설정한 대로 뜬다.

※무늬 위치가 이동할 때 레이스 패널이 이동하는 대로 코를 바늘에 다시 배열해야 합니다.

이동하는 1단 : 마커 2코 전까지 겉뜨기, 왼코 겹쳐 2코 모아뜨기, 마커 옮기기, 도안의 다음 단 뜨기, 마커 옮기기, 겉뜨기 1코, 돌려뜨며 왼코 늘리기, 끝까지 겉뜨기.

이동하는 2단 : 마커 전까지 겉뜨기, 마커 옮기기, 도안의 다음 단 뜨기, 마커 옮기기, 끝까지 겉뜨기.
1번째 마커 앞에 5(6)코가 될 때까지 이동하는 1·2단을 반복한다. 레이스 패널이 양말의 앞쪽 가운데로 이동했다.

힐 플랩(왕복뜨기)

뒤꿈치는 마지막 31(33)코에서 뜬다. 발등용 나머지 31(33)코는 보류한다.
뜨개바탕을 돌린다.
1단(안면) : 걸러뜨기 1코, 안뜨기 30(32)코.
2단(겉면) : 걸러뜨기 1코, 겉뜨기 30(32)코.
1·2단을 총 15(16)회 떴다.

힐 턴(왕복뜨기)

1단(안면) : 걸러뜨기 1코, 안뜨기 17(19)코, 왼코 겹쳐 2코 모아 안뜨기, 안뜨기 1코, 뜨개바탕 돌리기.
2단(겉면) : 걸러뜨기 1코, 겉뜨기 6(8)코, 오른코 겹쳐 2코 모아뜨기, 겉뜨기 1코, 뜨개바탕 돌리기.

3단 : 걸러뜨기 1코, 틈 1코 전까지 안뜨기, 왼코 겹쳐 2코 모아 안뜨기, 안뜨기 1코, 뜨개바탕 돌리기.
4단 : 걸러뜨기 1코, 틈 1코 전까지 겉뜨기, 오른코 겹쳐 2코 모아뜨기, 겉뜨기 1코, 뜨개바탕 돌리기.
모든 코를 뜰 때까지 3·4단을 반복한다.
마지막을 반복하고 뜨개바탕은 돌리지 않는다.
뒤꿈치에 19(21)코가 남는다.

발&거싯(원통뜨기)

힐 플랩의 가장자리에서 15(16)코 줍기. 뒤꿈치와 발등 사이에서 1코 줍기. 겉뜨기 5(6)코, 마커 옮기기, 도안의 다음 단 뜨기, 마커 옮기기, 겉뜨기 5(6)코. 발등과 뒤꿈치 사이에서 1코 줍기. 힐 플랩의 가장자리에서 15(16)코 줍기. 겉뜨기 10(11)코. 새로운 단의 시작이다. 발바닥에 51(55)코, 발등에 31(33)코가 있다.

1단 : 발등 3코 전까지 겉뜨기, 왼코 겹쳐 2코 모아뜨기, 겉뜨기 1코.
겉뜨기 5(6)코, 마커 옮기기, 도안의 다음 단 뜨기, 마커 옮기기, 겉뜨기 5(6)코. 겉뜨기 1코, 오른코 겹쳐 2코 모아뜨기, 끝까지 겉뜨기.
2단 : 마커 전까지 겉뜨기, 마커 옮기기, 도안의 다음 단 뜨기, 마커 옮기기, 끝까지 겉뜨기.
양말의 양쪽 면에 31(33)코씩 총 62(66)코가 남을 때까지 1·2단을 반복한다.
마커 사이의 코는 도안을 따라 뜨고, 다른 코는 메리야스뜨기를 계속한다. 도안을 총 10(11)회 반복할 때까지 또는 원하는 양말 길이보다 최소 7cm 짧을 때까지 설정한 대로 진행한다. 12단에서 멈춘다.

※도안을 1회 반복할 때마다 2.5cm 정도 길어집니다. 늦게 멈추는 것보다는 빨리 멈추는 편이 낫습니다. 다음 단 이후 메리야스뜨기 단수를 늘려서 뜰 수 있습니다.

다음 단 : 마커 1코 전까지 겉뜨기, 마커 걸기, 다음 23코에서 도안 B를 따라 뜨기(원래 마커 제거). 마커 걸기, 끝까지 겉뜨기.
다음 단 : 마커 전까지 겉뜨기, 마커 옮기기, 도안의 다음 단 뜨기, 마커 옮기기, 끝까지 겉뜨기.
도안 B를 다 뜰 때까지 설정한 대로 진행한다.
마커를 제거한다.
필요하다면 원하는 양말 길이보다 4cm 짧을 때까지 메리야스뜨기를 한다.

발가락(원통뜨기)

1단
바늘 1&3 : 3코 남을 때까지 겉뜨기, 왼코 겹쳐 2코 모아뜨기, 겉뜨기 1코.

바늘 2&4 : 겉뜨기 1코, 오른코 겹쳐 2코 모아뜨기, 바늘 끝까지 겉뜨기.
2단 : 끝까지 겉뜨기.
38(42)코가 남을 때까지 1·2단을 반복한다. 이후 22(26)코가 남을 때까지 1단만 반복한다. 바늘 1 끝까지 겉뜨기하고, 메리야스 잇기로 발가락을 연결한다.

오른쪽 양말

양말목(원통뜨기)

기초코를 62(66)코를 잡는다. 장갑바늘 4개에 코를 나눈 다음 원통으로 연결한다. 바늘 1&2의 코는 양말목 뒷면(발바닥), 바늘 3&4의 코는 양말목 앞면(발등)이다.

1사이즈만
양말단 : [꼬아뜨기, 안뜨기 1코] 끝까지 반복.
2사이즈만
양말단 : [안뜨기 1코, 꼬아뜨기] 끝까지 반복.
양말단을 총 12회 진행한다.

다음 단 : 겉뜨기 5(6)코, 마커 걸기, 다음 21코에서 도안 A의 1단 뜨기, 마커 걸기, 끝까지 겉뜨기.

다음 단 : 마커 전까지 겉뜨기, 마커 옮기기, 도안의 다음 단 뜨기, 마커 옮기기, 끝까지 겉뜨기.
도안 A의 1~12단을 다 뜰 때까지 설정한 대로 계속한다.

레이스가 이동하기 시작한다. 마커 사이에서는 도안을 따라 다시 1단부터 시작해 설정한 대로 진행한다.

※무늬 위치가 이동할 때 레이스 패널이 이동하는 대로 코를 바늘에 다시 배열해야 합니다.

이동하는 1단 : 마커 1코 전까지 겉뜨기, 돌려뜨며 오른코 늘리기, 겉뜨기 1코, 마커 옮기기, 도안의 다음 단 뜨기, 마커 옮기기, 오른코 겹쳐 2코 모아뜨기, 끝까지 겉뜨기.

이동하는 2단 : 마커 전까지 겉뜨기, 마커 옮기기, 도안의 다음 단 뜨기, 마커 옮기기, 끝까지 겉뜨기.
단의 끝에 5(6)코가 있을 때까지 이동하는 1·2단을 반복한다. 레이스 패널이 양말의 앞쪽 가운데로 이동했다.

힐 플랩(왕복뜨기)

뒤꿈치는 첫 31(33)코에서 뜬다. 발등용 나머지 31(33)코는 보류한다.
겉뜨기 31(33)코. 뜨개바탕을 돌린다.
1단(안면) : 걸러뜨기 1코, 안뜨기 30(32)코.
2단(겉면) : 걸러뜨기 1코, 겉뜨기 30(32)코.
1·2단을 총 15(16)회 떴다.

힐 턴(왕복뜨기)

1단(안면) : 걸러뜨기 1코, 안뜨기 17(19)코, 왼코 겹쳐 2코 모아 안뜨기, 안뜨기 1코, 뜨개바탕 돌리기.

2단(겉면) : 걸러뜨기 1코, 겉뜨기 6(8)코, 오른코 겹쳐 2코 모아뜨기, 겉뜨기 1코, 뜨개바탕 돌리기.

3단 : 걸러뜨기 1코, 틈 1코 전까지 안뜨기, 왼코 겹쳐 2코 모아 안뜨기, 안뜨기 1코, 뜨개바탕 돌리기.

4단 : 걸러뜨기 1코, 틈 1코 전까지 겉뜨기, 오른코 겹쳐 2코 모아뜨기, 겉뜨기 1코, 뜨개바탕 돌리기.

모든 코를 뜰 때까지 3·4단을 반복한다. 마지막을 반복하고 뜨개바탕을 돌리지 않는다. 뒤꿈치에 19(21)코가 남는다.

발·거싯·발가락

왼쪽 양말과 동일하게 진행한다.

마무리하기

남은 실을 보이지 않게 정리하고 흠뻑 적셔 블로킹한 다음 치수를 잰다.

도안 A

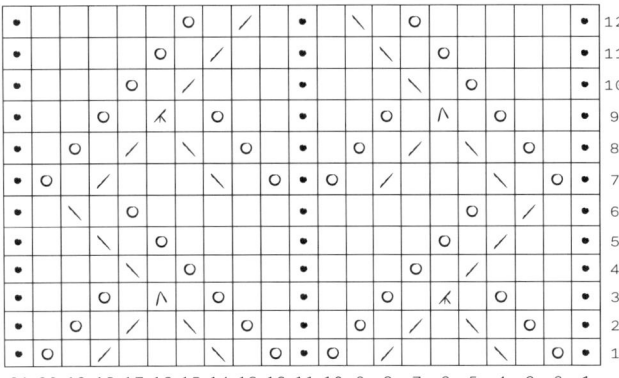

도안 B

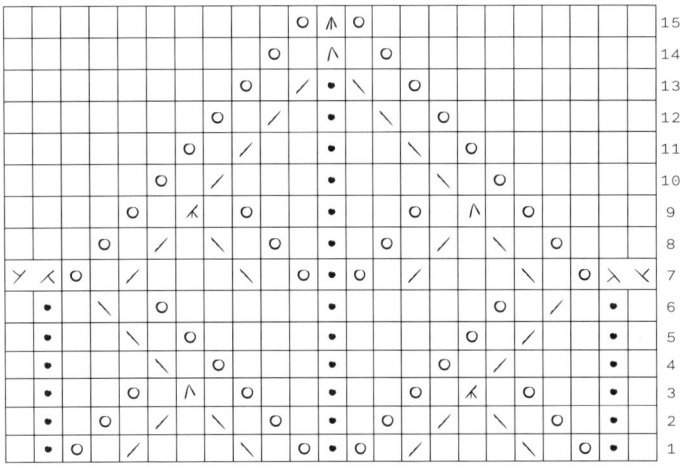

	겉뜨기
•	안뜨기
O	바늘비우기
/	왼코 겹쳐 2코 모아뜨기
\	오른코 겹쳐 2코 모아뜨기
⅄	왼코 겹쳐 3코 모아뜨기
∧	걸러뜨기 1. 왼코 겹쳐 2코 모아뜨기. 코 덮어씌우기
⋀	중심 3코 모아뜨기
⅄ ⋋	왼코 교차뜨기
⋌ ⋋	오른코 교차뜨기

17 보이랜드 양말 BOYLAND

사이즈
1(2)

완성 치수
발/양말목 둘레 ··· 20(22.5)cm
양말목 길이(양말단~뒤꿈치 시작점) ··· 14.5cm

재료
실(색①) ··· 파머스 도터 파이버스Farmer's Daughter Fibers의 소카피Soka'pii(와이오밍+몬태나산 랑부예 100%. 227m/50g) 엘크 앤틀러색Elk Antler(베이지색) 1볼
실(색②) ··· 파머스 도터 파이버스의 소카피(와이오밍+몬태나산 랑부예 100%. 227m/50g) 에버그린색Evergreen(진녹색) 1볼
실(색③) ··· 파머스 도터 파이버스의 소카피(와이오밍+몬태나산 랑부예 100%. 227m/50g) 나무색Naamoo(자주색) 1볼
바늘 ··· 2.5mm (미국 1.5) 줄바늘 또는 장갑바늘
도구 ··· 마커, 돗바늘

게이지
배색하며 메리야스뜨기 32코×48단

손뜨개 약어
구슬뜨기MB : 한 코의 앞고리, 뒷고리, 앞고리, 뒷고리에 겉뜨기한 다음 오른바늘의 2번째, 3번째, 4번째 코를 하나씩 마지막에 뜬 코에 덮어씌운다. 구슬이 뜨개바탕 앞쪽에 잘 고정되도록 실을 앞쪽에 두고 구슬코를 왼바늘로 옮긴 다음 실을 뒤로 보내 코를 감아서 구슬을 다시 오른바늘에 옮긴다.
더블스티치MDS : 더블스티치 만들기.

양말단
색② 실을 막코잡기로 64(72)코 잡는다. 바늘 2개에 똑같이 32(36)코씩 나눈다. 코가 꼬이지 않게 조심하며 원통으로 연결한다.
[겉뜨기 2코, 안뜨기 2코] 끝까지 반복.
3cm가 될 때까지 2코 고무뜨기를 한다.

양말목

계속 색② 실로 겉뜨기를 2단 한다.

도안 A

표시대로 색을 바꿔가며 도안 A를 뜬다.

도안 A를 끝내고, 색① 실만 남기고 모든 실을 끊는다.

4cm 더 메리야스뜨기를 한다.

뒤꿈치(왕복뜨기)

뒤꿈치는 한 바늘의 32(36)코에서 색② 실로 뜬다. 나머지 코는 바늘의 신축성 있는 부분에 남겨둔다.

뒤꿈치 전반부

1단(겉면) : 겉뜨기 32(36)코, 뜨개바탕 돌리기.

2단(안면) : 더블스티치, 안뜨기 31(35)코, 뜨개바탕 돌리기.

3단(겉면) : 더블스티치, 다음 더블스티치 전까지 겉뜨기, 뜨개바탕 돌리기.

4단(안면) : 더블스티치, 다음 더블스티치 전까지 안뜨기, 뜨개바탕 돌리기.

뒤꿈치의 양 끝에 더블스티치가 10(12)코 될 때까지 (두 단마다 겉뜨기나 안뜨기가 1코씩 감소하는) 방식으로 계속 뜬다.

다음 단(겉면) : 더블스티치가 나오면 더블스티치를 겉뜨기하며 뒤꿈치 끝까지 겉뜨기, 뜨개바탕 돌리기.

다음 단(안면) : 더블스티치가 나오면 더블스티치를 안뜨기하며 뒤꿈치 끝까지 안뜨기, 뜨개바탕 돌리기.

뒤꿈치 후반부

1단(겉면) : 겉뜨기 22(25)코, 뜨개바탕 돌리기.

2단(안면) : 더블스티치, 안뜨기 11(13)코, 뜨개바탕 돌리기.

3단(겉면) : 더블스티치, 다음 더블스티치 전까지 겉뜨기, 더블스티치 2가닥 함께 겉뜨기, 겉뜨기 1코, 뜨개바탕 돌리기.

4단(안면) : 더블스티치, 다음 더블스티치 전까지 안뜨기, 더블스티치 2가닥 함께 안뜨기, 안뜨기 1코, 뜨개바탕 돌리기.

양 끝에 이를 때까지 3·4단을 반복한다. 양쪽 끝에 더블스티치가 한 코씩 남는다.

색② 실을 자른다.

발(원통뜨기)

색① 실로 원통뜨기를 재개한다.

4cm가 될 때까지 메리야스뜨기를 한다.

표시대로 색을 바꾸며 도안 B를 뜬다.

색① 실만 남기고 모든 실을 자른다.

뒤꿈치의 뒤쪽부터 원하는 완성 발길이보다 5(6)cm 짧을 때까지 메리야스뜨기를 한다.

발가락(원통뜨기)

색② 실로 바꾼다.

시작 마커를 제거한다. 계속해서 나뉜 콧수가 같아야 한다. 발의 윗면에 32(36)코, 아랫면에 32(36)코가 있다.

1단 : 겉뜨기.

2단

바늘 1 : 겉뜨기 1코, 오른코 겹쳐 2코 모아뜨기, 바늘 1의 마지막 3코 전까지 겉뜨기, 왼코 겹쳐 2코 모아뜨기, 겉뜨기 1코.

바늘 2 : 겉뜨기 1코, 오른코 겹쳐 2코 모아뜨기, 바늘 2의 마지막 3코 전까지 겉뜨기, 왼코 겹쳐 2코 모아뜨기, 겉뜨기 1코. (-4코).

16(16)코가 남을 때까지 1·2단을 반복한다.

마무리하기

실 끝을 30.5cm 남기고, 실을 자른다. 메리야스 잇기로 코를 잇는다. 남은 실을 보이지 않게 정리하고 흠뻑 적셔 블로킹한 다음 치수를 잰다.

도안 A

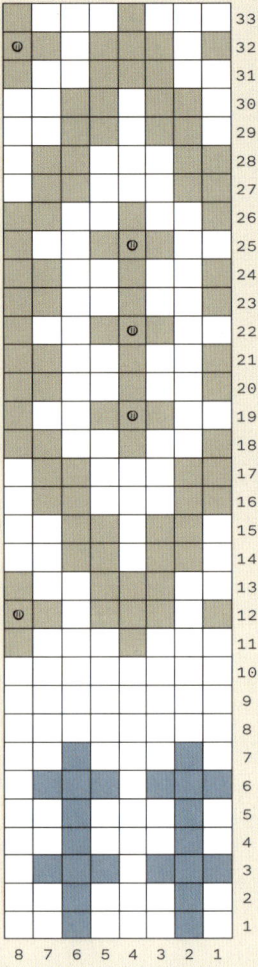

도안 B

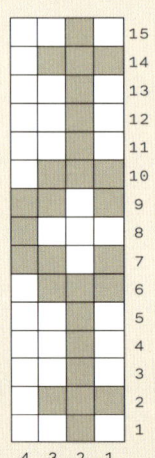

	색①
	색②
	색③
⑰	구슬뜨기
	겉뜨기

18 루체르나 양말 LUCERNA

사이즈

1(2)

완성 치수

양말목 둘레 ··· 18.5(21.5)cm

발길이 ··· 18(20)cm

양말목 길이 ··· 10cm

재료

실① ··· 존 아본John Arbon의 익스무어 삭Exmoor Sock 4ply(익스무어 블루페이스 60%, 코리데일 20%, 즈바르트블러스 10%, 나일론 10%, 200m/50g) 비블 버그색Bibble Bug 1볼

실② ··· 어니언Onion의 실크+키드 모헤어Silk+Kid Mohair(멀버리 실크 40%, 슈퍼 키드 모헤어 60%, 240m/25g) 3006 보르도색 Bordeaux 1볼

바늘 ··· 2.5mm(미국 1.5) 장갑바늘, 2.75mm(미국 2) 장갑바늘 또는 줄바늘

도구 ··· 돗바늘, 마커

※전 과정에서 실①과 실②를 함께 뜹니다.

게이지

안메리야스뜨기 26코×40단/2.75mm(미국 2) 바늘

손뜨개 약어

오른코 겹치기SKP : 걸러뜨기 1코, 겉뜨기 1코, 걸러뜨기한 코를 겉뜨기 코에 덮어씌우기. (-1코).

패턴 기법&뜨기 패턴

매듭지는 에스토니아식 코잡기 The estonian cast on
에스토니아식 코잡기의 한 종류로 복합형 막코잡기로도 알려져 있다. 기본 막코잡기와 왼쪽으로 기우는 막코잡기를 번갈아 하며 코를 만든다.

(1) 시작하기 전에 함께 잡은 두 실을 3m 정도 잰다.

(2) 길이를 잰 실을 반으로 접는다. 다시 반으로 접어 접힌 부분에 시작매듭을 만든다. 매듭에는 양말실 고리 2개와 모헤어 고리 2개가 있어야 한다.

(3) 엄지에 양말실 3가닥과 모헤어 3가닥을 두르고, 검지에 양말실 1가닥(긴 쪽)과 모헤어 1가닥을 두른다.

(4) 기본 막코잡기로 첫 코를 잡는다. 이를 위해 실을 반시계 방향으로 엄지 뒤에서 앞으로 두르고 중지로 고정한다. 엄지 앞쪽의 실을 끌어 올려 코를 만든다. 1가닥 쪽 실이 바늘에 코를 만들고 3가닥 쪽 실이 매듭이 있는 단을 형성한다.

(5) 2번째 코는 실을 시계 방향으로 엄지 앞에서 뒤로 두르고 중지까지 이어진다. 엄지 뒤쪽의 실을 끌어 올려 코를 만든다.

(6) 필요한 콧수에 도달할 때까지 두 방법을 번갈아가며 한다.

멍석뜨기 Moss Stitch (원통뜨기)

1단 : [겉뜨기 1코, 안뜨기 1코] 끝까지 반복.
2단 : [안뜨기 1코, 겉뜨기 1코] 끝까지 반복.

라이스 스티치 Rice Stitch 1 (원통뜨기)

1단 : [안뜨기 1코, 꼬아뜨기] 끝까지 반복.
2단 : 안뜨기.

라이스 스티치 2 (원통뜨기)

1단 : [안뜨기 3코, 꼬아뜨기] 끝까지 반복.
2단 : 안뜨기.

라이스 스티치 3 (원통뜨기)

1단 : 안뜨기 3코, 꼬아뜨기, [안뜨기 7코, 꼬아뜨기] 5(6)회, 안뜨기 4코.
2단 : 안뜨기.

뒤꿈치 가터단의 자고새 눈 무늬 (왕복뜨기)

1단 : 걸러뜨기 1코, 안뜨기 1코, *걸러뜨기 1코, 겉뜨기 1코* 3코 남을 때까지 *-* 반복, 걸러뜨기 1코, 안뜨기 1코, 걸러뜨기 1코.
2단 : 안뜨기.
3단 : 걸러뜨기 1코, 안뜨기 1코, *겉뜨기 1코, 걸

러뜨기 1코* 3코 남을 때까지 *-* 반복, 겉뜨기 1코, 안뜨기 1코, 걸러뜨기 1코.
4단 : 안뜨기.

양말단 (원통뜨기)

매듭지는 에스토니아식 코잡기로 2.75mm(미국 2) 바늘에 48(56)코를 잡는다.
2.5mm(미국 1.5) 바늘로 바꾼다.
코가 꼬이지 않게 조심하며 원통으로 연결한다. 첫 단의 첫 코는 겉뜨기 코다.
멍석뜨기를 9단 한다.

양말목 (원통뜨기)

2.75mm(미국 2) 바늘로 바꾼다.
라이스 스티치 1을 10단.
라이스 스티치 2를 8단.
라이스 스티치 3을 8단.
안뜨기 4단.

힐 플랩 (왕복뜨기)

뒤꿈치 23(27)코를 한 바늘에 옮긴다. 힐 플랩을 뜨는 바늘의 첫 3(5)코는 안뜨기 코이고 이어서 양말목 위쪽에 '라이스 스티치의 이랑'이었던 1코가 오도록 코를 나눈다.
이렇게 코를 나누면 패턴의 대칭을 유지할 수 있다. 힐 플랩이나 힐 턴을 뜨는 동안 다른 바늘에 남은 25(29)코는 뜨지 않는다.
겉면이 앞을 향한 상태로 가터단의 자고새 눈 무늬 24(28)단을 뜬다.

힐 턴 (왕복뜨기)

힐 플랩의 가운데 코에 마커를 건다.
1단 : 안뜨기 방향으로 걸러뜨기 1코, 겉뜨기 12(14)코, 오른코 겹치기, 겉뜨기 1코, 뜨개바탕 돌리기.
2단 : 안뜨기 방향으로 걸러뜨기 1코, 안뜨기 4코, 왼코 겹쳐 2코 모아 안뜨기, 안뜨기 1코, 뜨개바탕 돌리기.
3단 : 겉뜨기 방향으로 걸러뜨기 1코, 겉뜨기 5코, 오른코 겹치기, 겉뜨기 1코, 뜨개바탕 돌리기.
4단 : 안뜨기 방향으로 걸러뜨기 1코, 안뜨기 6코, 왼코 겹쳐 2코 모아 안뜨기, 안뜨기 1코, 뜨개바탕 돌리기.
5단 : 겉뜨기 방향으로 걸러뜨기 1코, 겉뜨기 7코, 오른코 겹치기, 겉뜨기 1코, 뜨개바탕 돌리기.
6단 : 안뜨기 방향으로 걸러뜨기 1코, 안뜨기 8코, 왼코 겹쳐 2코 모아 안뜨기, 안뜨기 1코, 뜨

개바탕 돌리기.
7단 : 겉뜨기 방향으로 걸러뜨기 1코, 겉뜨기 9코, 오른코 겹치기, 겉뜨기 1코, 뜨개바탕 돌리기.
8단 : 안뜨기 방향으로 걸러뜨기 1코, 안뜨기 10코, 왼코 겹쳐 2코 모아 안뜨기, 안뜨기 1코, 뜨개바탕 돌리기.

1사이즈만

9단 : 겉뜨기 방향으로 걸러뜨기 1코, 겉뜨기 11코, 오른코 겹치기, 뜨개바탕 돌리기.
10단 : 안뜨기 방향으로 걸러뜨기 1코, 안뜨기 11코, 왼코 겹쳐 2코 모아 안뜨기, 뜨개바탕 돌리기.

2사이즈만

9단 : 겉뜨기 방향으로 걸러뜨기 1코, 겉뜨기 11코, 오른코 겹치기, 겉뜨기 1코, 뜨개바탕 돌리기.
10단 : 안뜨기 방향으로 걸러뜨기 1코, 안뜨기 12코, 왼코 겹쳐 2코 모아 안뜨기, 안뜨기 1코, 뜨개바탕 돌리기.
11단 : 겉뜨기 방향으로 걸러뜨기 1코, 겉뜨기 13코, 오른코 겹치기, 뜨개바탕 돌리기.
12단 : 안뜨기 방향으로 걸러뜨기 1코, 안뜨기 13코, 왼코 겹쳐 2코 모아 안뜨기, 뜨개바탕 돌리기.

13(15)코가 남는다.

발등&거싯

힐 턴 코는 겉뜨기하고 뒤꿈치의 왼쪽 면을 따라 코를 줍는다. 힐 턴에서 1코. 힐 플랩Heel Flap을 따라 12(14)코를 줍는다. 발등 코는 안뜨기하고 힐 플랩의 반대쪽 면에서 12(14)코, 힐턴에서 1코를 줍는다.

각 면에 13(15)코씩 새로 생겨서 총 64(74)코다.

거싯 코 줄이기(원통뜨기)

발등의 첫 코 다음과 마지막 코 전에 마커를 건다.

1단 : 안뜨기.

2단 : 안뜨기. 발바닥의 마지막 코와 발등의 첫 코는 왼코 겹쳐 2코 모아 안뜨기. 발등의 마지막 코와 발바닥의 첫 코는 오른코 겹쳐 2코 모아 안뜨기.

바늘에 48(56)코가 될 때까지 1·2단을 총 8(9)회 반복한다.

발(원통뜨기)

8(13)단을 뜨거나 원하는 발길이보다 9.5(10)cm 짧을 때까지 안뜨기한다.

발등과 발바닥 전체에서 라이스 스티치를 한다. 솟아오른 코가 양말목에서의 위치와 같은지 확인하며 라이스 스티치 3을 8단.

라이스 스티치 2를 8단.

라이스 스티치 1을 8단.

발가락 모양 만들기(원통뜨기)

스티치 준비단 : 발등 바늘에 24(28)코. 발바닥 바늘에 24(28)코.

1단(코 줄이기 단)

발바닥 코 : 안뜨기 1코. 왼코 겹쳐 2코 모아 안뜨기. 마지막 3고 전까지 안뜨기. 오른코 겹쳐 2코 모아 안뜨기. 안뜨기 1코.

발등 코 : 안뜨기 1코. 왼코 겹쳐 2코 모아 안뜨기. 마지막 3코 전까지 안뜨기. 오른코 겹쳐 2코 모아 안뜨기. 안뜨기 1코. (-4코).

2단 : 안뜨기.

1·2단을 총 5회 뜬다. 28(36)코가 남는다.

1단을 총 4(5)회 뜬다. 12(16)코가 남는다.

발바닥 코와 발등 코를 나눠서 바늘 2개에 옮긴다. 바늘 1&2를 함께 잡고 메리야스 잇기를 하거나 양말을 뒤집어 겉뜨기 면에서 잇는다.

마무리하기

남은 실을 보이지 않게 정리하고 흠뻑 적셔 블로킹한 다음 치수를 잰다.

19 생꿀 장미 양말 RAW HONEY ROSE

사이즈

1(2)

완성 치수

둘레 … 18(21.5)cm
길이 … 조절 가능

재료

실(바탕색) … 요스YOTH의 마더Mother(미국산 랑부예 100%, 503m/100g) 생꿀색Raw honey 1볼

실(배색①) … 요스의 마더(미국산 랑부예 100%, 503m/100g) 석류색Pomegranate 1볼

실(배색②) … 요스의 마더(미국산 랑부예 100%, 503m/100g) 대황색Rhubarb 1볼

바늘 … 2.25mm(미국 1) 줄바늘

도구 … 마커, 돗바늘

※뒤꿈치와 발가락을 실 두 겹으로 강화한다면 바탕실 소모량이 37(41)m 정도 늘어납니다.

게이지

이동하는 나뭇잎 레이스 패턴 34.5코×48단

뜨기 패턴

1코 고무뜨기 : [겉뜨기 1코, 안뜨기 1코] 끝까지 반복.

가터뜨기의 이랑으로 만드는 뜨기(원통뜨기) : 1·2·3단 겉뜨기. 4단 안뜨기.

POINT

실 두 겹으로 뒤꿈치와 발가락을 강화할 수 있습니다.

양말단

바탕실로 64(72)코를 잡는다.

코를 바늘 2개에 나눠서 매직 루프를 준비한다. 마커를 걸고 원통으로 연결한다.

2.5cm가 될 때까지 1코 고무뜨기를 한다.

'가터뜨기의 이랑으로 만드는 뜨기 패턴'을 2회 뜨고 장미무늬 배색뜨기를 시작한다.

필요할 때 배색① 실과 배색② 실을 연결하며 장미 도안 전체를 1회 뜬다.

배색뜨기를 완성하면 배색① 실과 배색② 실을 자르고 바탕실로만 계속 진행한다.

다음 단 : 겉뜨기.

다음 단 : 안뜨기.

'가터뜨기의 이랑으로 만드는 뜨기 패턴'을 1회 반복한다.

1사이즈만

다음 단 : 겉뜨기 30코, 왼코 겹쳐 2코 모아뜨기, 겉뜨기 30코, 왼코 겹쳐 2코 모아뜨기. (-2코). 62코.

2사이즈만

다음 단 : 겉뜨기 35코, 겉뜨기로 1코 늘리기, 겉뜨기 35코, 겉뜨기로 1코 늘리기. (+2코). 74코.

이동하는 나뭇잎 레이스 도안을 뜨기 시작한다. 원하는 양말단 길이(견본은 기초코 단에서 15cm)가 될 때까지 뜨다가 레이스 도안의 8단이나 4단에서 끝낸다.

뒤꿈치

※코의 뒤 절반만 뜨세요.

준비단 : 겉뜨기 31(37)코.

※뒤꿈치를 강화한다면 이 지점에서 바탕실을 한 가닥 더 연결해 두 겹으로 떠야 합니다.

1단(겉면) : 안뜨기 28(34)코, 랩앤턴.

2단(안면) : 겉뜨기 25(31)코, 랩앤턴.

3단(겉면) : 감긴 코 1코 전까지 안뜨기, 랩앤턴.

4단(안면) : 감긴 코 1코 전까지 겉뜨기, 랩앤턴.

경사뜨기 마지막 두 단을 9(11)회 더 반복한다.

다음 단(겉면) : 감긴 코 전까지 안뜨기, 랩앤턴.

다음 단(안면) : 감긴 코 전까지 겉뜨기, 랩앤턴.

다음 단(겉면) : 2겹으로 감긴 코까지 안뜨기, 랩앤턴.

다음 단(안면) : 2겹으로 감긴 코까지 겉뜨기, 랩앤턴.

이 마지막 두 단을 9(11)회 더 반복한다.

바늘 끝까지 안뜨기.

※뒤꿈치를 강화하고 있다면 실 두 겹 가운데 2번째 가닥을 자르고 다시 한 가닥으로 뜹니다.

발(원통뜨기)

※발바닥과 발등 코 전부를 레이스 패턴으로 뜹니다.

2단(양말단에서 8단으로 끝나면) 또는 6단(양말단에서 4단으로 끝나면)으로 시작하며 이동하는 나뭇잎 레이스 패턴을 원통으로 계속 뜬다.

(뒤꿈치부터 발가락까지) 원하는 발길이보다 4(5)cm 짧을 때까지 패턴을 뜨다가 레이스 도안의 1단이나 5단에서 끝낸다.

발가락(원통뜨기)

※발가락을 강화한다면 이 지점에서 바탕실을 1가닥 더 연결해 끝까지 두 겹으로 뜹니다.

1단 : [안뜨기 1코, 오른코 겹쳐 2코 모아 안뜨기, 바늘의 마지막 3코 전까지 안뜨기, 왼코 겹쳐 2코 모아 안뜨기, 안뜨기 1코] 2회.

2단 : 안뜨기.

각 바늘에 11(13)코씩 남을 때까지 1·2단을 반복한다.

양말을 뒤집어 메리야스 잇기로 발가락 구멍을 닫는다.

마무리하기

남은 실을 보이지 않게 정리하고 흠뻑 적셔 블로킹한 다음 치수를 잰다.

장미 도안

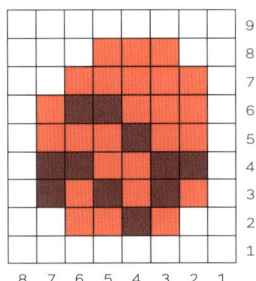

이동하는 나뭇잎 레이스 도안

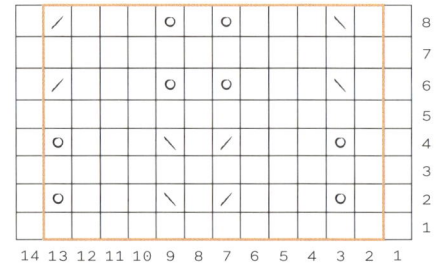

□	겉뜨기
O	바늘비우기
/	왼코 겹쳐 2코 모아뜨기
\	오른코 겹쳐 2코 모아뜨기
□	반복
🟧	배색①
🟫	배색②
□	바탕색

20 베라 양말 VEERA

사이즈

1(2)

완성 치수

양말단 둘레 ⋯ 26(28)cm
양말목 둘레 ⋯ 22(24)cm
발둘레 ⋯ 20(22)cm
양말목 길이(양말단~뒤꿈치 시작점) ⋯ 19cm
뒤꿈치에서 발가락까지 길이 ⋯ 조절 가능

재료

실 ⋯ 울센트룸Ullcentrum 2ply 합태사(스웨덴산 울 100%.
300m/100g) 오프화이트색Off White (0100) 2(3)볼
바늘 ⋯ 3mm(미국 2.5) 장갑바늘
도구 ⋯ 마커, 풀림막음핀 또는 별실, 돗바늘

게이지

메리야스뜨기 20코×31단

손뜨개 약어&패턴 기법

방울뜨기1WN1 : 겉면에서 오른바늘을 코와 2번째 코 사이 왼
바늘 아래에 넣는다. 바늘에 시계 방향으로 실을 감고 잡아
뺀다. 다시 오른바늘에 시계 방향으로 실을 감고 이 고리로
다시 빼낸 다음 실을 약간 조인다. 오른바늘을 감긴 코에 넣
어 오른바늘로 옮긴다. 새 코를 이용해 감긴 코에 덮어씌운
다.

방울뜨기2WN2 : 방울뜨기1처럼 2번째 코와 3번째 코 사이에
오른바늘을 왼바늘 아래 밀어 넣는다. 오른바늘에 실을 시계
방향으로 감고 실을 잡아 뺀다. 다시 오른바늘에 시계 방향
으로 실을 감고 이 고리로 다시 빼낸 다음 실을 약간 조인다.
오른바늘을 감긴 2코에 넣어 오른바늘로 옮긴다. 새 코를 이
용해 감긴 2코에 덮어씌운다.

헤링본 코잡기 Herringbone Cast-On : 짜임 효과를 가진 신축성
좋은 코잡기로 양말에 이상적이다. 실 두 가닥을 막코잡기하
듯 잡은 상태에서 코를 만든다. 이 양말은 (실타래의 겉과 속에서
1가닥씩) 두 겹으로 뜨므로 실 4가닥으로 코를 잡는다. 단, 아
주 빡빡하게 되지 않도록 주의한다.

(1) 250cm 길이로 실을 뽑아 반으로 접고 겹쳐 자른 다음 같
은 타래에서 나온 2가닥(총 4가닥)을 함께 매듭을 지어 장갑바
늘에 옮긴다.

(2) 오른손에 장갑바늘을 잡고 왼손에 실 4가닥을 모두 잡는
다. (막코잡기처럼) 집게손가락과 엄지를 V자 모양으로 만들어
실 사이에 넣고 집게손가락 위에 실 끝을 놓은 다음 엄지 위
에 실타래에 연결된 실을 놓는다.

(3) 바늘 끝을 아래로 눌러 엄지를 둘러싼 실을 위로 끌어 올
린 다음 검지를 둘러싼 실을 끌어와 엄지의 고리 사이를 통과
시킨다. (-1코) 완성.

(4) 코를 만들 때마다 집게손가락을 감싼 실을 위로 해서 엄지
를 감싼 실과 실의 위치를 바꾼다.

기초코 만들기

실 2가닥을 96.5(122)cm 빼서 함께 잡고 시작매듭을 만든

다음 헤링본 코잡기로 48(56)코를 잡는다. 매듭을 1코로 포함한다. 코를 장갑바늘 4개에 똑같이 나누고 크로스 오버 연결로 원통으로 연결한다.

양말단

겉뜨기 1코, 안뜨기 1코 끝까지 *-*를 반복하며 2단을 뜬다.

레이스 도안을 3(3)회 반복한다.

겉뜨기 1코, 안뜨기 1코 끝까지 *-*를 반복하며 2(1)단을 뜬다.

2사이즈만

다음 단(코 줄이기) : *겉뜨기 1코, 안뜨기 1코* 4코 남을 때까지 *-* 반복, 오른코 겹쳐 2코 모아뜨기, 안뜨기 1코, 마지막 코를 바늘 1에 옮기고 다음 단 시작할 때 오른코 겹쳐 2코 모아뜨기. 54코.

아일릿 도안을 1회 반복한다.

양말목(원통뜨기)

1단 : 겉뜨기 12(13)코, 안뜨기 1코, 겉뜨기 1코, 안뜨기 1코, 겉뜨기 18(22)코, 안뜨기 1코, 겉뜨기 1코, 안뜨기 1코, 겉뜨기 12(13)코.

2단 : 겉뜨기 5(6)코, 방울뜨기2, 겉뜨기 2코, 방울뜨기2, 겉뜨기 1코, 안뜨기 1코, 겉뜨기 1코, 안뜨기 1코, 겉뜨기 1코, 방울뜨기2, 겉뜨기 2코, 방울뜨기2, 겉뜨기 4(8)코, 방울뜨기2, 겉뜨기 2코, 방울뜨기2, 겉뜨기 1코, 안뜨기 1코, 겉뜨기 1코, 안뜨기 1코, 겉뜨기 1코, 방울뜨기2, 겉뜨기 2코, 방울뜨기2, 겉뜨기 5(6)코.

3단 : 겉뜨기 12(13)코, 안뜨기 1코, 방울뜨기1, 안뜨기 1코, 겉뜨기 18(22)코, 안뜨기 1코, 방울뜨기1, 안뜨기 1코, 겉뜨기 12(13)코.

4단 : 겉뜨기 7(8)코, 방울뜨기2, 겉뜨기 3코, 안뜨기 1코, 겉뜨기 1코, 안뜨기 1코, 겉뜨기 3코, 방울뜨기2, 겉뜨기 8(12)코, 방울뜨기2, 겉뜨기 3코, 안뜨기 1코, 겉뜨기 1코, 안뜨기 1코, 겉뜨기 3코, 방울뜨기2, 겉뜨기 7(8)코.

5단 : 겉뜨기 12(13)코, 안뜨기 1코, 방울뜨기1, 안뜨기 1코, 겉뜨기 18(22)코, 안뜨기 1코, 방울뜨기1, 안뜨기 1코, 겉뜨기 12(13)코.

6단 : 겉뜨기 5(6)코, 방울뜨기2, 겉뜨기 2코, 방울뜨기2, 겉뜨기 1코, 안뜨기 1코, 겉뜨기 1코, 안뜨기 1코, 겉뜨기 1코, 방울뜨기2, 겉뜨기 2코, 방울뜨기2, 겉뜨기 4(8)코, 방울뜨기2, 겉뜨기 2코, 방울뜨기2, 겉뜨기 1코, 안뜨기 1코, 겉뜨기 1코, 안뜨기 1코, 겉뜨기 1코, 방울뜨기2, 겉뜨기 2코, 방울뜨기2, 겉뜨기 5(6)코.

7단 : 겉뜨기 12(13)코, 안뜨기 1코, 겉뜨기 1코,
안뜨기 1코, 겉뜨기 18(22)코, 안뜨기 1코, 겉뜨기 1코, 안뜨기 1코, 겉뜨기 12(13)코

8단 : 겉뜨기 12(13)코, 안뜨기 1코, 방울뜨기1, 안뜨기 1코, 겉뜨기 18(22)코, 안뜨기 1코, 방울뜨기1, 안뜨기 1코, 겉뜨기 12(13)코.※1

※1 코 줄이기 단 : 마지막 반복에서 마지막 코 전까지 뜨기, 마지막 코 걸러뜨기하고 다음 바늘의 첫 코도 같은 바늘에 걸러뜨기, 오른코 겹쳐 2코 모아뜨기. 47(53)코가 남습니다.

1~8단을 총 4(4)회 떴다.

힐 플랩(왕복뜨기)

실을 자른다.

바늘 2&3의 24(28)코를 풀림막음핀에 옮긴다. 이 코들이 발등이 된다. 바늘 1의 코는 바늘 4로 옮긴다. 이 코들이 뒤꿈치가 된다.

실을 연결하고, 뒤꿈치 23(25)코에서 왕복한다.

1단 : (안뜨기 방향으로 걸러뜨기 1코. 각 단을 시작할 때와 첫 단을 마친 다음 실을 오른바늘 밑으로 앞쪽으로 뒤쪽으로 보내 '요철'이 생기지 않게 한다.) [겉뜨기 1코, 안뜨기 1코] 끝까지 반복.

2단 : (안뜨기 방향으로 걸러뜨기 1코. 실을 오른바늘 밑으로 뒤쪽에서 앞쪽으로 가져와 '요철'이 생기지 않게 한다.) [안뜨기 1코, 겉뜨기 1코] 끝까지 반복.

1·2단을 총 11(12)회 뜨고 안면 단에서 끝낸다.

힐 턴

가운데 12번째 (13번째) 코에 마커를 건다.

1단(겉면) : *안뜨기 1코, 겉뜨기 1코* 마커 지나 3(4)코(15번째(16번째)코) 전까지 *-* 반복, 오른코 겹쳐 2코 모아뜨기, 뜨개바탕 돌리기.

2단(안면) : 안뜨기 방향으로 걸러뜨기 1코, *겉뜨기 1코* 다음 7(9)코까지 *-* 반복, 왼코 겹쳐 2코 모아 안뜨기, 뜨개바탕 돌리기.

3단 : 겉뜨기 방향으로 걸러뜨기 1코, *안뜨기 1코, 겉뜨기 1코* 다음 7(9)코까지 *-* 반복, 오른코 겹쳐 2코 모아뜨기, 뜨개바탕 돌리기.

4단 : 안뜨기 방향으로 걸러뜨기 1코, *겉뜨기 1코, 안뜨기 1코* 다음 7(9)코까지 *-* 반복, 왼코 겹쳐 2코 모아 안뜨기, 뜨개바탕 돌리기.

모든 코를 작업할 때까지 3·4단을 반복하고 안면 단에서 끝낸다. 9(11)코가 남는다.

거싯(원통뜨기)

발등 코를 다시 바늘에 옮긴다.

뒤꿈치 코를 바늘 2개, 즉 바늘 1에 5(6)코, 바늘 4에 4(5)코씩 나눠 건다. 마커를 제거한다.

실을 자르고, 바늘 1의 시작 부분에 다시 연결

한다. 원통뜨기 단은 양말목 뒤쪽에서 시작하고 끝난다.

거싯을 처음 설정한 단에서 방울뜨기 패턴을 1단부터 시작한다.

1단

바늘 1 : 오른코 겹쳐 2코 모아뜨기, 나머지 3(4)코 겉뜨기, 힐 플랩을 따라 11(12)코 줍기.

바늘 2 : 안뜨기 1코, 겉뜨기 1코, 안뜨기 1코, 끝까지 겉뜨기.

바늘 3 : 마지막 3코 전까지 겉뜨기, 안뜨기 1코, 겉뜨기 1코, 안뜨기 1코.

바늘 4 : 힐 플랩을 따라 11(12)코 줍기, 남은 4(5)코 겉뜨기.

바늘 1&4에 15(17)코씩, 바늘 2&3에 12(14)코씩 걸려 있다. 54(62)코.

2단(코 줄이기) : 바늘 1에서 마지막 3코 전까지 겉뜨기, 왼코 겹쳐 2코 모아뜨기, 겉뜨기 1코, 안뜨기 1코, 겉뜨기 1코, 안뜨기 1코, 겉뜨기 1코, 방울뜨기2, 겉뜨기 2코, 방울뜨기2, 겉뜨기 4(8)코, 방울뜨기2, 겉뜨기 2코, 방울뜨기2, 겉뜨기 1코, 안뜨기 1코, 겉뜨기 1코, 안뜨기 1코, 겉뜨기 1코, 왼코 겹쳐 2코 모아 꼬아뜨기, 끝까지 겉뜨기.

3단 : 겉뜨기 14(16)코, 안뜨기 1코, 방울뜨기1, 안뜨기 1코, 겉뜨기 18(22)코, 안뜨기 1코, 방울뜨기1, 안뜨기 1코, 끝까지 겉뜨기.

4단(코 줄이기) : 바늘 1에서 마지막 3코 전까지 겉뜨기, 왼코 겹쳐 2코 모아뜨기, 겉뜨기 1코, 안뜨기 1코, 겉뜨기 1코, 안뜨기 1코, 겉뜨기 3코, 방울뜨기2, 겉뜨기 8(12)코, 방울뜨기2, 겉뜨기 3코, 안뜨기 1코, 겉뜨기 1코, 안뜨기 1코, 겉뜨기 1코, 왼코 겹쳐 2코 모아 꼬아뜨기, 끝까지 겉뜨기.

5단 : 겉뜨기 13(15)코, 안뜨기 1코, 방울뜨기1, 안뜨기 1코, 겉뜨기 18(22)코, 안뜨기 1코, 방울뜨기1, 안뜨기 1코, 끝까지 겉뜨기.

6단(코 줄이기) : 바늘 1에서 마지막 3코 전까지 겉뜨기, 왼코 겹쳐 2코 모아뜨기, 겉뜨기 1코, 안뜨기 1코, 겉뜨기 1코, 안뜨기 1코, 겉뜨기 1코, 방울뜨기2, 겉뜨기 2코, 방울뜨기2, 겉뜨기 4(8)코, 방울뜨기2, 겉뜨기 2코, 방울뜨기2, 겉뜨기 1코, 안뜨기 1코, 겉뜨기 1코, 안뜨기 1코, 겉뜨기 1코, 왼코 겹쳐 2코 모아 꼬아뜨기, 끝까지 겉뜨기.

7단 : 겉뜨기 12(14)코, 안뜨기 1코, 겉뜨기 1코, 안뜨기 1코, 겉뜨기 18(22)코, 안뜨기 1코, 겉뜨기 1코, 안뜨기 1코, 끝까지 겉뜨기.

8단(코 줄이기) : 바늘 1에서 마지막 3코 전까지 겉뜨기, 왼코 겹쳐 2코 모아뜨기, 겉뜨기 1코, 안뜨

기 1코, 방울뜨기1, 안뜨기 1코, 겉뜨기 18(22)코, 안뜨기 1코, 방울뜨기1, 안뜨기 1코, 겉뜨기 1코. 왼코 겹쳐 2코 모아 꼬아뜨기. 끝까지 겉뜨기. 46(54)코가 남는다.

발(원통뜨기)

1단 : 겉뜨기 11(13)코, 안뜨기 1코, 겉뜨기 1코. 안뜨기 1코, 겉뜨기 18(22)코, 안뜨기 1코, 겉뜨기 1코, 안뜨기 1코, 겉뜨기 11(13)코.

1사이즈만

2단 : 겉뜨기 11코, 안뜨기 1코, 겉뜨기 1코, 안뜨기 1코, 겉뜨기 1코, 방울뜨기2, 겉뜨기 2코, 방울뜨기2, 겉뜨기 4코, 방울뜨기2, 겉뜨기 2코, 방울뜨기2, 겉뜨기 1코, 안뜨기 1코, 겉뜨기 1코, 안뜨기 1코, 겉뜨기 11코.

2사이즈만

2단 : 바늘 1에서 마지막 3코 전까지 겉뜨기, 왼코 겹쳐 2코 모아뜨기, 겉뜨기 1코, 안뜨기 1코, 겉뜨기 1코. 안뜨기 1코, 겉뜨기 1코, 방울뜨기2, 겉뜨기 2코, 방울뜨기2, 겉뜨기 2코, 방울뜨기2, 겉뜨기 1코, 안뜨기 1코, 겉뜨기 1코, 안뜨기 1코, 겉뜨기 1코, 왼코 겹쳐 2코 모아꼬아뜨기. 끝까지 겉뜨기.

46(52)코가 남는다. 바늘 1에 11(12)코, 바늘 2&3에 12(14)코.

1·2사이즈

3단 : 겉뜨기 11(12)코, 안뜨기 1코, 방울뜨기1, 안뜨기 1코, 겉뜨기 18(22)코, 안뜨기 1코, 방울뜨기1, 안뜨기 1코, 겉뜨기 11(12)코.

4단 : 겉뜨기 11(12)코, 안뜨기 1코, 겉뜨기 1코, 안뜨기 1코, 겉뜨기 3코, 방울뜨기2, 겉뜨기 8(12)코, 방울뜨기2, 겉뜨기 3코, 안뜨기 1코, 겉뜨기 1코, 안뜨기 1코, 겉뜨기 11(12)코.

5단 : 겉뜨기 11(12)코, 안뜨기 1코, 방울뜨기1, 안뜨기 1코, 겉뜨기 18(22)코, 안뜨기 1코, 방울뜨기1, 안뜨기 1코, 겉뜨기 11(12)코.

6단 : 겉뜨기 11(12)코, 안뜨기 1코, 겉뜨기 1코, 안뜨기 1코, 겉뜨기 1코, 방울뜨기2, 겉뜨기 2코, 방울뜨기2, 겉뜨기 4(8)코, 방울뜨기2, 겉뜨기 2코, 방울뜨기2, 겉뜨기 1코, 안뜨기 1코, 겉뜨기 1코, 안뜨기 1코, 겉뜨기 11(12)코.

7단 : 겉뜨기 11(12)코, 안뜨기 1코, 겉뜨기 1코, 안뜨기 1코, 겉뜨기 18(22)코, 안뜨기 1코, 겉뜨기 1코, 안뜨기 1코, 겉뜨기 11(12)코.

8단 : 겉뜨기 11(12)코, 안뜨기 1코, 방울뜨기1, 안뜨기 1코, 겉뜨기 18(22)코, 안뜨기 1코, 방울뜨기1, 안뜨기 1코, 겉뜨기 11(12)코.

1~8단을 4(5)회 더 반복한다.

1단을 1회 더 반복한다.

겉뜨기를 3(3)단 한다.

※발을 더 길게 떠야 한다면 겉뜨기 단을 늘립니다.

발가락(원통뜨기)

코를 바늘 1에 11(12)코, 바늘 2에 12(14)코, 바늘 3에 13(15)코, 바늘 4에 10(11)코로 나눈다.

1단 : 바늘 1에서 마지막 2코 전까지 겉뜨기, 겉뜨기 방향으로 걸러뜨기 2코, 바늘 2에서 바늘

1로 겉뜨기 1코, 걸러뜨기한 2코로 덮어씌우기, 바늘 2에서 다음 2코 오른코 겹쳐 2코 모아뜨기, 바늘 3에서 마지막 4코 전까지 겉뜨기. 오른코 겹쳐 2코 모아뜨기, 겉뜨기 방향으로 걸러뜨기 2코, 바늘 4에서 바늘 3으로 겉뜨기 1코, 걸러뜨기한 2코로 덮어씌우기, 끝까지 겉뜨기. 40(46)코가 남는다.

2단 : 겉뜨기.

3단 : 1단을 반복한다. 34(40)코가 남는다.

4단 : 겉뜨기.

2사이즈만

3·4단을 1회 더 반복한다. 34코가 남는다.

1·2사이즈

5단 : 바늘 1에서 마지막 2코 전까지 겉뜨기, 겉뜨기 방향으로 걸러뜨기 2코, 바늘 2에서 바늘 1로 겉뜨기 1코, 걸러뜨기 한 2코로 덮어씌우기, 바늘 3에서 마지막 2코 전까지 겉뜨기, 겉뜨기 방향으로 걸러뜨기 2코, 바늘 4에서 바늘 3으로 겉뜨기 1코, 걸러뜨기한 2코로 덮어씌우기, 끝까지 겉뜨기. 30코가 남는다.

6단 : 겉뜨기.

5·6단을 1회 더 반복한다. 26코가 남는다.

10코가 남을 때까지 5단을 반복한다.

마무리하기

실을 자르고 남은 코에 통과시키고 오므린다. 남은 실을 보이지 않게 정리하고 흠뻑 적셔 블로킹한 다음 치수를 잰다.

레이스 도안

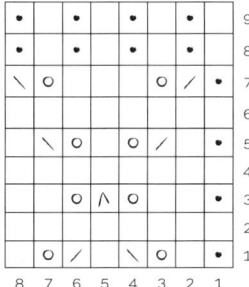

아일릿 도안

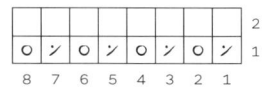

| | | 겉뜨기 |
| □ | | |

•	안뜨기
○	바늘비우기
／	왼코 겹쳐 2코 모아뜨기
＼	걸러뜨기 1코, 겉뜨기 1코, 덮어씌우기
∧	걸러뜨기 1코, 왼코 겹쳐 2코 모아뜨기, 덮어씌우기
／	왼코 겹쳐 2코 모아 안뜨기

21 엘브 슬리퍼 ELVE

사이즈

1(2)

완성 치수

발둘레 ··· 21.5cm

길이(뒤꿈치~발가락) ··· 22.5~23.5(24.5~25.5)cm

재료

실(바탕색) ··· 리모 디자인Limmo Design의 3-ply 울르가른Ull-garn(울 100%, 216m/100g) 103 1볼

실(배색) ··· 리모 디자인의 3-ply 울르가른(울 100%, 216m/100g) 오스카색Ask 1볼

바늘 ··· 3.25mm(미국 3) 장갑바늘

도구 ··· 마커 1개, 돗바늘, 별실 또는 풀림막음핀

게이지

배색뜨기 28코×26단

힐

코잡기에서 색을 바꿀 때 이전 실을 자르지 말고 새 실을 쉬는 실 사이로 가져온다.

항상 바탕실에서 코 늘리기를 한다.

주디의 매직 코잡기를 이용해 [각 바늘에 바탕실로 2코, 배색실로 1코] 잡기 5회.

각 바늘에 바탕실로 2코를 더 잡는다. 각 바늘에 17코씩 있다. 총 34코.

기초코는 도안 A 1단을 위한 준비단이다. 단의 시작에 마커를 건다. 코를 바늘에 똑같이 나눈다.

도안 A의 2~19단을 뜬다. 26코 늘어서 총 60코다.

마커를 제거한다.

발이 들어갈 구멍

도안 B의 1단부터 첫 코 겉뜨기. 다음 29코를 별실 또는 풀림막음핀에 옮기고. 도안 B의 1단에 따라 다음 29코 만들기. 새로운 단의 시작에 마커를 건다.

코를 각 바늘에 15코씩 나눈다. 총 60코.

도안 B의 2단을 반복하며 끝까지 뜬다. 뒤꿈치의 시작점부터 뜨개바탕 길이가 약 18~19(20~21)cm 될 때까지 또는 원하는 발길이보다 4.5cm 짧을 때까지 도안 B를 계속 반복한다.

코 줄이기(원통뜨기)

도안 B의 1단에서 코 줄이기 단을 시작해야 최상의 결과를 얻을 수 있다.

모든 코 줄이기는 바탕색에서 작업한다.

도안 B를 따라 설정한 패턴으로 뜨면서 다음과 같이 측면에서 코 줄이기를 진행한다.

1단

바늘 1&3 : 겉뜨기 1코. 오른코 겹쳐 2코 모아뜨기. 끝까지 설정한 패턴대로 뜨기.

바늘 2&4 : 2코 남을 때까지 뜨기. 왼코 겹쳐 2코 모아뜨기. (-4코).

2단 : 설정한 패턴대로 진행한다.

1·2단을 3회 더 반복한다. 12코 줄어서 44코가 남는다.

1단을 4회 더 반복한다. 16코 줄어서 28코가 남는다.

마지막 발가락 코 줄이기

시작 마커 전 2코와 다음 3코를 보조 바늘에 둔다. 바늘 2의 코를 전부 바늘 1로 옮기고 이 바늘을 바늘 A, 바늘 3의 코를 전부 바늘 4에 옮기고 이 바늘을 바늘 B라 한다.

뜨개바탕 뒤쪽의 실을 보조 바늘의 처음으로 가져와 진행한다.

왼코 겹쳐 2코 모아뜨기(바탕색). 겉뜨기(배색). 오른코 겹쳐 2코 모아뜨기(바탕색). 바늘 A의 1코 보조 바늘에 옮기기. 바늘 B의 1코 보조 바늘에 옮기기(보조 바늘에 5코). 총 6코가 남을 때까지 *-*를 반복한다. 바늘 A&B의 나머지 3코를 같은 바늘에 건다. 실을 자른다. 보조 바늘의 코들을 나머지 3코(바탕색 코는 바탕실로. 배색 코는 배색실로)와 함께 잇는다.

아이코드 엣지I-Cord Edge

풀림막음핀의 코를 장갑바늘에 옮기기. 바탕실로 기초코 단에서 29코 줍기. 양옆 틈에서도 1코씩 줍기.

단의 시작에 마커를 건다.

겉뜨기 1단.

감아코로 4코를 만들어 왼바늘에 옮기기.

다음과 같이 아이코드 코막음을 한다.

겉뜨기 3코. 왼코 겹쳐 2코 모아 꼬아뜨기. 오른바늘에서 왼바늘로 4코 다시 옮기기. 단의 시작 전까지 *-* 반복. 기초코 단과 나머지 4코를 잇는다.

마무리하기

남은 실을 보이지 않게 정리하고 흠뻑 적셔 블로킹한 다음 치수를 잰다.

도안 B

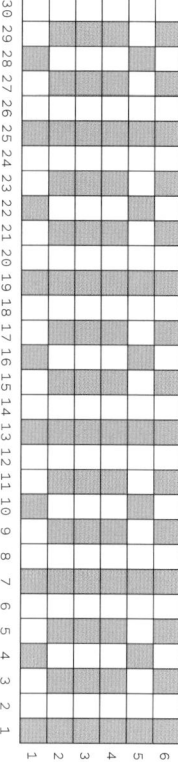

도안 A

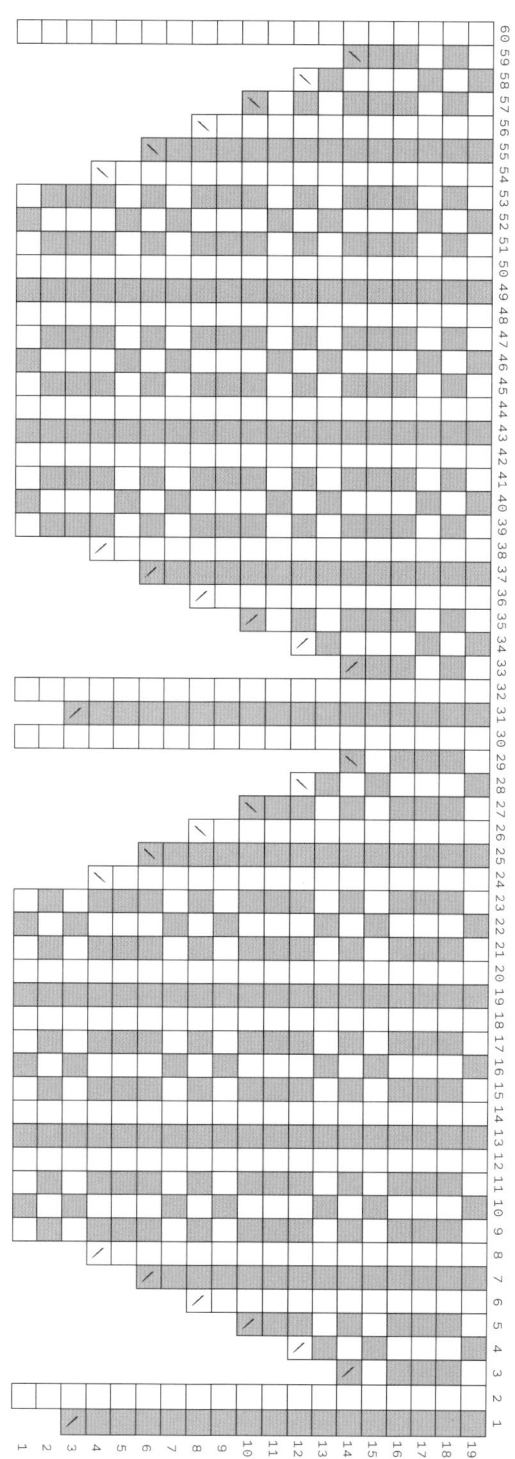

배색

바탕색

／ 돌려뜨며 오른코 늘리기

＼ 돌려뜨며 왼코 늘리기

22 벰베 양말 BEMBE

사이즈
1(2)

완성 치수
발둘레 ··· 20(23)cm
양말목 둘레 ··· 19(21.5)cm
길이 ··· 조절 가능

재료
실 ··· 퀸스 앤 코Quince&Co.의 핀치Finch(아메리칸 울 100%.
202m/50g) 여우색Fox 2볼
바늘 ··· 2.0mm(미국 0) 줄바늘, 2.25mm(미국 1) 줄바늘
도구 ··· 블로킹 도구, 마커, 돗바늘

게이지
메리야스뜨기 32코×40단/2.25mm(미국 1) 바늘

POINT
사이즈별로 도안을 제공하니 참고하세요.

양말단(원통뜨기)

독일식 트위스티드 코잡기(German Twisted Cast-
On(롱테일 코잡기의 변형으로 내구성을 높일 수 있다)로
작은 바늘(2.0mm)에 60(68)코를 잡는다. 원통
으로 연결한다. 바늘당 30(34)코.

1단 : 1코 고무뜨기(겉뜨기 1코, 안뜨기 1코).
9단 더 반복한다.

양말목(원통뜨기)

큰 바늘(2.25mm)로 바꾼다.

11단 : 안뜨기.

도안을 뜨기 시작한다. 도안의 각 단은 앞면과
뒷면의 30(34)코에서 2회 반복한다. 이렇게 도
안을 58(66)단까지 진행한다.

다음 단 : 발등 30(34)코 겉뜨기.

여기부터 나머지 30(34)코에서 왕복하며 힐 플
랩을 완성한다.

힐 플랩

1단(겉면) : [걸러뜨기 1코, 겉뜨기 1코] 끝까지 반
복. 뜨개바탕 돌리기.

2단(안면) : 걸러뜨기 1코, 끝까지 안뜨기. 뜨개바
탕 돌리기.

1·2단을 30(34)단 뜨거나 힐 플랩의 가장자리에
걸러뜨기 코가 15(17)코 될 때까지 또는 힐 플랩
이 원하는 길이가 될 때까지 뜨고 안면에서 끝
낸다.

힐 턴

1단(겉면) : 걸러뜨기 1코, 겉뜨기 16(18)코. 오른
코 겹쳐 2코 모아뜨기, 겉뜨기 1코, 뜨개바탕 돌
리기.

2단(안면) : 걸러뜨기 1코, 안뜨기 5코, 왼코 겹쳐
2코 모아 안뜨기, 안뜨기 1코, 뜨개바탕 돌리기.

3단(겉면) : 걸러뜨기 1코, 틈 1코 전까지 겉뜨기.
오른코 겹쳐 2코 모아뜨기, 겉뜨기 1코, 뜨개바
탕 돌리기.

4단(안면) : 걸러뜨기 1코, 틈 1코 전까지 안뜨기.
왼코 겹쳐 2코 모아 안뜨기, 안뜨기 1코, 뜨개바
탕 돌리기.

모든 코를 뜨고 18(20)코가 남을 때까지 3·4단
을 반복하고 안면에서 끝낸다.

거싯

준비단

바늘 1 : 뒤꿈치 18(20)코 겉뜨기. 힐 플랩의 가
장자리 걸러뜨기 코에서 16(18)코 줍기. 34(38)
코.

바늘 2 : 발등 30(34)코 겉뜨기. 마커 걸기. 힐 플
랩의 가장자리 걸러뜨기 코에서 16(18)코 줍기.
46(52)코. 총 80(90)코.

거싯 코 줄이기 시작(원통뜨기)

1단

바늘 1 : 3코 남을 때까지 겉뜨기. 왼코 겹쳐 2코
모아뜨기, 겉뜨기 1코.

바늘 2 : 마커 전까지 뜨기. 마커 옮기기, 겉뜨기
1코, 오른코 겹쳐 2코 모아뜨기. 끝까지 겉뜨기.
(-2코).

2단 : 겉뜨기.

총 60(68)코가 남을 때까지 1·2단을 반복한다.
다시 바늘에 30(34)코씩 코를 나눈다. 발등 시작
점이 다시 바늘 1이 된다.

발

원하는 발길이보다 6(7)cm 짧을 때까지 메리야
스뜨기를 계속한다.

발가락(원통뜨기)

1단

바늘 1 : 겉뜨기 1코, 오른코 겹쳐 2코 모아뜨기.
3코 남을 때까지 겉뜨기. 왼코 겹쳐 2코 모아뜨
기, 겉뜨기 1코.

바늘 2 : 겉뜨기 1코, 오른코 겹쳐 2코 모아뜨기.
3코 남을 때까지 겉뜨기. 왼코 겹쳐 2코 모아뜨
기, 겉뜨기 1코. (-4코).

2·3단 : 겉뜨기.

각 바늘에 18코가 남을 때까지 1·2·3단을 반복
한다.

그다음 바늘에 12(14)코씩 남을 때까지 1·2단을
반복한다.

마무리하기

실 끝을 30.5cm 남기고, 실을 자른다. 메리야
스 잇기로 코를 연결한다. 남은 실을 보이지 않게
정리하고 흠뻑 적셔 블로킹한 다음 치수를 잰다.

1사이즈 도안

겉뜨기

• 안뜨기

2사이즈 도안

23 스톤 양말 STONE

사이즈

1(2)

완성 치수

양말목 길이(양말단~뒤꿈치 시작점) … 14.5(16)cm
양말목 둘레 … 19.5(20.5)cm
발둘레 … 20(21.5)cm

재료

실 … 필콜라나Filcolana의 아르베타Arwetta(슈퍼워시 메리노 80%. 나일론 20%. 210m/50g) 샌드색Sand(멜란지색) 971 2볼
바늘 … 2.5mm(미국 1.5) 줄바늘 또는 장갑바늘
도구 … 마커 1개. 돗바늘

게이지

메리야스뜨기 32코×46단

양말단(원통뜨기)

막코잡기나 독일식 트위스티드 코잡기로 63(66)코를 잡는다. 코를 바늘 2개에 똑같이 나눈다. 즉 1사이즈는 33코와 30코로, 2사이즈는 각 바늘에 33코씩 나눈다. 코가 꼬이지 않게 조심하며 원통으로 연결한다.
1단: [겉뜨기 2코. 안뜨기 1코] 끝까지 반복.
1단을 14회 더 뜨거나 고무뜨기 단이 3.5cm 정도 될 때까지 뜬다.

양말목(원통뜨기)

준비단

1사이즈만

겉뜨기 62코. 돌려뜨며 왼코 늘리기, 겉뜨기 1
코. 64코.
바늘 2개에 코를 똑같이 나눈다.
각 바늘에 32코.

2사이즈만

겉뜨기 32코. 돌려뜨며 왼코 늘리기, 겉뜨기 33
코. 돌려뜨며 왼코 늘리기, 겉뜨기 1코. 68코.
바늘 2개에 코를 똑같이 나눈다.
각 바늘에 34코.
도안을 따라 패턴을 뜨기 시작한다. 각 단에서
도안은 2회 반복한다.
패턴 1~22(1~24)단을 3회 뜨고 1단을 1회 더 뜬
다.

힐 플랩(왕복뜨기)

뜨개바탕을 돌려서 안면이 앞을 향하게 한다.
(안면) : 실을 앞쪽에 두고 걸러뜨기 1코. 안뜨기
31(33)코.
힐 플랩은 이 32(34)코에서 왕복한다.
작업하는 바늘은 바늘 1. 쉬는 바늘은 바늘 2다.

바늘 1

2사이즈만

(겉면) : [실을 뒤쪽에 두고 걸러뜨기 1코. 겉뜨기
1코] 끝까지 반복.
(안면) : 걸러뜨기 1코. 안뜨기 33코.

1·2사이즈

겉면 1 : 실을 뒤쪽에 두고 걸러뜨기 1코. [실을
뒤쪽에 두고 걸러뜨기 1코. 겉뜨기 1코] 마지막
코 전까지 반복. 겉뜨기 1코.
안면 1 : 걸러뜨기 1코. 안뜨기 31(33)코.
겉면 2 : [실을 뒤쪽에 두고 걸러뜨기 1코. 겉뜨
기 1코] 끝까지 반복.
안면 2 : 걸러뜨기 1코. 안뜨기 31(33)코.
이 네 단을 6회 더 반복하고. 1·2사이즈 겉면 1
과 안면 1을 1회 더 반복한다.

힐 턴

1단(겉면) : 걸러뜨기 1코. [겉뜨기 1코. 걸러뜨기
1코] 8(9)회. 오른코 겹쳐 2코 모아뜨기. 겉뜨기
1코. 뜨개바탕 돌리기.
2단(안면) : 걸러뜨기 1코. 안뜨기 3(5)코. 왼코 겹
쳐 2코 모아 안뜨기. 안뜨기 1코. 뜨개바탕 돌리
기.
3단 : 걸러뜨기 1코. [겉뜨기 1코. 걸러뜨기 1코]
2(3)회. 오른코 겹쳐 2코 모아뜨기. 겉뜨기 1코.
뜨개바탕 돌리기.
4단 : 걸러뜨기 1코. 안뜨기 5(7)코. 왼코 겹쳐 2

코 모아 안뜨기. 안뜨기 1코. 뜨개바탕 돌리기.
5단 : 걸러뜨기 1코. [겉뜨기 1코. 걸러뜨기 1코]
3(4)회. 오른코 겹쳐 2코 모아뜨기. 겉뜨기 1코.
뜨개바탕 돌리기.
6단 : 걸러뜨기 1코. 안뜨기 7(9)코. 왼코 겹쳐 2
코 모아 안뜨기. 안뜨기 1코. 뜨개바탕 돌리기.
7단 : 걸러뜨기 1코. [겉뜨기 1코. 걸러뜨기 1코]
4(5)회. 오른코 겹쳐 2코 모아뜨기. 겉뜨기 1코.
뜨개바탕 돌리기.
8단 : 걸러뜨기 1코. 안뜨기 9(11)코. 왼코 겹쳐 2
코 모아 안뜨기. 안뜨기 1코. 뜨개바탕 돌리기.
9단 : 걸러뜨기 1코. [겉뜨기 1코. 걸러뜨기 1코]
5(6)회. 오른코 겹쳐 2코 모아뜨기. 겉뜨기 1코.
뜨개바탕 돌리기.
10단 : 걸러뜨기 1코. 안뜨기 11(13)코. 왼코 겹쳐
2코 모아 안뜨기. 안뜨기 1코. 뜨개바탕 돌리기.
11단 : 걸러뜨기 1코. [겉뜨기 1코. 걸러뜨기 1
코] 6(7)회. 오른코 겹쳐 2코 모아뜨기. 겉뜨기 1
코. 뜨개바탕 돌리기.
12단 : 걸러뜨기 1코. 안뜨기 13(15)코. 왼코 겹쳐
2코 모아 안뜨기. 안뜨기 1코. 뜨개바탕 돌리기.
13단 : 걸러뜨기 1코. [겉뜨기 1코. 걸러뜨기 1
코] 7(8)회. 오른코 겹쳐 2코 모아뜨기. 겉뜨기 1
코. 뜨개바탕 돌리기.
14단 : 걸러뜨기 1코. 안뜨기 15(17)코. 왼코 겹쳐
2코 모아 안뜨기. 안뜨기 1코. 뜨개바탕 돌리기.

거싯(원통뜨기)

원통뜨기를 재개한다. 바늘 2는 발의 윗면으로.
계속 설정한 패턴대로 도안의 2단에서 시작해
도안을 1회 반복한다.

1단

바늘 1 : 걸러뜨기 1코. [겉뜨기 1코. 걸러뜨기 1
코] 8(9)회. 겉뜨기 1코. 힐 플랩의 걸러뜨기 코
에서 17(18)코를 줍고 거싯의 모서리에서 첫 코
줍기. (+18(19)코).
바늘 2 : 설정한 패턴 뜨기. 도안의 2단부터 시작
한다.
바늘 1 : 거싯의 첫 코를 줍고 힐 플랩을 따라 걸
러뜨기 코에서 17(18)코 줍기. (+18(19)코). 단의
시작에 마커를 건다.

2단

바늘 1 : 겉뜨기 33(36)코. 왼코 겹쳐 2코 모아뜨
기. 겉뜨기 1코.
바늘 2 : 설정한 패턴대로 진행한다.
바늘 1 : 겉뜨기 1코. 오른코 겹쳐 2코 모아뜨기.
겉뜨기 15(16)코.

3단

바늘 1 : 다음 바늘 전까지 겉뜨기.
바늘 2 : 설정한 패턴대로 진행한다.

바늘 1 : 다음 바늘 전까지 겉뜨기.

4단

바늘 1 : 다음 바늘에서 3코 전까지 겉뜨기. 왼코
겹쳐 2코 모아뜨기. 겉뜨기 1코.
바늘 2 : 설정한 패턴대로 진행한다.
바늘 1 : 겉뜨기 1코. 오른코 겹쳐 2코 모아뜨기.
단 끝까지 겉뜨기.
5~22(5~24)단 : 3·4단을 9(10)회 더 반복한다.
64(68)코.

발

거싯을 뜬 다음 도안 전체를 2회 반복하고 1단
을 1회 더 반복할 때까지 발의 윗면(바늘 2)은 패
턴대로 뜨고. 발바닥(바늘 1)은 메리야스뜨기를
계속한다.
발은 발바닥보다 약간 짧은데 이는 정상이다.
블로킹하면 괜찮아진다.

발가락(원통뜨기)

1단 : 겉뜨기.

2단 : [겉뜨기 1코. 오른코 겹쳐 2코 모아뜨기. 다
음 바늘에서 3코 전까지 겉뜨기. 왼코 겹쳐 2코
모아뜨기. 겉뜨기 1코] 끝까지 반복.

3·4·5단 : 겉뜨기.

6단 : [겉뜨기 1코. 오른코 겹쳐 2코 모아뜨기. 다
음 바늘에서 3코 전까지 겉뜨기. 왼코 겹쳐 2코
모아뜨기. 겉뜨기 1코] 끝까지 반복.

7·8단 : 겉뜨기.

9단 : [겉뜨기 1코. 오른코 겹쳐 2코 모아뜨기. 다
음 바늘에서 3코 전까지 겉뜨기. 왼코 겹쳐 2코
모아뜨기. 겉뜨기 1코] 끝까지 반복.

10·11단 : 겉뜨기.

12단 : [겉뜨기 1코. 오른코 겹쳐 2코 모아뜨기.
다음 바늘에서 3코 전까지 겉뜨기. 왼코 겹쳐 2
코 모아뜨기. 겉뜨기 1코] 끝까지 반복.

13단 : 겉뜨기.

12·13단을 5(6)회 반복하고 12단을 3회 반복한
다. 16코.

마무리하기

실 끝을 30.5cm 남기고. 실을 자른다. 메리야
스 잇기로 코를 연결한다. 남은 실을 보이지 않
게 정리하고 흠뻑 적셔 블로킹한 다음 치수를 잰
다.

1사이즈 도안

32	31	30	29	28	27	26	25	24	23	22	21	20	19	18	17	16	15	14	13	12	11	10	9	8	7	6	5	4	3	2	1	
		V	V	V					V	V	V							V	V	V					V	V	V					22
			V	V	V					V	V	V							V	V	V					V	V	V				21
		V	V	V					V	V	V								V	V	V					V	V	V				20
V	V	V					V	V	V											V	V	V					V	V	V			19
V	V					V	V	V													V	V	V					V	V			18
				V	V	V					V	V				V	V				V	V	V									17
			V	V	V					V	V	V				V	V	V			V	V	V									16
		V	V	V					V	V	V							V	V	V			V	V	V							15
			V	V	V					V	V	V						V	V	V				V	V	V						14
		V	V	V					V	V	V								V	V	V			V	V	V						13
V	V	V					V	V	V										V	V	V				V	V	V					12
		V	V	V					V	V	V								V	V	V				V	V	V					11
			V	V	V					V	V	V							V	V	V			V	V	V						10
				V	V	V					V	V	V					V	V	V					V	V	V					9
					V	V	V					V	V	V			V	V	V						V	V	V					8
					V	V	V					V	V			V	V					V	V	V								7
	V	V					V	V	V											V	V	V						V	V			6
V	V	V					V	V	V											V	V	V					V	V	V			5
		V	V	V					V	V	V							V	V	V					V	V	V					4
			V	V	V					V	V	V						V	V	V					V	V	V					3
		V	V	V					V	V	V							V	V	V					V	V	V					2
			V	V	V					V	V	V						V	V	V					V	V	V					1

☐	겉뜨기
V	실을 앞쪽에 두고 안뜨기할 듯이 걸러뜨기

2사이즈 도안

34	33	32	31	30	29	28	27	26	25	24	23	22	21	20	19	18	17	16	15	14	13	12	11	10	9	8	7	6	5	4	3	2	1	
				∨	∨	∨						∨	∨	∨		∨	∨	∨						∨	∨	∨								24
			∨	∨	∨						∨	∨	∨				∨	∨	∨						∨	∨	∨							23
		∨	∨	∨						∨	∨	∨						∨	∨	∨						∨	∨	∨						22
	∨	∨	∨						∨	∨	∨								∨	∨	∨						∨	∨	∨					21
∨	∨	∨						∨	∨	∨										∨	∨	∨						∨	∨	∨				20
∨	∨	∨						∨	∨	∨										∨	∨	∨						∨	∨	∨				19
	∨	∨	∨						∨	∨	∨								∨	∨	∨						∨	∨	∨					18
		∨	∨	∨						∨	∨	∨						∨	∨	∨						∨	∨	∨						17
			∨	∨	∨						∨	∨	∨				∨	∨	∨						∨	∨	∨							16
		∨	∨	∨						∨	∨	∨						∨	∨	∨						∨	∨	∨						15
	∨	∨	∨						∨	∨	∨								∨	∨	∨						∨	∨	∨					14
∨	∨	∨						∨	∨	∨										∨	∨	∨						∨	∨	∨				13
	∨	∨	∨						∨	∨	∨								∨	∨	∨						∨	∨	∨					12
		∨	∨	∨						∨	∨	∨						∨	∨	∨						∨	∨	∨						11
			∨	∨	∨						∨	∨	∨				∨	∨	∨						∨	∨	∨							10
		∨	∨	∨						∨	∨	∨						∨	∨	∨						∨	∨	∨						9
	∨	∨	∨						∨	∨	∨								∨	∨	∨						∨	∨	∨					8
∨	∨	∨						∨	∨	∨										∨	∨	∨						∨	∨	∨				7
∨	∨	∨						∨	∨	∨										∨	∨	∨						∨	∨	∨				6
	∨	∨	∨						∨	∨	∨								∨	∨	∨						∨	∨	∨					5
		∨	∨	∨						∨	∨	∨						∨	∨	∨						∨	∨	∨						4
			∨	∨	∨						∨	∨	∨				∨	∨	∨						∨	∨	∨							3
				∨	∨	∨						∨	∨	∨		∨	∨	∨						∨	∨	∨								2
					∨	∨	∨						∨	∨	∨	∨	∨						∨	∨	∨									1

24 꽃봉오리 양말 KUNTUM

사이즈

1(2)

완성 치수

발/양말목 둘레 … 20.5(22)cm

발길이(뒤꿈치~발가락) … 조절 가능

재료

실 … 파피풋 얀Papiput Yarn의 터프 삭Tough Sock(슈퍼워시 메리노 75%, 나일론 25%, 400m/100g) 데르마가색Dermaga 1볼

바늘 … 2.5mm(미국 1.5) 줄바늘 또는 장갑바늘

도구 … 마커 3개, 풀림막음핀 또는 별실, 돗바늘

※마커 1개는 색깔이나 모양이 다른 게 좋습니다.

게이지

메리야스뜨기 30코×42단

손뜨개 약어

왼코에 꿴 매듭뜨기SL1·K·Yo·K : 왼바늘의 3번째 코를 2번째 코와 1번째 코 위로 덮어씌우기, 1번째 코 겉뜨기, 바늘비우기, 2번째 코 겉뜨기.

오른코 위 돌려 3코 모아뜨기SK2PO : 안뜨기할 듯이 걸러뜨기 1코, 다음 2코 한꺼번에 겉뜨기, 걸러뜨기한 코로 덮어씌우기. (-2코).

양말목

기초코를 62(66)코 잡은 다음 코를 똑같이 나눈
다. 코가 꼬이지 않게 조심하며 원통으로 연결
하고, 단의 시작에 마커를 건다.

고무뜨기 : [겉뜨기 1(2)코, 안뜨기 2코, 꼬아뜨
기, [안뜨기 2코, 겉뜨기 2코] 2회, 안뜨기 2코,
겉뜨기 3코, [안뜨기 2코, 겉뜨기 2코] 2회, 안뜨
기 2코, 꼬아뜨기, 안뜨기 2코, 겉뜨기 1(2)코] 2
회.

고무뜨기 8(10)단.

준비단 1~4단 : (앞면) 겉뜨기 1(2)코, 안뜨기 2코,
꼬아뜨기, 도안 1(1~4단) 뜨기, 꼬아뜨기, 안뜨기
2코, 겉뜨기 1(2)코. (뒷면) 계속 고무뜨기 패턴.

준비단 5~6단 : (앞면) 겉뜨기 1(2)코, 안뜨기 2코,
꼬아뜨기, 도안 1(1·2단) 뜨기, 꼬아뜨기, 안뜨기
2코, 겉뜨기 1(2)코. (뒷면) 계속 고무뜨기 패턴.

1~46단 : (앞면) 겉뜨기 1(2)코, 안뜨기 2코, 꼬아
뜨기, 마커 걸기, 도안 2(1~46단) 뜨기, 마커 걸기,
꼬아뜨기, 안뜨기 2코, 겉뜨기 1(2)코. (뒷면) 계
속 고무뜨기 패턴.

힐 플랩(왕복뜨기)

앞면의 31(33)코를 풀림막음핀이나 별실에 옮
기고 시작 마커를 제거한다. 뒷면의 31(33)코만
왕복한다.

1단(안면) : 실을 앞쪽에 두고 걸러뜨기 1코. 끝까
지 고무뜨기 패턴 뜨기.

2단(겉면) : 실을 뒤쪽에 두고 걸러뜨기 1코. 끝까
지 고무뜨기 패턴 뜨기.

1·2단을 총 13(14)회 반복한다.

안면을 1회 더 뜬다.

힐 턴(왕복뜨기)

1단(겉면) : 실을 뒤쪽에 두고 걸러뜨기 1코. 겉뜨
기 17(19)코, 오른코 겹쳐 2코 모아뜨기, 겉뜨기
1코, 뜨개바탕 돌리기.

2단(안면) : 실을 앞쪽에 두고 걸러뜨기 1코. 안뜨

기 6(8)코, 왼코 겹쳐 2코 모아 안뜨기, 안뜨기 1
코, 뜨개바탕 돌리기.

3단(겉면) : 실을 뒤쪽에 두고 걸러뜨기 1코, 틈 1
코 전까지 겉뜨기, 오른코 겹쳐 2코 모아뜨기, 겉
뜨기 1코, 뜨개바탕 돌리기.

4단(안면) : 실을 앞쪽에 두고 걸러뜨기 1코, 틈 1
코 전까지 안뜨기, 왼코 겹쳐 2코 모아 안뜨기,
안뜨기 1코, 뜨개바탕 돌리기.

모든 코를 뜰 때까지 3·4단을 반복한다. 19(21)
코가 남는다.

거싯(원통뜨기)

앞면의 31(33)코를 다시 바늘에 건다. 원통뜨기
를 재개한다.

준비단 : 겉뜨기 19(21)코. 힐 플랩의 가장자리
를 따라 걸러뜨기 코에서 13(14)코 줍기, 겉뜨기
1(2)코, 안뜨기 2코, 꼬아뜨기, 마커 옮기기, 도안
1의 3단, 마커 옮기기, 꼬아뜨기, 안뜨기 2코, 겉
뜨기 1(2)코. 힐 플랩의 가장자리를 따라 걸러뜨
기 코에서 13(14)코 줍기, 겉뜨기 9(10)코. 단의
시작에 마커를 건다. 바늘에 76(82)코가 있어
야 한다.

다음과 같이 두 단마다 코 줄이기를 진행한다.

1단 : 발등 전 3코 남을 때까지 겉뜨기, 왼코 겹쳐
2코 모아뜨기, 겉뜨기 2(3)코, 안뜨기 2코, 꼬아
뜨기, 마커 옮기기, 도안 1 이어 뜨기, 마커 옮기
기, 꼬아뜨기, 안뜨기 2코, 겉뜨기 2(3)코, 오른
코 겹쳐 2코 모아뜨기, 단 끝까지 겉뜨기.

2단 : 코 줄이기 없이 설정한 대로 진행한다. 발
등은 도안 1을 따라 계속 뜬다.

1·2단을 총 3(5)회 뜬다. 도안 1(1~4단)을 따라 앞
면을 계속 뜬다. 도안 1의 1단에서 끝낸다. 설정
한 대로 1단을 뜬다. 70(72)코가 남는다.

도안 3(1~48단)을 따라 발등을 뜨면서 다음과 같
이 두 단마다 코 줄이기를 진행한다.

1단 : 발등 전 3코 남을 때까지 겉뜨기, 왼코 겹쳐
2코 모아뜨기, 겉뜨기 2(3)코, 안뜨기 2코, 꼬아

뜨기, 마커 제거, 도안 3, 마커 제거, 꼬아뜨기, 안
뜨기 2코, 겉뜨기 2(3)코, 오른코 겹쳐 2코 모아
뜨기, 단 끝까지 겉뜨기.

2단 : 코 줄이기 없이 설정한 대로 계속 뜬다.

1·2단을 총 4(3)회 떴다. 62(66)코가 남는다.

발(원통뜨기)

발바닥은 설정한 대로. 발등은 도안 3을 따라
48단까지 진행한다. 도안 1(1~4단)을 1회. 1·2단
을 1회 뜬다.

도안 1을 뜨며 발길이를 늘일 수 있다. 도안 1의
2단 또는 4단에서 끝낸다.

발가락(원통뜨기)

시작 마커를 제거한다. 발등 전 마지막 코 전까
지 겉뜨기를 한다. 새로운 단의 시작에 마커를
건다.

1단 : 겉뜨기 1코. 오른코 겹쳐 2코 모아뜨기. 발
등 마지막 3코 전까지 겉뜨기. 왼코 겹쳐 2코 모
아뜨기. 겉뜨기 2코. 오른코 겹쳐 2코 모아뜨기.
발바닥 마지막 3코 전까지 겉뜨기. 왼코 겹쳐 2
코 모아뜨기. 겉뜨기 1코.

2단 : 코 줄이기 없이 설정한 대로 계속 뜬다.

발등과 발바닥에 9코씩 남을 때까지 1·2단을 반
복한다.

마무리하기

실 끝을 16.5cm 정도 남기고. 실을 자른다. 메
리야스 잇기로 코를 연결한다. 남은 실을 보이
지 않게 정리하고 흠뻑 적셔 블로킹한 다음 치
수를 잰다.

도안 1

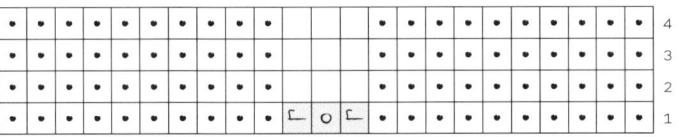

23 22 21 20 19 18 17 16 15 14 13 12 11 10 9 8 7 6 5 4 3 2 1

도안 2

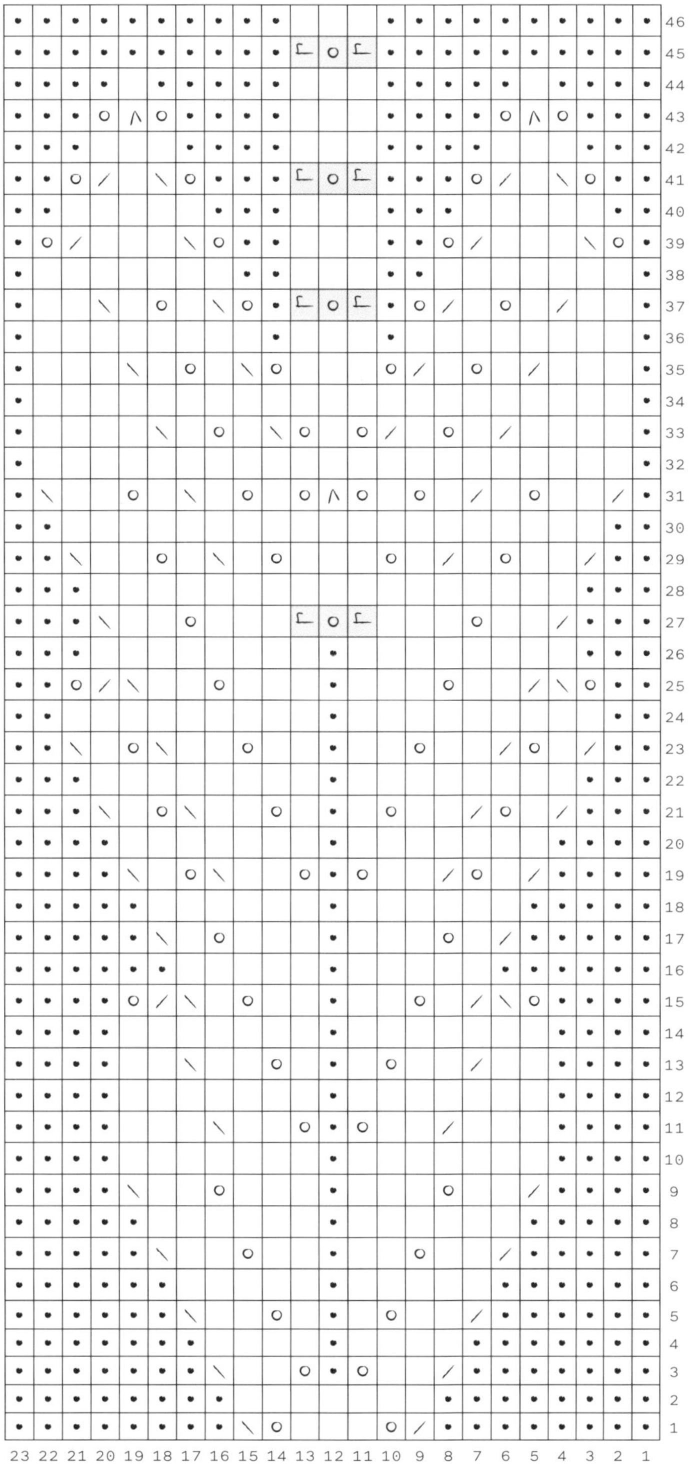

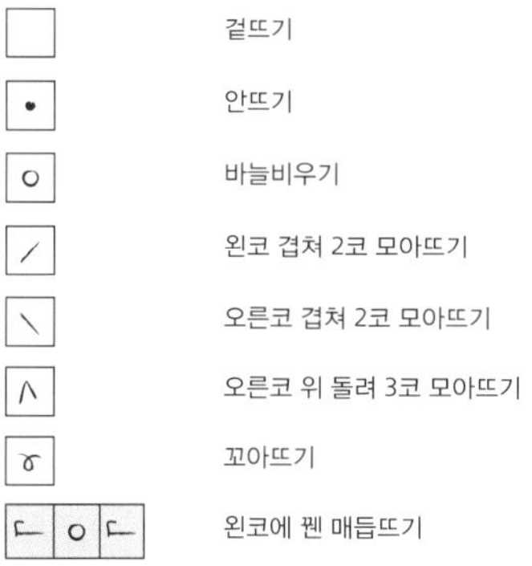

(knitting chart, rows 1–46, columns 23–1)

범례

기호	뜻
□	겉뜨기
•	안뜨기
○	바늘비우기
╱	왼코 겹쳐 2코 모아뜨기
╲	오른코 겹쳐 2코 모아뜨기
∧	오른코 위 돌려 3코 모아뜨기
♂	꼬아뜨기
⌐ ○ ⌐	왼코에 꿴 매듭뜨기

도안 3

48 47 46 45 44 43 42 41 40 39 38 37 36 35 34 33 32 31 30 29 28 27 26 25 24 23 22 21 20 19 18 17 16 15 14 13 12 11 10 9 8 7 6 5 4 3 2 1

23 22 21 20 19 18 17 16 15 14 13 12 11 10 9 8 7 6 5 4 3 2 1

25 로테 양말 LOTTE

사이즈
1(2)

완성 치수
양말목 둘레 … 18.5(21.5)cm
발/양말목 길이 … 조절 가능

재료
실(바탕색) … 블랙커 얀스Blacker Yarns의 셰틀랜드Shetland 4ply(퓨어 뉴울 100%, 175m/50g) 옅은 황갈색Fawn 2(3)볼
실(배색①) … 블랙커 얀스의 모헤어 블렌드Mohair Blends 4ply (헤브리단·맹크스·모헤어, 175m/50g) 로즈워시색Roseworthy 1볼
실(배색②) … 블랙커 얀스의 모헤어 블렌드 4ply(헤브리단·맹크스·모헤어, 175m/50g) 블리스랜드색Blisland 1볼
바늘 … 2.5mm(미국 1.5) 장갑바늘 또는 줄바늘
도구 … 마커, 돗바늘

게이지
메리야스뜨기 30코×45단

손뜨개 약어
오른코 교차뜨기1/1 LC : 꽈배기바늘에 1코 옮기고 뜨개바탕 앞에 두기, 겉뜨기 1코, 꽈배기바늘의 1코 겉뜨기.
왼코 교차뜨기1/1 RC : 꽈배기바늘에 1코 옮기고 뜨개바탕 뒤에 두기, 겉뜨기 1코, 꽈배기바늘의 1코 겉뜨기.
오른코 위 2코 교차뜨기2/2 LC : 2코를 꽈배기바늘로 옮기고 뜨개바탕 앞에 두기, 겉뜨기 2코, 꽈배기바늘의 2코 겉뜨기.
왼코 위 2코 교차뜨기2/2 RC : 2코를 꽈배기바늘로 옮기고 뜨개바탕 뒤에 두기, 겉뜨기 2코, 꽈배기바늘의 2코 겉뜨기.
코줍기PUK : 겉뜨기로 코줍기.
팝콘뜨기 2Cluster 2 : 실을 앞쪽에 두고 2코 옮기기, 바늘 사이로 실을 뒤로 보낸 다음 2코를 다시 왼바늘로 옮기기, 실을 앞쪽에 두고 2코를 다시 옮기기, 실을 뒤로 보내 다음 코 뜰 준비.

양말단(원통뜨기)
바탕실을 이용해 막코잡기로 56(64)코를 잡는다. 단의 시작에 마커를 걸고 꼬이지 않도록 조심하며 원통으로 연결한다. 코를 장갑바늘 3개 또는 매직 루프에 맞게 배열한다.
준비단 : [겉뜨기 2코, 안뜨기 2코] 끝까지 반복.
이 단을 14회 더 반복해 총 15단 뜬다.
겉뜨기 1단.
[배색① 실로 바꾸고 메리야스뜨기 2단. 배색② 실로 바꾸고 계속 메리야스뜨기 2단] 2회.
배색① 실로 바꿔서 겉뜨기 2단.
배색①+② 실을 자르고 다시 바탕실로 변경한다. 겉뜨기 1단.
※이 지점부터 왼쪽 양말과 오른쪽 양말을 뜨는 지침이 다릅니다.

왼쪽 양말

(원통뜨기) 준비단 : 겉뜨기 10코, 마커 걸기, 뜨는 사이즈에 맞는 교차무늬 도안과 팝콘뜨기 도안의 1단을 뜨거나 지침 따르기, 마커 걸기, 끝까지 겉뜨기.
다음 단 : 마커 전까지 겉뜨기, 마커 옮기기, 도안의 다음 단 뜨기, 마커 옮기기, 끝까지 겉뜨기.
뜨개바탕이 기초코 단에서 15cm가 되거나 원하는 길이가 될 때까지 양말목 무늬를 계속 뜬다. 무늬뜨기 4단에서 끝낸다.

힐 플랩(왕복뜨기)

다음 단을 뜨기 전에 시작 마커 제거, 뜨개바탕 돌리기. 나중에 뜰 나머지 발등 28(32)코는 보조 바늘에 남겨두기. 다음과 같이 28(32)코에서 힐 플랩을 진행한다.

1단(안면) : 실을 뒤쪽에 두고 걸러뜨기 1코, 마지막 1코 전까지 안뜨기, 겉뜨기 1코.

2단(겉면) : [실을 뒤쪽에 두고 걸러뜨기 1코, 겉뜨기 1코] 끝까지 반복.

3단 : 실을 뒤쪽에 두고 걸러뜨기 1코, 마지막 1코 전까지 안뜨기, 겉뜨기 1코.

4단 : 실을 뒤쪽에 두고 걸러뜨기 2코, *겉뜨기 1코, 실을 뒤쪽에 두고 걸러뜨기 1코* 마지막 2코 전까지 *-* 반복, 겉뜨기 2코.

힐 플랩이 6.5cm가 될 때까지 1·2·3·4단을 반복하며 안면에서 끝낸다.

힐 턴(왕복뜨기)

1단(겉면) : 실을 뒤쪽에 두고 걸러뜨기 1코, 겉뜨기 16(18)코, 오른코 겹쳐 2코 모아뜨기, 겉뜨기 1코, 뜨개바탕 돌리기.

2단(안면) : 실을 앞쪽에 두고 걸러뜨기 1코, 안뜨기 7코, 왼코 겹쳐 2코 모아 안뜨기, 안뜨기 1코, 뜨개바탕 돌리기.

3단 : 실을 뒤쪽에 두고 걸러뜨기 1코, 틈 1코 전까지 겉뜨기, 오른코 겹쳐 2코 모아뜨기, 겉뜨기 1코, 뜨개바탕 돌리기.

4단 : 실을 앞쪽에 두고 걸러뜨기 1코, 틈 1코 전까지 안뜨기, 왼코 겹쳐 2코 모아 안뜨기, 안뜨기 1코, 뜨개바탕 돌리기.

모든 코를 뜰 때까지 3·4단을 반복하면 힐 턴을 완성할 수 있다. 18(20)코가 남는다.

거싯&발바닥(원통뜨기)

※발바닥과 발등 사이의 틈에서 1코를 주워야 구멍을 없앨 수 있습니다. 이때 힐 플랩의 양옆면에서 주운 콧수는 같아야 합니다.

준비단 : 단의 시작 마커 걸기, 겉뜨기 18(20)코, 힐 플랩을 따라 걸러뜨기 코에서 코줍기. 마커(발등 마커) 걸기, 마커 전까지 겉뜨기, 마커 옮기기, 마커 전까지 설정한 대로 무늬뜨기, 마커 옮기기, 힐 플랩을 따라 걸러뜨기 코에서 코줍기.

1단(코 줄이기) : (발등) 마커 3코 전까지 겉뜨기, 왼코 겹쳐 2코 모아뜨기, 겉뜨기 1코, 마커 옮기기, 마커 전까지 겉뜨기, 마커 옮기기, 마커 전까지 설정한 대로 무늬뜨기, 마커 옮기기, 겉뜨기 1코, 오른코 겹쳐 2코 모아뜨기, 끝까지 겉뜨기.

2단 : 마커 전까지 겉뜨기, 마커 옮기기, 마커 전까지 겉뜨기, 마커 옮기기, 마커 전까지 설정한 대로 무늬뜨기, 마커 옮기기, 끝까지 겉뜨기.

발바닥에 28(32)코, 발등에 28(32)코, 즉 총

56(64)코가 될 때까지 거싯 1·2단을 반복한다. 뜨개바탕이 원하는 길이보다 4(5)cm 짧을 때까지 코 줄이기 없이 설정한 대로 무늬뜨기를 계속한다.

발가락 코 줄이기(원통뜨기)

교차무늬 마커를 제거하며 다음 단에서 모든 코를 겉뜨기한다. 이때 마커는 2개 남는다.

1단(코 줄이기) : [겉뜨기 1코, 오른코 겹쳐 2코 모아뜨기, 마커 3코 전까지 겉뜨기, 왼코 겹쳐 2코 모아뜨기, 겉뜨기 1코, 마커 옮기기] 2회. (-4코).

2단 : 겉뜨기.

발의 윗면과 아랫면에 각각 10코, 20코가 남을 때까지 1·2단을 반복한다.

실 끝을 30.5cm 정도 남기고, 실을 자른다. 돗바늘을 사용해 메리야스 잇기로 남은 코를 연결한다.

오른쪽 양말

(원통뜨기) 준비단 : 겉뜨기 28(32)코, 마커 걸기, 뜨려는 사이즈에 맞는 교차무늬 도안과 팝콘뜨기 도안의 1단 뜨기, 마커 걸기, 겉뜨기 10코.

다음 단 : 마커 전까지 겉뜨기, 마커 옮기기, 도안의 다음 단 뜨기, 마커 옮기기, 끝까지 겉뜨기.

뜨개바탕이 기초코 단에서 15cm 또는 원하는 길이가 될 때까지 양말목 무늬를 계속 뜬다. 무늬뜨기 4단에서 끝낸다.

힐 플랩

다음 단을 뜨기 전에 시작 마커 제거, 겉뜨기 28(32)코, 뜨개바탕 돌리기. 나중에 뜰 나머지 발등 28(32)코를 보조 바늘에 남겨두기. 다음과 같이 28(32)코에서 힐 플랩을 진행한다.

1단(안면) : 실을 뒤쪽에 두고 걸러뜨기 1코, 마지막 1코 전까지 안뜨기, 겉뜨기 1코.

2단(겉면) : [실을 뒤쪽에 두고 걸러뜨기 1코, 겉뜨기 1코] 끝까지 반복.

3단 : 실을 뒤쪽에 두고 걸러뜨기 1코, 마지막 1코 전까지 안뜨기, 겉뜨기 1코.

4단 : 실을 뒤쪽에 두고 걸러뜨기 2코, *겉뜨기 1코, 실을 뒤쪽에 두고 걸러뜨기 1코* 마지막 2코 전까지 *-* 반복, 겉뜨기 2코.

힐 플랩이 6.5cm 될 때까지 이 1·2·3·4단을 반복하고 안면에서 끝낸다.

힐 턴

1단(겉면) : 실을 뒤쪽에 두고 걸러뜨기 1코, 겉뜨기 16(18)코, 오른코 겹쳐 2코 모아뜨기, 겉뜨기 1코, 뜨개바탕 돌리기.

2단(안면) : 실을 앞쪽에 두고 걸러뜨기 1코, 안뜨

기 7코, 왼코 겹쳐 2코 모아 안뜨기, 안뜨기 1코, 뜨개바탕 돌리기.

3단 : 실을 뒤쪽에 두고 걸러뜨기 1코, 틈 1코 전까지 겉뜨기, 오른코 겹쳐 2코 모아뜨기, 겉뜨기 1코, 뜨개바탕 돌리기.

4단 : 실을 앞쪽에 두고 걸러뜨기 1코, 틈 1코 전까지 안뜨기, 왼코 겹쳐 2코 모아 안뜨기, 안뜨기 1코, 뜨개바탕 돌리기.

모든 코를 뜰 때까지 3·4단을 반복하면 힐 턴을 완성할 수 있다. 18(20)코가 남는다.

거싯&발바닥(원통뜨기)

※발바닥과 발등 사이의 틈에서 1코를 주워야 구멍을 없앨 수 있습니다. 이때 힐 플랩의 양옆면에서 주운 콧수는 같아야 합니다.

준비단 : 시작 마커 걸기, 겉뜨기 18(20)코, 힐 플랩을 따라 걸러뜨기 코에서 코줍기, 마커 옮기기, 마커 전까지 설정한 대로 무늬뜨기, 마커 옮기기, 겉뜨기 10코, 마커 걸기, 힐 플랩을 따라 걸러뜨기 코에서 코줍기.

1단(코 줄이기) : 마커 3코 전까지 겉뜨기, 왼코 겹쳐 2코 모아뜨기, 겉뜨기 1코, 마커 옮기기, 마커 전까지 설정한 대로 무늬뜨기, 마커 옮기기, 마커 전까지 겉뜨기, 마커 옮기기, 겉뜨기 1코, 오른코 겹쳐 2코 모아뜨기, 끝까지 겉뜨기.

2단 : 마커 전까지 겉뜨기, 마커 옮기기, 마커 전까지 설정한 대로 무늬뜨기, 마커 옮기기, 마커 전까지 겉뜨기, 마커 옮기기, 끝까지 겉뜨기.

발바닥에 28(32)코, 발등에 28(32)코, 즉 총 56(64)코가 될 때까지 거싯 1·2단을 반복한다. 뜨개바탕이 원하는 길이보다 4(5)cm 짧을 때까지 코 줄이기 없이 설정한 대로 무늬뜨기를 계속한다.

발가락 코 줄이기(원통뜨기)

교차무늬 마커를 제거하며 다음 단에서 모든 코를 겉뜨기한다. 이때 마커는 2개가 남는다.

1단(코 줄이기) : [겉뜨기 1코, 오른코 겹쳐 2코 모아뜨기, 마커 3코 전까지 겉뜨기, 왼코 겹쳐 2코 모아뜨기, 겉뜨기 1코, 마커 옮기기] 2회. (-4코).

2단 : 겉뜨기.

발의 윗면과 아랫면에 각각 10코, 20코가 남을 때까지 1·2단을 반복한다.

실 끝을 30.5cm 정도 남기고, 실을 자른다. 메리야스 잇기로 남은 코를 연결한다.

마무리하기

남은 실을 보이지 않게 정리하고 흠뻑 적셔 블로킹한 다음 치수를 잰다.

1사이즈 왼쪽 양말목 도안

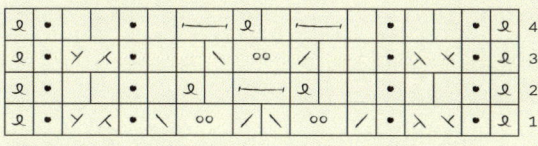

18 17 16 15 14 13 12 11 10 9 8 7 6 5 4 3 2 1

2사이즈 왼쪽 양말목 도안

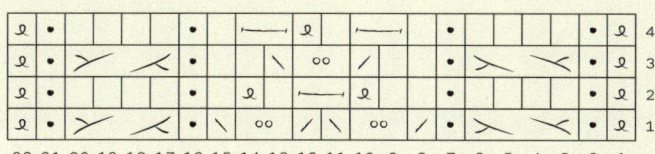

22 21 20 19 18 17 16 15 14 13 12 11 10 9 8 7 6 5 4 3 2 1

1사이즈 오른쪽 양말목 도안

18 17 16 15 14 13 12 11 10 9 8 7 6 5 4 3 2 1

2사이즈 오른쪽 양말목 도안

22 21 20 19 18 17 16 15 14 13 12 11 10 9 8 7 6 5 4 3 2 1

□	겉뜨기
ℚ	꼬아뜨기
•	안뜨기
ㅅ ㅅ	왼코 교차뜨기
ㅅ ㅅ	오른코 교차뜨기
/	왼코 겹쳐 2코 모아뜨기
○○	바늘비우기 2회
\	오른코 겹쳐 2코 모아뜨기
─	팝콘뜨기 2코
ㅅ ㅅ	왼코 위 2코 교차뜨기
ㅅ ㅅ	오른코 위 2코 교차뜨기

26 마편초 양말 VERVAIN

사이즈

1(2)

완성 치수

발목 둘레 … 20(22.5)cm
양말목 길이 … 15cm 또는 원하는 길이
발길이 … 조절 가능

재료

실 … 네이버후드 파이버 코Neighborhood Fiber Co.의 오가닉 스튜디오 삭Organic Studio Sock(유기농 메리노. 100%. 366m/113g) 로라빌색Lauraville 1볼
바늘 … 2.5mm(미국 1.5) 장갑바늘 또는 선호에 따라 줄바늘
도구 … 제거 가능한 마커 1개. 마커 2개. 돗바늘

게이지

메리야스뜨기 32코×44단

손뜨개 약어

돌려뜨며 오른코 늘리기M1 : 바늘을 뒤에서 앞으로 마지막으로 뜬 코와 다음 코 사이의 싱커 루프를 끌어 올려 코의 앞쪽에 겉뜨기. (+1코).
오른코 겹쳐 3코 모아뜨기SK2P : 걸러뜨기 1코. 왼코 겹쳐 2코 모아뜨기. 걸러뜨기한 코를 왼코 겹쳐 2코 모아뜨기한 코에 덮어씌우기. (-2코).
중심 3코 모아 안뜨기(안쪽에서 뜰 경우)SSKP : 오른코 겹쳐 2코 모아뜨기를 한 다음 오른바늘에서 왼바늘로 옮기기. 왼바늘의 2번째 코를 1번째 코(오른코 겹쳐 2코 모아뜨기 코)에 덮어씌우기. 코를 다시 오른바늘에 옮기기. (-2코)

왼쪽 양말

양말단(원통뜨기)

막코잡기로 63(71)코를 잡고 바늘 4개에 똑같이 나눈다. 원한다면 단의 시작에 제거 가능한 마커를 걸고 연결한다.
준비단 : 겉뜨기 1코. [안뜨기 1코. 겉뜨기 1코] 8(10)회. 마커 걸기. 겉뜨기 3코. 안뜨기 1코. 겉뜨기 11코. 마커 걸기. 안뜨기 1코. [겉뜨기 1코. 안뜨기 1코] 끝까지 반복.
다음 단 : 겉뜨기 1코. *안뜨기 1코. 겉뜨기 1코* 마커 전까지 *-* 반복. 마커 옮기기. 다음 15코에서 왼쪽 레이스 패널 패턴 뜨기. 마커 옮기기. 안뜨기 1코. [겉뜨기 1코. 안뜨기 1코] 끝까지 반복.
뜨개바탕이 기초코에서 약 5cm가 될 때까지 레이스 패널 패턴 왼쪽 도안의 1~20단을 반복하며 마지막 단까지 설정한 대로 뜬다.

양말목(원통뜨기)

코 늘리기 단 : 마커 전까지 겉뜨기. 마커 옮기기. 마커 전까지 레이스 패널 패턴 왼쪽 도안의 다음 단 뜨기. 마커 옮기기. 돌려뜨며 오른코 늘리기. 끝까지 겉뜨기. 1코 늘어서 64(72)코.
다음 단 : 마커 전까지 겉뜨기. 마커 옮기기. 마커 전까지 레이스 패널 패턴 왼쪽 도안의 다음 단 뜨기. 마커 옮기기. 끝까지 겉뜨기.
레이스 패널 패턴의 1·5·9·13·17단을 제외한 단으로 끝나며 뜨개바탕 길이가 기초코 단에서 약 15cm 정도 되거나 원하는 길이가 될 때까지 설정한 대로 끝까지 뜬다. 이때 마지막에 뜬 단의 숫자를 메모해둔다.

힐 플랩(왕복뜨기)

뜨개바탕을 돌려서 안면이 앞을 향하게 하고 시작 마커를 제거한다.

다음 단(안면) : 안뜨기 방향으로 걸러뜨기 1코, 안뜨기 31(35)코. 이 32(36)코를 장갑바늘 2개에 나눈다.

이 32(36)코에서 다음과 같이 왕복하며 힐 플랩을 진행한다.

1단(겉면) : [안뜨기 방향으로 걸러뜨기 1코, 겉뜨기 1코] 끝까지 반복.

2단(안면) : 안뜨기 방향으로 걸러뜨기 1코, 안뜨기 31(35)코.

1·2단을 15회 더 반복한다.

힐 턴(왕복뜨기)

힐 플랩 32(36)코에서 다음과 같이 계속한다.

1단(겉면) : 안뜨기 방향으로 걸러뜨기 1코, 겉뜨기 17(20)코, 오른코 겹쳐 2코 모아뜨기, 겉뜨기 1코, 뜨개바탕 돌리기.

2단(안면) : 안뜨기 방향으로 걸러뜨기 1코, 안뜨기 5(7)코, 왼코 겹쳐 2코 모아 안뜨기, 안뜨기 1코, 뜨개바탕 돌리기.

3단(겉면) : 안뜨기 방향으로 걸러뜨기 1코, 겉뜨기 6(8)코, 오른코 겹쳐 2코 모아뜨기, 겉뜨기 1코, 뜨개바탕 돌리기.

4단(안면) : 안뜨기 방향으로 걸러뜨기 1코, 안뜨기 7(9)코, 왼코 겹쳐 2코 모아 안뜨기, 안뜨기 1코, 뜨개바탕 돌리기.

5단(겉면) : 안뜨기 방향으로 걸러뜨기 1코, 겉뜨기 8(10)코, 오른코 겹쳐 2코 모아뜨기, 겉뜨기 1코, 뜨개바탕 돌리기.

6단(안면) : 안뜨기 방향으로 걸러뜨기 1코, 안뜨기 9(11)코, 왼코 겹쳐 2코 모아 안뜨기, 안뜨기 1코, 뜨개바탕 돌리기.

7단(겉면) : 안뜨기 방향으로 걸러뜨기 1코, 겉뜨기 10(12)코, 오른코 겹쳐 2코 모아뜨기, 겉뜨기 1코, 뜨개바탕 돌리기.

8단(안면) : 안뜨기 방향으로 걸러뜨기 1코, 안뜨기 11(13)코, 왼코 겹쳐 2코 모아 안뜨기, 안뜨기 1코, 뜨개바탕 돌리기.

9단(겉면) : 안뜨기 방향으로 걸러뜨기 1코, 겉뜨기 12(14)코, 오른코 겹쳐 2코 모아뜨기, 겉뜨기 1코, 뜨개바탕 돌리기.

10단(안면) : 안뜨기 방향으로 걸러뜨기 1코, 안뜨기 13(15)코, 왼코 겹쳐 2코 모아 안뜨기, 안뜨기 1코, 뜨개바탕 돌리기.

11단(겉면) : 안뜨기 방향으로 걸러뜨기 1코, 겉뜨기 14(16)코, 오른코 겹쳐 2코 모아뜨기, 겉뜨기 1코, 뜨개바탕 돌리기.

12단(안면) : 안뜨기 방향으로 걸러뜨기 1코, 안뜨기 15(17)코, 왼코 겹쳐 2코 모아 안뜨기, 안뜨기 1코, 뜨개바탕 돌리기. 20(24)코.

1사이즈만

13단(겉면) : 안뜨기 방향으로 걸러뜨기 1코, 겉뜨기 16코, 오른코 겹쳐 2코 모아뜨기, 뜨개바탕 돌리기.

14단(안면) : 안뜨기 방향으로 걸러뜨기 1코, 안뜨기 16코, 왼코 겹쳐 2코 모아 안뜨기, 뜨개바탕 돌리기. 18코.

2사이즈만

13단(겉면) : 안뜨기 방향으로 걸러뜨기 1코, 겉뜨기 18코, 오른코 겹쳐 2코 모아뜨기, 겉뜨기 1코, 뜨개바탕 돌리기.

14단(안면) : 안뜨기 방향으로 걸러뜨기 1코, 안뜨기 19코, 왼코 겹쳐 2코 모아 안뜨기, 안뜨기 1코, 뜨개바탕 돌리기. 22코**.

1·2사이즈

원통뜨기를 재개한다.

다음 단(겉면) : 뒤꿈치 겉뜨기 9(11)코. 빈 바늘(바늘 1)로 나머지 발등 9(11)코 겉뜨기. 같은 바늘로 힐 플랩의 가장자리를 따라 걸러뜨기 코에서 16코 줍기, 2번째 바늘(바늘 2)로 겉뜨기 16(18)코, 3번째 바늘(바늘 3)로 다음 16(18)코에서 패턴 뜨기를 한다.

[※레이스 패널 패턴의 1·5·9·13·17단이라면 15(17)코.]

4번째 바늘(바늘 4)로 힐 플랩의 반대쪽 가장자리를 따라 걸러뜨기 코에서 16코 줍기. 같은 바늘로 뒤꿈치 코 겉뜨기 9(11)코. 원통뜨기단의 시작은 뒤꿈치의 중심에 있다. 원한다면 마커를 건다. 82(90)코.

[※레이스 패널 패턴의 1·5·9·13·17단이라면 81(89)코.]

거싯 모양 만들기(원통뜨기)

1단

바늘 1 : 마지막 3코 전까지 겉뜨기, 왼코 겹쳐 2코 모아뜨기, 겉뜨기 1코.

바늘 2&3 : 패턴 뜨기

바늘 4 : 겉뜨기 1코, 오른코 겹쳐 2코 모아뜨기, 끝까지 겉뜨기.

2단 : 패턴 뜨기로 콧수 변화 없이 1단을 작업한다.

64(72)코가 남을 때까지 1·2단을 8회 반복한다. 레이스 패널 패턴의 1·5·9·13·17단을 제외한 단에서 끝나며 원하는 발길이보다 5cm 정도 짧을 때까지 콧수 변화 없이 뜬다.

레이스 패널 패턴의 가장자리에 있는 마커를 제거한다.

발가락 모양 만들기(원통뜨기)

코 줄이기 1단

바늘 1 : 마지막 3코 전까지 겉뜨기, 왼코 겹쳐 2코 모아뜨기, 겉뜨기 1코.

바늘 2 : 겉뜨기 1코, 오른코 겹쳐 2코 모아뜨기, 끝까지 겉뜨기.

바늘 3 : 마지막 3코 전까지 겉뜨기, 왼코 겹쳐 2코 모아뜨기, 겉뜨기 1코.

바늘 4 : 겉뜨기 1코, 오른코 겹쳐 2코 모아뜨기, 끝까지 겉뜨기.

다음 단 : 겉뜨기.

24(28)코가 남을 때까지 마지막 두 단을 9(10)회 반복하고 다음과 같이 마지막 단을 진행한다.

마지막 단

바늘 1&2 : 모든 코를 겉뜨기.

바늘 3 : 바늘 2로 바늘 3의 모든 코를 겉뜨기.

바늘 4 : 모든 코를 겉뜨기.

바늘 1 : 바늘 4로 바늘 1의 모든 코를 겉뜨기.

두 바늘에 각각 12(14)코가 있다.

마무리하기

메리야스 잇기로 바늘 2&4의 12(14)코를 연결한다. 남은 실을 보이지 않게 정리하고 흠뻑 적셔 블로킹한 다음 치수를 잰다.

오른쪽 양말

양말단(원통뜨기)

막코잡기로 63(71)코를 잡고 바늘 4개에 똑같이 코를 나눈다. 원한다면 단의 시작에 제거 가능한 마커를 걸고 연결한다.

준비단 : 겉뜨기 11코, 안뜨기 1코, 겉뜨기 3코, 마커 걸기. [겉뜨기 1코, 안뜨기 1코] 끝까지 반복.

다음 단 : 마커 전까지 레이스 패널 패턴 오른쪽 도안 뜨기, 마커 옮기기. [겉뜨기 1코, 안뜨기 1코] 끝까지 반복.

레이스 패널 패턴 오른쪽 도안의 1~20단을 모두 뜨고 뜨개바탕 길이가 기초코 단에서 약 5cm가 될 때까지 도안을 반복하며 마지막 단까지 설정한 대로 진행한다.

양말목(원통뜨기)

코 늘리기 단 : 마커 전까지 레이스 패널 패턴 오른쪽 도안의 다음 단 뜨기. 마커 옮기기. 겉뜨기 17(21)코. 돌려뜨며 오른코 늘리기. 끝까지 겉뜨기를 한다. 1코가 증가한다. 64(72)코.

다음 단 : 마커 전까지 레이스 패널 패턴 오른쪽 도안의 다음 단 뜨기. 마커 옮기기. 끝까지 겉뜨기.

레이스 패널 패턴의 1·5·9·13·17단을 제외한 단에서 끝나며 뜨개바탕 길이가 기초코 단에서 15cm 정도 되거나 원하는 길이가 될 때까지 설정한 대로 끝까지 뜬다. 마지막에 뜬 단의 숫자를 메모해둔다.

힐 플랩

다음 단 : 뜨개바탕을 돌려서 안면이 앞을 향하게 하고 시작 마커를 제거한다.
★★에서 ★★까지 왼쪽 양말처럼 뒤꿈치를 뜬다.

1·2사이즈

원통뜨기를 재개한다.

다음 단(겉면) : 뒤꿈치 겉뜨기 9(11)코. 빈 바늘(바늘 1)로 나머지 발등 9(11)코 겉뜨기. 같은 바늘로 힐 플랩의 가장자리를 따라 걸러뜨기 코에서 16코 줍기.

2번째 바늘(바늘 2)로 다음 16(18)코에서 패턴 뜨기. 3번째 바늘(바늘 3)로 겉뜨기 16(18)코.
[※레이스 패널 패턴의 1·5·9·13·17단이라면 15(17)코.]

4번째 바늘(바늘 4)로 힐 플랩의 반대쪽 가장자리를 따라 걸러뜨기 코에서 16코 줍기. 같은 바늘로 뒤꿈치 겉뜨기 9(11)코. 원통뜨기단의 시작은 뒤꿈치의 중심에 있다. 원한다면 마커를 건다. 82(90)코.
[※레이스 패널 패턴의 1·5·9·13·17단이라면 81(89)코.]

거짓 모양 만들기(원통뜨기)

1단

바늘 1 : 마지막 3코 전까지 겉뜨기. 왼코 겹쳐 2코 모아뜨기. 겉뜨기 1코.

바늘 2&3 : 패턴 뜨기.

바늘 4 : 겉뜨기 1코. 오른코 겹쳐 2코 모아뜨기. 끝까지 겉뜨기.

2단 : 콧수 변화 없이 패턴 뜨기 1단.

64(72)코가 남을 때까지 1·2단을 8회 반복한다. 레이스 패널 패턴의 1·5·9·13·17단을 제외한 단에서 끝나며 원하는 발길이보다 약 5cm 짧을 때까지 콧수 변화 없이 진행한다. 레이스 패널 패턴의 가장자리에 있는 마커를 제거한다.

발가락 모양 만들기&마무리하기

왼쪽 양말처럼 발가락 모양 만들기를 하고 마무리한다.

	겉뜨기
○	바늘비우기
•	안뜨기
/	왼코 겹쳐 2코 모아뜨기
\	오른코 겹쳐 2코 모아뜨기
⅄	오른코 겹쳐 3코 모아뜨기
⋏	중심 3코 모아 안뜨기(안쪽에서 뜰 경우)
	코 아님

왼쪽 양말 도안   오른쪽 양말 도안

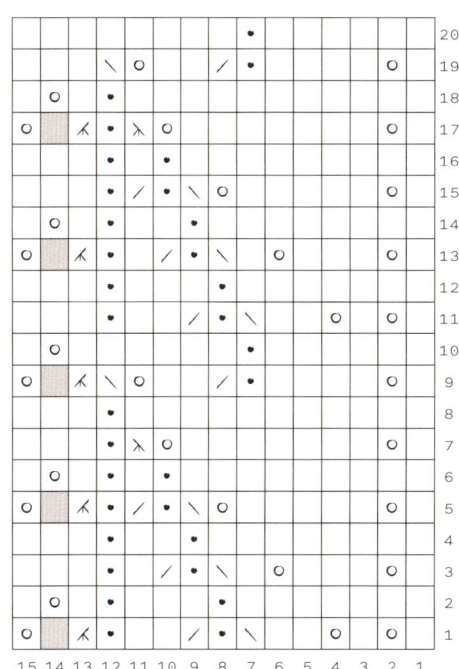

27

39

피오나 앨리스 — 크리스틴 베잘 — 마리야 쟈파로바 — 샬럿 스톤 — 호히 로카텔리 — 호자 포마르 — 레이철 쿠페이 —
베레나 코르스 — 티나 후흐타니에미 — 아멜리아 푸트리 — 미에카 존 — 이자벨 크레머

27 알바르 양말 ALVAR

사이즈

1(2)

완성 치수

발둘레(늘리지 않은 상태) ··· 20.5(23.5)cm
양말목 길이 ··· 16(17)cm
발길이 ··· 조절 가능

재료

실 A ··· 위시티타Uschitita의 메리노 삭Merino Sock(메리노 울 75%. 나일론 25%. 425m/100g) 올빼미색Owl 1볼
실 B ··· 언커먼 스레드Uncommon Thread의 터프 삭Tough Sock(슈퍼워시 블루페이스 레스터 80%. 나일론 20%. 365m/100g) 숯색Charred 1볼
바늘 ··· 2.0mm(미국 0) 줄바늘. 2.25mm(미국 1) 줄바늘 또는 선호에 따라 장갑바늘
도구 ··· 잠금 마커 1개. 돗바늘

게이지

메리야스뜨기 36코×50단

POINT

이 패턴은 매직 루프로 발등은 1번째 바늘에서. 발바닥은 2번째 바늘에서 뜹니다. 대신 장갑바늘로 작업할 수 있습니다. 1번째 바늘의 지침은 1번째 장갑바늘과 2번째 장갑바늘에서. 2번째 바늘의 지침은 3번째 장갑바늘과 4번째 장갑바늘에서 뜹니다.

B실로 만드는 대비되는 줄무늬는 양말 안쪽에 실이 길게 늘어지지 않게 자체 실을 사용해 인타르시아 니팅Intarsia Knitting(가로 배색뜨기)으로 작업합니다. 필요할 때 두 단 아래의 실을 끌어 올려 뜨세요. 실을 120cm 길이로 또는 원하는 길이로 여러 개 잘라두면 보다 쉽게 작업할 수 있습니다. 라인을 완성하기 전에 실이 모자라면 실을 더 잘라서 다시 연결하고. 각 라인을 완성하면 여분의 실을 다듬고 나중에 정리할 수 있게 남겨둡니다. 이때 이전 실 가닥과 새 실 가닥은 나중에 정리할 수 있을 만큼 충분히 남겨두세요. B실은 15(20)g 정도 필요합니다.

오른쪽과 왼쪽. 2가지 지침을 제공하는데 이는 어느 발에 신어야 하는지가 아니라 기울어진 선의 방향을 의미합니다. 그 결정은 작업자의 자유이니 오른쪽 무늬 2개 또는 왼쪽 무늬 2개를 떠서 자신만의 양말을 만들어보세요.

양쪽 양말 준비단

실 A로 토 업Toe Up 양말을 위해 터키식 코잡기나 선호하는 코잡기로 2.25mm(미국 1) 바늘에 34(36)코를 잡는다. 각 바늘에 17(18)코씩. 겉뜨기 1단을 뜨고 발가락을 위해 코를 늘리기 시작한다.

여기(장갑바늘로 뜬다면 첫 코 다음)에 잠금 마커를 걸어 단의 시작을 표시한다.

양쪽 양말 발가락(원통뜨기)

1단
바늘 1&2 : 겉뜨기 1코. 돌려뜨며 오른코 늘리기. 바늘의 마지막 코 전까지 겉뜨기. 돌려뜨며 왼코 늘리기. 겉뜨기 1코. (+4코).

2단
바늘 1&2 : 끝까지 겉뜨기.

각 바늘에 37(42)코씩 총 74(84)코가 될 때까지 1·2단을 반복한다.

1·2사이즈 모두 메리야스뜨기를 4단 한다.

인타르시아

다음 지침에서 같은 단에서 실 A와 실 B를 모두 사용한다면 실 B로 뜰 때만 명시한다. 그 밖의 다른 지침은 실 A로 뜬다. 새로운 인타르시아 줄무늬를 위해 처음 실을 연결할 때 양말을 완성한 다음 자수 작업을 할 수 있도록 실 끝을 최소한 12.5cm 정도 남겨두어야 한다.

오른발(원통뜨기)

1단
바늘 1 : 겉뜨기 35(40)코. B실로 겉뜨기 1코. 겉뜨기 1코.
바늘 2 : 끝까지 겉뜨기.

2단
바늘 1 : 겉뜨기 35(40)코. 실을 뒤쪽에 두고 걸러뜨기 1코. 겉뜨기 1코.
바늘 2 : 끝까지 겉뜨기.
1·2단을 3회 더 반복한다.

3단
바늘 1 : 겉뜨기 26(31)코. [겉뜨기 4코. B실로 겉뜨기 1코] 2회. 겉뜨기 1코.
바늘 2 : 끝까지 겉뜨기.

4단
바늘 1 : 겉뜨기 26(31)코. [겉뜨기 4코. 실을 뒤쪽에 두고 걸

러뜨기 1코] 2회, 겉뜨기 1코.

바늘 2 : 끝까지 겉뜨기.

3·4단을 3회 더 반복한다.

5단

바늘 1 : 겉뜨기 21(26)코, [겉뜨기 4코, B실로 겉뜨기 1코] 3회, 겉뜨기 1코.

바늘 2 : 끝까지 겉뜨기.

6단

바늘 1 : 겉뜨기 21(26)코, [겉뜨기 4코, 실을 뒤쪽에 두고 걸러뜨기 1코] 3회, 겉뜨기 1코.

바늘 2 : 끝까지 겉뜨기.

5·6단을 3회 더 반복한다.

7단

바늘 1 : 겉뜨기 16(21)코, [겉뜨기 4코, B실로 겉뜨기 1코] 4회, 겉뜨기 1코.

바늘 2 : 끝까지 겉뜨기

8단

바늘 1 : 겉뜨기 16(21)코, [겉뜨기 4코, 실을 뒤쪽에 두고 걸러뜨기 1코] 4회, 겉뜨기 1코.

바늘 2 : 끝까지 겉뜨기.

7·8단을 3회 더 반복한다.

9단

바늘 1 : 겉뜨기 11(16)코, [겉뜨기 4코, B실로 겉뜨기 1코] 5회, 겉뜨기 1코.

바늘 2 : 끝까지 겉뜨기.

10단

바늘 1 : 겉뜨기 11(16)코, [겉뜨기 4코, 실을 뒤쪽에 두고 걸러뜨기 1코] 5회, 겉뜨기 1코.

바늘 2 : 끝까지 겉뜨기.

9·10단을 3회 더 반복한다.

11단

바늘 1 : 겉뜨기 6(11)코, [겉뜨기 4코, B실로 겉뜨기 1코] 6회, 겉뜨기 1코.

바늘 2 : 끝까지 겉뜨기.

12단

바늘 1 : 겉뜨기 6(11)코, [겉뜨기 4코, 실을 뒤쪽에 두고 걸러뜨기 1코] 6회, 겉뜨기 1코.

바늘 2 : 끝까지 겉뜨기.

11·12단을 3회 더 반복한다.

13단

바늘 1 : 겉뜨기 1(6)코, [겉뜨기 4코, B실로 겉뜨기 1코] 7회, 겉뜨기 1코.

바늘 2 : 끝까지 겉뜨기.

14단

바늘 1 : 겉뜨기 1(6)코, [겉뜨기 4코, 실을 뒤쪽에 두고 걸러뜨기 1코] 7회, 겉뜨기 1코.

바늘 2 : 끝까지 겉뜨기.

13·14단을 3회 더 반복한다.
1사이즈는 여기서 끝내고, 오른쪽 거싯으로 넘어간다.

2사이즈만

15단

바늘 1 : 겉뜨기 1코, [겉뜨기 4코, B실로 겉뜨기 1코] 8회, 겉뜨기 1코.

바늘 2 : 끝까지 겉뜨기.

16단

바늘 1 : 겉뜨기 1코, [겉뜨기 4코, 실을 뒤쪽에 두고 걸러뜨기 1코] 8회, 겉뜨기 1코.

바늘 2 : 끝까지 겉뜨기.

15·16단을 3회 더 반복한다.

오른쪽 거싯(원통뜨기)

원하는 발길이보다 7.5cm 짧을 때까지 각 사이즈의 마지막 단을 계속 반복한다.
인타르시아 패턴을 완성하기 전에 이 길이에 도달했다면 그대로 오른쪽 거싯으로 넘어간다. 거싯 코 늘리기를 하면서 인타르시아 패턴 뜨기를 계속한다. 마지막 단을 완료하면 바늘 1에서 오른쪽 거싯 지침을 따라 뜨기 시작한다.

1단

바늘 1 : 겉뜨기 1코, [겉뜨기 4코, B실로 겉뜨기 1코] 7(8)회, 겉뜨기 1코.

바늘 2 : 겉뜨기 1코, 돌려뜨며 오른코 늘리기, 마지막 코 전까지 겉뜨기, 돌려뜨며 왼코 늘리기, 겉뜨기 1코. (+2코).

2단

바늘 1 : 겉뜨기 1코, [겉뜨기 4코, 실을 뒤쪽에 두고 걸러뜨기 1코] 7(8)회, 겉뜨기 1코.

바늘 2 : 끝까지 겉뜨기.

바늘 2에 61(66)코가 될 때까지 1·2단을 반복하고 2단으로 끝낸다.

2사이즈만

3단

바늘 1 : 겉뜨기 1코, [겉뜨기 4코, B실로 겉뜨기 1코] 8회, 겉뜨기 1코.

바늘 2 : 겉뜨기 1코, 돌려뜨며 오른코 늘리기, 끝까지 겉뜨기. (+1코).

4단

바늘 1 : 겉뜨기 1코, [겉뜨기 4코, 실을 뒤쪽에 두고 걸러뜨기 1코] 8회, 겉뜨기 1코.

바늘 2 : 끝까지 겉뜨기.

바늘 2에 61(67)코, 총 98(109)코.
'뒤꿈치 준비단'을 시작한다.

왼발(원통뜨기)

1단

바늘 1 : 겉뜨기 1코, B실로 겉뜨기 1코, 겉뜨기 35(40)코.

바늘 2 : 끝까지 겉뜨기.

2단

바늘 1 : 겉뜨기 1코, 실을 뒤쪽에 두고 걸러뜨기 1코, 겉뜨기 35(40)코.

바늘 2 : 끝까지 겉뜨기.

1·2단을 3회 더 반복한다.

3단

바늘 1 : 겉뜨기 1코, [B실로 겉뜨기 1코, 겉뜨기 4코] 2회, 겉뜨기 26(31)코.

바늘 2 : 끝까지 겉뜨기.

4단

바늘 1 : 겉뜨기 1코, [실을 뒤쪽에 두고 걸러뜨기 1코, 겉뜨기 4코] 2회, 겉뜨기 26(31)코.

바늘 2 : 끝까지 겉뜨기.

3·4단을 3회 더 반복한다.

5단

바늘 1 : 겉뜨기 1코, [B실로 겉뜨기 1코, 겉뜨기 4코] 3회, 겉뜨기 21(26)코.

바늘 2 : 끝까지 겉뜨기.

6단

바늘 1 : 겉뜨기 1코, [실을 뒤쪽에 두고 걸러뜨기 1코, 겉뜨기 4코] 3회, 겉뜨기 21(26)코.

바늘 2 : 끝까지 겉뜨기.

5·6단을 3회 더 반복한다.

7단

바늘 1 : 겉뜨기 1코, [B실로 겉뜨기 1코, 겉뜨기 4코] 4회, 겉뜨기 16(21)코.

바늘 2 : 끝까지 겉뜨기.

8단

바늘 1 : 겉뜨기 1코, [실을 뒤쪽에 두고 걸러뜨기 1코, 겉뜨기 4코] 4회, 겉뜨기 16(21)코.

바늘 2 : 끝까지 겉뜨기.

7·8단을 3회 더 반복한다.

9단

바늘 1 : 겉뜨기 1코, [B실로 겉뜨기 1코, 겉뜨기 4코] 5회, 겉뜨기 11(16)코.

바늘 2 : 끝까지 겉뜨기.

10단

바늘 1 : 겉뜨기 1코, [실을 뒤쪽에 두고 걸러뜨기 1코, 겉뜨기 4코] 5회, 겉뜨기 11(16)코.

바늘 2 : 끝까지 겉뜨기.

9·10단을 3회 더 반복한다.

11단

바늘 1 : 겉뜨기 1코, [B실로 겉뜨기 1코, 겉뜨기 4코] 6회, 겉뜨기 6(11)코.

바늘 2 : 끝까지 겉뜨기.

12단

바늘 1 : 겉뜨기 1코, [실을 뒤쪽에 두고 걸러뜨기 1코, 겉뜨기 4코] 6회, 겉뜨기 6(11)코.

바늘 2 : 끝까지 겉뜨기.

11·12단을 3회 더 반복한다.

13단

바늘 1 : 겉뜨기 1코, [B실로 겉뜨기 1코, 겉뜨기 4코] 7회, 겉뜨기 1(6)코.

바늘 2 : 끝까지 겉뜨기.

14단

바늘 1 : 겉뜨기 1코, [실을 뒤쪽에 두고 걸러뜨기 1코, 겉뜨기 4코] 7회, 겉뜨기 1(6)코.

바늘 2 : 끝까지 겉뜨기.

13·14단을 3회 더 반복한다.

1사이즈는 여기서 끝내고 왼쪽 거싯으로 넘어간다.

2사이즈만

15단

바늘 1 : 겉뜨기 1코, [B실로 겉뜨기 1코, 겉뜨기 4코] 8회, 겉뜨기 1코.

바늘 2 : 끝까지 겉뜨기.

16단

바늘 1 : 겉뜨기 1코, [실을 뒤쪽에 두고 걸러뜨기 1코, 겉뜨기 4코] 8회, 겉뜨기 1코.

바늘 2 : 끝까지 겉뜨기.

15·16단을 3회 더 반복한다.

왼쪽 거싯(원통뜨기)

원하는 발길이보다 7.5cm가 짧을 때까지 각 사이즈의 마지막 단을 계속 반복한다.

인타르시아 패턴을 완성하기 전에 이 길이에 도달했다면 그대로 왼쪽 거싯으로 넘어간다. 거싯 코 늘리기를 하면서 인타르시아 패턴 뜨기를 계속한다. 마지막 단을 완료하면 바늘 1에서 왼쪽 거싯 지침을 따라 뜨기 시작한다.

1단

바늘 1 : 겉뜨기 1코, [B실로 겉뜨기 1코, 겉뜨기 4코] 7(8)회, 겉뜨기 1코.

바늘 2 : 겉뜨기 1코, 돌려뜨며 오른코 늘리기. 마지막 코 전까지 겉뜨기, 돌려뜨며 왼코 늘리기, 겉뜨기 1코. (+2코).

2단

바늘 1 : 겉뜨기 1코, [실을 뒤쪽에 두고 걸러뜨기 1코, 겉뜨기 4코] 7(8)회, 겉뜨기 1코.

바늘 2 : 끝까지 겉뜨기.

바늘 2에 61(66)코가 될 때까지 1·2단을 반복하고 2단으로 끝낸다.

2사이즈만

3단

바늘 1 : 겉뜨기 1코, [B실로 겉뜨기 1코, 겉뜨기 4코] 8회, 겉뜨기 1코.

바늘 2 : 겉뜨기 1코, 돌려뜨며 오른코 늘리기, 끝까지 겉뜨기. (+1코).

4단

바늘 1 : 겉뜨기 1코, [실을 뒤쪽에 두고 걸러뜨기 1코, 겉뜨기 4코] 8회, 겉뜨기 1코.

바늘 2 : 끝까지 겉뜨기.

바늘 2에 61(67)코, 총 98(109)코.

'뒤꿈치 준비단'을 시작한다.

양쪽 양말 뒤꿈치 준비단

(원통뜨기) 준비단

바늘 1 : 끝까지 설정한 대로 패턴 뜨기.

뒤꿈치 준비단은 경사뜨기로 바늘 2에서만 진행한다.

경사뜨기 1단(걸면) : 겉뜨기 41(45)코, 겉뜨기로 1코 늘리기, 겉뜨기 1코, 랩앤턴.

경사뜨기 2단(안면) : 안뜨기 24(26)코, 안뜨기로 1코 늘리기, 안뜨기 1코, 랩앤턴.

경사뜨기 3단 : 겉뜨기 22(24)코, 겉뜨기로 1코 늘리기, 겉뜨기 1코, 랩앤턴.

경사뜨기 4단 : 안뜨기 20(22)코, 안뜨기로 1코 늘리기, 안뜨기 1코, 랩앤턴.

경사뜨기 5단 : 겉뜨기 18(20)코, 겉뜨기로 1코 늘리기, 겉뜨기 1코, 랩앤턴.

경사뜨기 6단 : 안뜨기 16(18)코, 안뜨기로 1코 늘리기, 안뜨기 1코, 랩앤턴.

경사뜨기 7단 : 겉뜨기 14(16)코, 겉뜨기로 1코 늘리기, 겉뜨기 1코, 랩앤턴.

경사뜨기 8단 : 안뜨기 12(14)코, 안뜨기로 1코 늘리기, 안뜨기 1코, 랩앤턴.

바늘 2에 69(75)코가 있다. 총 106(117)코.

다음 단 : 감긴 실을 주워 해당 코와 한꺼번에 겉뜨기하며 바늘 2의 끝까지 겉뜨기를 한다.

양쪽 양말 힐 플랩

(원통뜨기) 준비단

바늘 1 : 끝까지 설정한 대로 패턴 뜨기.

바늘 2 : 남아 있는 감긴 실을 계속 주우며 겉뜨기 52(57)코, 오른코 겹쳐 2코 모아뜨기, 뜨개바탕 돌리기.

힐 플랩은 경사뜨기로 바늘 2에서만 진행한다.

경사뜨기 1단(안면) : 실을 앞쪽에 두고 걸러뜨기 1코, 안뜨기 35(39)코, 왼코 겹쳐 2코 모아 안뜨기, 뜨개바탕 돌리기.

경사뜨기 2단(겉면) : [실을 뒤쪽에 두고 걸러뜨기 1코, 겉뜨기 1코] 18(20)회, 오른코 겹쳐 2코 모아뜨기, 뜨개바탕 돌리기. 37(41)코.

측면의 코가 전부 힐 플랩에 통합될 때까지 1·2단을 반복하고 1단에서 끝낸다.

다음 단 : *실을 앞쪽에 두고 걸러뜨기 1코, 겉뜨기 1코* 마지막 코 전까지 *-* 반복. 틈에서 코를 주워 꼰 다음 마지막 코와 한꺼번에 겉뜨기.

왼쪽 또는 오른쪽 양말목으로 계속 진행한다. 바늘 1에서 패턴 뜨기를 한 다음 마지막 코를 겉뜨기 방향으로 옮기고 틈에서 꼬아뜨기로 코

를 주워 그 마지막 코와 함께 겉뜨기한다. 이렇게 하면 발뒤꿈치 옆면에 구멍이 생기는 것을 방지할 수 있다.

2사이즈만

한 코 더 늘려서 바늘 2의 콧수를 42코로 되돌린다. 원통뜨기를 재개한다.

오른쪽 양말목(원통뜨기)

1단

바늘 1 : 겉뜨기 1코, [겉뜨기 4코, B실로 겉뜨기 1코] 7(8)회, 겉뜨기 1코.

바늘 2 : 겉뜨기 35(40)코, B실로 겉뜨기 1코, 겉뜨기 1코.

2단

바늘 1 : 겉뜨기 1코, [겉뜨기 4코, 실을 뒤쪽에 두고 걸러뜨기 1코] 7(8)회, 겉뜨기 1코.

바늘 2 : 겉뜨기 35(40)코, 실을 뒤쪽에 두고 걸러뜨기 1코, 겉뜨기 1코.

1·2단을 3회 더 반복한다.

3단

바늘 1 : 겉뜨기 1코, [겉뜨기 4코, B실로 겉뜨기 1코] 7(8)회, 겉뜨기 1코.

바늘 2 : 겉뜨기 26(31)코, [겉뜨기 4코, B실로 겉뜨기 1코] 2회, 겉뜨기 1코.

4단

바늘 1 : [겉뜨기 4코, 실을 뒤쪽에 두고 걸러뜨기 1코] 7(8)회, 겉뜨기 1코.

바늘 2 : 겉뜨기 26(31)코, [겉뜨기 4코, B실로 겉뜨기 1코] 2회, 겉뜨기 1코.

3·4단을 3회 더 반복한다.

5단

바늘 1 : 겉뜨기 1코, [겉뜨기 4코, B실로 겉뜨기 1코] 7(8)회, 겉뜨기 1코.

바늘 2 : 겉뜨기 21(26)코, [겉뜨기 4코, B실로 겉뜨기 1코] 3회, 겉뜨기 1코.

6단

바늘 1 : 겉뜨기 1코, [겉뜨기 4코, 실을 뒤쪽에 두고 걸러뜨기 1코] 7(8)회, 겉뜨기 1코.

바늘 2 : 겉뜨기 21(26)코, [겉뜨기 4코, 실을 뒤쪽에 두고 걸러뜨기 1코] 3회, 겉뜨기 1코.

5·6단을 3회 더 반복한다.

7단

바늘 1 : 겉뜨기 1코, [겉뜨기 4코, B실로 겉뜨기 1코] 7(8)회, 겉뜨기 1코.

바늘 2 : 겉뜨기 16(21)코, [겉뜨기 4코, B실로 겉뜨기 1코] 4회, 겉뜨기 1코.

8단

바늘 1 : 겉뜨기 1코, [겉뜨기 4코, 실을 뒤쪽에 두고 걸러뜨기 1코] 7(8)회, 겉뜨기 1코.

바늘 2 : 겉뜨기 16(21)코, [겉뜨기 4코, 실을 뒤

쪽에 두고 걸러뜨기 1코] 4회, 겉뜨기 1코.
7·8단을 3회 더 반복한다.

9단
바늘 1 : 겉뜨기 1코, [겉뜨기 4코, B실로 겉뜨기 1코] 7(8)회, 겉뜨기 1코.
바늘 2 : 겉뜨기 11(16)코, [겉뜨기 4코, B실로 겉뜨기 1코] 5회, 겉뜨기 1코.

10단
바늘 1 : 겉뜨기 1코, [겉뜨기 4코, 실을 뒤쪽에 두고 걸러뜨기 1코] 7(8)회, 겉뜨기 1코.
바늘 2 : 겉뜨기 11(16)코, [겉뜨기 4코, 실을 뒤쪽에 두고 걸러뜨기 1코] 5회, 겉뜨기 1코.
9·10단을 3회 더 반복한다.

11단
바늘 1 : 겉뜨기 1코, [겉뜨기 4코, B실로 겉뜨기 1코] 7(8)회, 겉뜨기 1코.
바늘 2 : 겉뜨기 6(11)코, [겉뜨기 4코, B실로 겉뜨기 1코] 6회, 겉뜨기 1코.

12단
바늘 1 : 겉뜨기 1코, [겉뜨기 4코, 실을 뒤쪽에 두고 걸러뜨기 1코] 7(8)회, 겉뜨기 1코.
바늘 2 : 겉뜨기 6(11)코, [겉뜨기 4코, 실을 뒤쪽에 두고 걸러뜨기 1코] 6회, 겉뜨기 1코.
11·12단을 3회 더 반복한다.

13단
바늘 1 : 겉뜨기 1코, [겉뜨기 4코, B실로 겉뜨기 1코] 7(8)회, 겉뜨기 1코.
바늘 2 : 겉뜨기 1(6)코, [겉뜨기 4코, B실로 겉뜨기 1코] 7회, 겉뜨기 1코.

14단
바늘 1 : 겉뜨기 1코, [겉뜨기 4코, 실을 뒤쪽에 두고 걸러뜨기 1코] 7(8)회, 겉뜨기 1코.
바늘 2 : 겉뜨기 1(6)코, [겉뜨기 4코, 실을 뒤쪽에 두고 걸러뜨기 1코] 7(8)회, 겉뜨기 1코.
13·14단을 3회 더 반복한다. 1사이즈는 여기서 끝내고 양말목으로 넘어간다.

2사이즈만
15단
바늘 1&2 : 겉뜨기 1코, [겉뜨기 4코, B실로 겉뜨기 1코] 8회, 겉뜨기 1코.

16단
바늘 1&2 : 겉뜨기 1코, [겉뜨기 4코, 실을 뒤쪽에 두고 걸러뜨기 1코] 8회, 겉뜨기 1코.
양말목으로 넘어간다.

왼쪽 양말목(원통뜨기)
1단
바늘 1 : 겉뜨기 1코, [B실로 겉뜨기 1코, 겉뜨기 4코] 7(8)회, 겉뜨기 1코.
바늘 2 : 겉뜨기 1코, B실로 겉뜨기 1코, 겉뜨기

35(40)코.

2단
바늘 1 : 겉뜨기 1코, [실을 뒤쪽에 두고 걸러뜨기 1코, 겉뜨기 4코] 7(8)회, 겉뜨기 1코.
바늘 2 : 겉뜨기 1코, 실을 뒤쪽에 두고 걸러뜨기 1코, 겉뜨기 35(40)코.
1·2단을 3회 더 반복한다.

3단
바늘 1 : 겉뜨기 1코, [B실로 겉뜨기 1코, 겉뜨기 4코] 7(8)회, 겉뜨기 1코.
바늘 2 : 겉뜨기 1코, [B실로 겉뜨기 1코, 겉뜨기 4코] 2회, 겉뜨기 26(31)코.

4단
바늘 1 : 겉뜨기 1코, [실을 뒤쪽에 두고 걸러뜨기 1코, 겉뜨기 4코] 7(8)회, 겉뜨기 1코.
바늘 2 : 겉뜨기 1코, [실을 뒤쪽에 두고 걸러뜨기 1코, 겉뜨기 4코] 2회, 겉뜨기 26(31)코.
3·4단을 3회 더 반복한다.

5단
바늘 1 : 겉뜨기 1코, [B실로 겉뜨기 1코, 겉뜨기 4코] 7(8)회, 겉뜨기 1코.
바늘 2 : 겉뜨기 1코, [B실로 겉뜨기 1코, 겉뜨기 4코] 3회, 겉뜨기 21(26)코.

6단
바늘 1 : 겉뜨기 1코, [실을 뒤쪽에 두고 걸러뜨기 1코, 겉뜨기 4코] 7(8)회, 겉뜨기 1코.
바늘 2 : 겉뜨기 1코, [실을 뒤쪽에 두고 걸러뜨기 1코, 겉뜨기 4코] 3회, 겉뜨기 21(26)코.
5·6단을 3회 더 반복한다.

7단
바늘 1 : 겉뜨기 1코, [B실로 겉뜨기 1코, 겉뜨기 4코] 7(8)회, 겉뜨기 1코.
바늘 2 : 겉뜨기 1코, [B실로 겉뜨기 1코, 겉뜨기 4코] 4회, 겉뜨기 16(21)코.

8단
바늘 1 : 겉뜨기 1코, [실을 뒤쪽에 두고 걸러뜨기 1코, 겉뜨기 4코] 7(8)회, 겉뜨기 1코.
바늘 2 : 겉뜨기 1코, [실을 뒤쪽에 두고 걸러뜨기 1코, 겉뜨기 4코] 4회, 겉뜨기 16(21)코.
7·8단을 3회 더 반복한다.

9단
바늘 1 : 겉뜨기 1코, [B실로 겉뜨기 1코, 겉뜨기 4코] 7(8)회, 겉뜨기 1코.
바늘 2 : 겉뜨기 1코, [B실로 겉뜨기 1코, 겉뜨기 4코] 5회, 겉뜨기 11(16)코.

10단
바늘 1 : 겉뜨기 1코, [실을 뒤쪽에 두고 걸러뜨기 1코, 겉뜨기 4코] 7(8)회, 겉뜨기 1코.
바늘 2 : 겉뜨기 1코, [실을 뒤쪽에 두고 걸러뜨기 1코, 겉뜨기 4코] 5회, 겉뜨기 11(16)코.

9·10단을 3회 더 반복한다.
11단
바늘 1 : 겉뜨기 1코, [B실로 겉뜨기 1코, 겉뜨기 4코] 7(8)회, 겉뜨기 1코.
바늘 2 : 겉뜨기 1코, [B실로 겉뜨기 1코, 겉뜨기 4코] 6회, 겉뜨기 6(11)코.

12단
바늘 1 : 겉뜨기 1코, [실을 뒤쪽에 두고 걸러뜨기 1코, 겉뜨기 4코] 7(8)회, 겉뜨기 1코.
바늘 2 : 겉뜨기 1코, [실을 뒤쪽에 두고 걸러뜨기 1코, 겉뜨기 4코] 6회, 겉뜨기 6(11)코.
11·12단을 3회 더 반복한다.

13단
바늘 1 : 겉뜨기 1코, [B실로 겉뜨기 1코, 겉뜨기 4코] 7(8)회, 겉뜨기 1코.
바늘 2 : 겉뜨기 1코, [B실로 겉뜨기 1코, 겉뜨기 4코] 7(8)회, 겉뜨기 1(6)코.

14단
바늘 1 : 겉뜨기 1코, [실을 뒤쪽에 두고 걸러뜨기 1코, 겉뜨기 4코] 7(8)회, 겉뜨기 1코.
바늘 2 : 겉뜨기 1코, [실을 뒤쪽에 두고 걸러뜨기 1코, 겉뜨기 4코] 7(8)회, 겉뜨기 1(6)코.
13·14단을 3회 더 반복한다.
1사이즈는 여기에서 끝내고 양말목으로 넘어간다.

2사이즈만
15단
바늘 1&2 : 겉뜨기 1코, [B실로 겉뜨기 1코, 겉뜨기 4코] 8회, 겉뜨기 1코.

16단
바늘 1&2 : 겉뜨기 1코, [실을 뒤쪽에 두고 걸러뜨기 1코, 겉뜨기 4코] 8회, 겉뜨기 1코.
양말목으로 넘어간다.

양쪽 양말목(원통뜨기)
1단
바늘 1&2 : 겉뜨기 1코, [겉뜨기 4코, B실로 겉뜨기 1코] 7(8)회, 겉뜨기 1코.

2단
바늘 1&2 : 겉뜨기 1코, [겉뜨기 4코, 실을 뒤쪽에 두고 걸러뜨기 1코] 7(8)회, 겉뜨기 1코.
1·2사이즈 모두 양말목 길이가 14(15)cm가 되거나 원하는 길이보다 2cm 짧을 때까지 1·2단을 계속 뜬다.
나중에 정리할 A실의 끝을 남겨두고 자른다.

양쪽 양말단(원통뜨기)
이번에는 잘라놓은 실이 아닌 실타래에서 B실을 다시 연결한다.
준비단

바늘 1&2 : 끝까지 겉뜨기.
작은 바늘(2.0mm)로 바꾼다.

1사이즈만

1단

바늘 1 : *겉뜨기 1코, 안뜨기 1코* 마지막 코 전까지 *-* 반복, 겉뜨기 1코.
바늘 2 : *안뜨기 1코, 겉뜨기 1코* 마지막 코 전까지 *-* 반복, 안뜨기 1코.

2사이즈만

1단

바늘 1&2 : [겉뜨기 1코, 안뜨기 1코] 끝까지 반복.

1·2사이즈
1단을 16회 더 반복한다.
원통 코막음(튜블러 코잡기Tubular Method)이나 선호하는 신축성 있는 코막음을 사용해 코마무리를 한다.

마무리하기

인타르시아 줄무늬의 첫 실을 제외한 모든 실을 정리한다. 각 줄무늬 끝에서 체인스티치 3개를 작업한다.

⑴ 돗바늘에 실을 꿴다. 바늘을 뒤에서 앞으로 1번째 인타르시아 코의 중심에서 빼낸다. 이때 코가 풀리지 않도록 원 구멍으로 빼내지 않게 주의한다. 오른발은 체인스티치를 줄무늬의 오른쪽으로, 왼발은 왼쪽으로 진행한다.

⑵ 양말 위에 작은 실 고리를 남기며 바늘을 다시 코의 중심에 밀어 넣는다. 진행 방향이 왼쪽이든 오른쪽이든 1번째 인타르시아 코의 바로 옆 코의 중심을 통해 바늘을 뒤에서 앞으로 가져온다. 인타르시아 코가 2코에 해당하므로 맨 밑의 코를 가리킨다.
실의 고리를 통과하며 아주 세지 않게 적당한 힘으로 고리를 잡아당긴다.

⑶ 체인스티치가 3개가 될 때까지 반복한다. 마지막 체인스티치를 고정하기 위해 바늘을 3번째 고리에 완전히 통과시킨다. 바늘을 체인스티치 고리 위로 다시 그 코의 중심에 넣는다. 이렇게 하면 마지막 체인스티치의 끝이 걸려서 당겨도 풀리지 않는다. 양말을 말아서 내리면 발가락에 가까운 안쪽에 닿는 데 도움이 된다.
남아 있는 실 끝을 안면에서 보이지 않게 정리하고 흠뻑 적셔 블로킹한 다음 치수를 잰다.

28 레이지데이지 양말 LAZY DAISY

사이즈

1(2)

완성 치수

둘레 ⋯ 15.5(17)cm

길이(뒤꿈치~양말단) ⋯ 22(23.5)cm

재료

실 A ⋯ 어 버브 포 키핑 웜A Verb for Keeping Warm의 개더Gather(캘리포니아산 랑부예 75%. 애리조나산 알파카 25%. 183m/50g) 알록달록한 노란색Sundappled 2볼

실 B ⋯ 어 버브 포 키핑 웜의 개더(캘리포니아산 랑부예 75%. 애리조나산 알파카 25%. 183m/50g) 석영색Quartz 1볼

바늘 ⋯ 3.25mm(미국 3) 줄바늘

바늘(코막음용) ⋯ 형태 상관없이 2.25mm(미국 1) 바늘

도구 ⋯ 제거 가능한 마커 3개. 돗바늘

게이지

메리야스뜨기 28코×34단/3.25mm(미국 3) 바늘

POINT

매직 루프로 뜨는 동안 양말 아랫면의 코가 걸려 있는 바늘은 바늘 1. 발 윗면의 코가 걸려 있는 바늘은 바늘 2라 부릅니다.

기초코 만들기

B실로 주디의 매직 코잡기를 이용해 2개 바늘에 12(16)코씩 잡는다. 첫 코에 제거 가능한 마커로 고정해 단의 시작을 표시한다.

발가락(원통뜨기)

1단 : 겉뜨기.
2단(코 늘리기) : *겉뜨기 1코, 돌려뜨며 왼코 늘리기, 마지막 1코 전까지 겉뜨기, 돌려뜨며 오른코 늘리기, 겉뜨기 1코*, 끝까지 *-* 반복.
총 44(48)코가 될 때까지 1·2단을 반복한다.
겉뜨기 1단.
실을 자른다.

발(원통뜨기)

A실로 바꿔서 원하는 발길이보다 4.5cm 짧을 때까지 원통으로 겉뜨기한다. 양말의 어느 면을 뒤꿈치로 할지 결정한다. 바늘의 시작 코와 마지막 코에 마커를 건다. 중앙을 표시한다.

양말목(원통뜨기)

뒤꿈치 배치에서 원통뜨기를 계속해 양말 길이가 마커로부터 12.5cm가 될 때까지 뜬다.

양말단(원통뜨기)

1단 : [겉뜨기 2코, 안뜨기 2코] 끝까지 반복.
양말단 길이가 5(6.5)cm 될 때까지 1단을 반복한다.
2.25mm(미국 1) 바늘과 신축성이 뛰어난 제니의 코막음을 사용해 마무리한다. 작은 바늘을 사용하면 아주 느슨하지 않으면서도 가지런하게 코막음할 수 있다.

뒤꿈치(원통뜨기)

양말을 평평하게 편다. 3.25mm(미국 3) 바늘로 뒤꿈치단으로 표시해놓은 단의 윗단에서 단을 따라 각 코의 오른쪽 다리를 줍는다. 22(24)코. 반대쪽 바늘로 뒤꿈치단으로 표시해놓은 단의 아랫단에서 단을 따라 각 코의 오른쪽 다리를 줍는다. 22(24)코.
측면의 마커를 제거한다. 가운데 마커를 사용해 두 바늘 사이의 중앙 코를 끌어 올려 조심스럽게 자른다. 자른 코의 양옆 코들을 푼다.
단, 끝까지 풀지 말고 맨 끝 1코는 남겨둔다.
B실을 연결하고 겉뜨기를 1단 한다.

1단

바늘 1 : 겉뜨기 1코, 오른코 겹쳐 2코 모아뜨기, 마지막 3코 전까지 겉뜨기, 왼코 겹쳐 2코 모아뜨기, 겉뜨기 1코.
바늘 2 : 겉뜨기 1코, 오른코 겹쳐 2코 모아뜨기, 마지막 3코 전까지 겉뜨기, 왼코 겹쳐 2코 모아뜨기, 겉뜨기 1코.

2단 : 겉뜨기.

12(16)코가 남을 때까지 1·2단을 반복한다. 각 바늘에 6(8)코가 있다.

마무리하기

실 끝을 30.5cm 남기고, 실을 자른다. 메리야스 잇기로 코를 연결한다. 남은 실을 보이지 않게 정리하고 흠뻑 적셔 블로킹한 다음 치수를 잰다.

29
터닝 포인트 양말 TURNING POINT

사이즈

1(2)

완성 치수

종아리 둘레 ··· 33cm
발둘레 ··· 23(24.5)cm

재료

실 ··· 샤헨마이어 레기아Schachenmayr Regia의 프리미엄 메리노 야크Premium Merino Yak(울 58%. 폴리아미드 28%. 야크 14%. 400m/100g) 탁한 민트색Mint Meliert (07513) 2볼
바늘 ··· 2.5mm(미국 1.5) 장갑바늘
도구 ··· 마커. 돗바늘

게이지

메리야스뜨기 27코×38단

손뜨개 약어

왼코 위 3코와 1코 교차뜨기(아래쪽 안뜨기)3/1 RPC : 꽈배기바늘에 1코 옮기고 뜨개바탕 뒤에 두기. 겉뜨기 3코. 꽈배기바늘의 1코 안뜨기.
왼코 위 3코와 2코 교차뜨기(아래쪽 안뜨기)3/2 RPC : 꽈배기바늘에 2코 옮기고 뜨개바탕 뒤에 두기. 겉뜨기 3코. 꽈배기바늘의 2코 안뜨기.

오른코 위 3코 교차뜨기3/3 LC : 꽈배기바늘에 3코 옮기고 뜨개바탕 앞에 두기. 겉뜨기 3코. 꽈배기바늘의 3코 겉뜨기.
오른코 위 3코와 1코 교차뜨기3/1 LC : 꽈배기바늘에 3코 옮기고 뜨개바탕 앞에 두기. 겉뜨기 1코. 꽈배기바늘의 3코 겉뜨기.
오른코 위 3코와 2코 교차뜨기3/2 LC : 꽈배기바늘에 3코 옮기고 뜨개바탕 앞에 두기. 겉뜨기 2코. 꽈배기바늘의 3코 겉뜨기.
오른코 위 3코와 2코 교차뜨기(아래쪽 안뜨기)3/2 LPC : 꽈배기바늘에 3코 옮기고 뜨개바탕 앞에 두기. 안뜨기 2코. 꽈배기바늘의 3코 겉뜨기.
오른코 위 3코와 1코 교차뜨기(아래쪽 안뜨기)3/1 LPC : 꽈배기바늘에 3코 옮기고 앞에 둔 채 안뜨기 1코. 꽈배기바늘의 3코 겉뜨기.
왼코 위 3코 교차뜨기3/3 RC : 꽈배기바늘에 3코 옮기고 뜨개바탕 뒤에 두기. 겉뜨기 3코. 꽈배기바늘의 3코 겉뜨기.
왼코 위 3코와 1코 교차뜨기3/1 RC : 꽈배기바늘에 1코 옮기고 뜨개바탕 뒤에 두기. 겉뜨기 3코. 꽈배기바늘의 1코 겉뜨기.
왼코 위 3코와 2코 교차뜨기3/2 RC : 꽈배기바늘에 2코 옮기고 뜨개바탕 뒤에 두기. 겉뜨기 3코. 꽈배기바늘의 2코 겉뜨기.

왼쪽 양말

양말단(원통뜨기)

기초코를 88(88)코 잡는다. 코를 장갑바늘 4개에 22코씩 나눈다.

코가 꼬이지 않도록 조심하며 원통으로 연결한다.

양말단 : [꼬아뜨기, 안뜨기 1코] 끝까지 반복.

양말단을 총 22단(5cm) 뜬다.

준비단 : [안뜨기 1코, 겉뜨기 3코, 안뜨기 3코, 겉뜨기 6코, 안뜨기 3코, 겉뜨기 3코, 안뜨기 3코] 4회.

준비단을 뜨고 도안을 시작한다. 단, 바늘 1개의 도안이므로 도안을 4회 반복해야 한다.

'왼쪽 도안 A'의 1~40단을 뜨고 1~16단을 한 번 뜬 다음 41·42단을 뜬다. '왼쪽 도안 A'를 마친 다음 '왼쪽 도안 B'로 넘어간다.

바늘 4개 모두 같은 방식으로 진행한다.

힐 플랩(왕복뜨기)

바늘 1 : 안뜨기 1코, 겉뜨기 3코, 안뜨기 2코, 겉뜨기 5코, 나머지 코는 바늘 2에 옮기기.

바늘 2&3은 발등 코. 바늘 1&4는 발바닥 코다. 반드시 번호를 매겨야 하는 것은 아니며 저마다 특정 바늘을 가리키는 방식을 골라서 뜨개질하면 된다.

1사이즈만

뜨개바탕을 돌려서 안면이 앞을 향하게 한다.

걸러뜨기 1코, 안뜨기 4코, 왼코 겹쳐 2코 모아뜨기, 안뜨기 3코, 왼코 겹쳐 2코 모아뜨기, 안뜨기 3코, 왼코 겹쳐 2코 모아뜨기, 안뜨기 5코, 왼코 겹쳐 2코 모아뜨기, 안뜨기 3코, 왼코 겹쳐 2코 모아뜨기, 안뜨기 3코, 왼코 겹쳐 2코 모아뜨기, 안뜨기 5코. 힐 플랩에 33코.

나머지 29코는 다른 바늘 2개에 옮기고 뜨지 않는다.

2사이즈만

뜨개바탕을 돌려서 안면이 앞을 향하게 한다.

걸러뜨기 1코, 안뜨기 4코, 겉뜨기 2코, 안뜨기 3코, 왼코 겹쳐 2코 모아뜨기, 안뜨기 3코, 왼코 겹쳐 2코 모아뜨기, 안뜨기 5코, 왼코 겹쳐 2코 모아뜨기, 안뜨기 3코, 왼코 겹쳐 2코 모아뜨기, 안뜨기 3코, 겉뜨기 2코, 안뜨기 5코. 힐 플랩에 35코.

나머지 29코는 다른 바늘 2개에 옮기고 뜨지 않는다.

1단 : 뜨개바탕 돌리기. 실을 뒤쪽에 두고 걸러뜨기 1코, *겉뜨기 1코. 실을 뒤쪽에 두고 걸러뜨기 1코* 마지막 2코 전까지 *~* 반복, 겉뜨기 1코, 안뜨기 1코.

2단 : 뜨개바탕 돌리기. 실을 뒤쪽에 두고 걸러뜨기 1코, 나머지 코 안뜨기.

1·2단을 총 12(13)회 반복한다.

힐 턴(왕복뜨기)

코를 셋으로 나눈다. 필요하다면 마커를 걸고, 지금부터 이 상태로 뜬다. 11-11-11(12-11-12)코.

1단 : 실을 뒤쪽에 두고 걸러뜨기 1코, 겉뜨기 10(11)코, 중앙 부분의 8코 겉뜨기, 오른코 겹쳐 2코 모아뜨기, 겉뜨기, 뜨개바탕 돌리기.

2단 : 실을 앞쪽에 두고 걸러뜨기 1코, 안뜨기 6코, 왼코 겹쳐 2코 모아 안뜨기, 안뜨기 1코, 뜨개바탕 돌리기.

중앙 코의 양옆에 쉽게 유도하는 틈이 생긴다.

3단 : 실을 뒤쪽에 두고 걸러뜨기 1코, 틈 1코 전까지 겉뜨기, 오른코 겹쳐 2코 모아뜨기(틈 앞뒤로 한 코씩), 겉뜨기 1코, 뜨개바탕 돌리기.

4단 : 실을 앞쪽에 두고 걸러뜨기 1코, 틈 1코 전까지 안뜨기, 왼코 겹쳐 2코 모아 안뜨기(틈 앞뒤로 한 코씩), 안뜨기 1코, 뜨개바탕 돌리기.

모든 코를 뜰 때까지 3·4단을 반복한다.

총 19(21)코.

※1사이즈의 마지막 반복 구간은 오른코 겹쳐 2코 모아뜨기와 왼코 겹쳐 2코 모아 안뜨기로 끝납니다.

거싯(원통뜨기)

※'왼쪽 도안 C'의 1~42단을 뜨고 3~18단을 한 번 더 뜬 다음 43·44단을 뜹니다.

원통뜨기를 시작한다. 바늘 1&4의 코(발바닥 코)는 모두 겉뜨기하고 바늘 2&3의 코는 '왼쪽 도안 C'를 따라 진행한다.

1단 : 겉뜨기 10(11)코, 단의 시작에 마커 걸기. 새 바늘로 겉뜨기 9(10)코. 힐 플랩의 가장자리를 따라 15(17)코 줍기. 바늘 2&3은 무늬뜨기, 바늘 4로 힐 플랩의 가장자리를 따라 13(15)코 줍기. 같은 바늘로 힐 플랩 겉면의 남은 코 겉뜨기 10(11)코.

바늘 1에 24(27)코, 바늘 2에 15(15)코, 바늘 3에 14(14)코, 바늘 4에 23(26)코.

2단 : 코 줄이기 없이 진행한다.

바늘 1 : 겉뜨기.

바늘 2&3 : 무늬뜨기.

바늘 4 : 겉뜨기.

3단

바늘 1 : 마지막 2코 전까지 겉뜨기, 왼코 겹쳐 2코 모아뜨기.

바늘 2&3 : 무늬뜨기.

바늘 4 : 오른코 겹쳐 2코 모아뜨기, 끝까지 겉뜨기.

4단

바늘 1 : 겉뜨기.

바늘 2&3 : 무늬뜨기.

바늘 4 : 겉뜨기.

바늘 1에 16(18)코, 바늘 4에 17(19)코가 될 때까지 3·4단을 반복한다. 총 62(66)코.

발

'왼쪽 도안 C'를 다 뜨고 나면 겉뜨기를 1(3)단 한다.

그다음 모든 코를 '15-16-15-16(16-17-16-17)'코로 나눈다.

발가락(원통뜨기)

1단

바늘 1 : 마지막 3코 전까지 겉뜨기, 왼코 겹쳐 2코 모아뜨기, 겉뜨기 1코.

바늘 2 : 겉뜨기 1코, 오른코 겹쳐 2코 모아뜨기, 끝까지 겉뜨기.

바늘 3 : 마지막 3코 전까지 겉뜨기, 왼코 겹쳐 2코 모아뜨기, 겉뜨기 1코.

바늘 4 : 겉뜨기 1코, 오른코 겹쳐 2코 모아뜨기, 끝까지 겉뜨기.

2단 : 겉뜨기.

38(34)코가 남을 때까지 1·2단을 반복하고, 18코가 남을 때까지 단마다 코 줄이기를 한다. 바늘 1의 코를 겉뜨기하고 중단한다. 실 끝을 15~20cm 남기고, 실을 자른 다음 메리야스 잇기로 코를 연결한다.

오른쪽 양말

양말단(원통뜨기)

기초코를 88(88)코 잡는다. 코를 장갑바늘 4개에 22코씩 나눈다.

코가 꼬이지 않도록 소심하녀 원통으로 연결한다.

양말단 : [꼬아뜨기, 안뜨기 1코] 끝까지 반복.

양말단을 총 22단(5cm) 뜬다.

준비단 : [안뜨기 3코, 겉뜨기 3코, 안뜨기 3코, 겉뜨기 6코, 안뜨기 3코, 겉뜨기 3코, 안뜨기 1코] 4회.

준비단을 뜨고 도안을 시작한다. 단, 바늘 1개의 도안이므로 도안을 4회 반복해야 한다. '오른쪽 도안 A'의 1~40단을 뜨고 1~16단을 한 번 더 뜬 다음 41·42단을 뜬다. '오른쪽 도안 A'를 마치고 '오른쪽 도안 B'로 넘어간다.

바늘 4개 모두 같은 방식으로 진행한다.

힐 플랩(왕복뜨기)

바늘 1 : 안뜨기 1코, 겉뜨기 3코, 안뜨기 2코, 겉뜨기 5코, 나머지 코는 바늘 2에 옮기기.

바늘 2&3은 발등 코. 바늘 1&4는 발바닥 코다. 반드시 번호를 매겨야 하는 것은 아니며 저마다 특정 바늘을 가리키는 방식을 골라서 뜨개질하면 된다.

1사이즈만

뜨개바탕을 돌려서 안면이 앞을 향하게 한다.

걸러뜨기 1코, 안뜨기 4코, 왼코 겹쳐 2코 모아뜨기, 안뜨기 3코, 왼코 겹쳐 2코 모아뜨기, 안뜨기 3코, 왼코 겹쳐 2코 모아뜨기, 안뜨기 5코, 왼코 겹쳐 2코 모아뜨기, 안뜨기 3코, 왼코 겹쳐 2코 모아뜨기, 안뜨기 3코, 왼코 겹쳐 2코 모아뜨기, 안뜨기 5코. 힐 플랩에 33코.

나머지 29코는 다른 바늘 2개에 옮기고 뜨지 않는다.

2사이즈만

뜨개바탕을 돌려서 안면이 앞을 향하게 한다.

걸러뜨기 1코, 안뜨기 4코, 겉뜨기 2코, 안뜨기 3코, 왼코 겹쳐 2코 모아뜨기, 안뜨기 3코, 왼코 겹쳐 2코 모아뜨기, 안뜨기 5코, 왼코 겹쳐 2코 모아뜨기, 안뜨기 3코, 왼코 겹쳐 2코 모아뜨기, 안뜨기 3코, 겉뜨기 2코, 안뜨기 5코. 힐 플랩에 35코.

나머지 29코는 다른 바늘 2개에 옮기고 뜨지 않는다.

1단 : 뜨개바탕 돌리기, 실을 뒤쪽에 두고 걸러뜨기 1코, *겉뜨기 1코, 실을 뒤쪽에 두고 걸러뜨기 1코* 마지막 2코 전까지 *-* 반복, 겉뜨기 1코, 안뜨기 1코.

2단 : 뜨개바탕 돌리기, 실을 뒤쪽에 두고 걸러뜨기 1코, 나머지 코는 안뜨기.

1·2단을 총 12(13)회 반복한다.

힐 턴(왕복뜨기)

코를 셋으로 나눈다. 필요하다면 마커를 걸고, 지금부터 이 상태로 뜬다. 11-11-11(12-11-12)코.

1단 : 실을 뒤쪽에 두고 걸러뜨기 1코, 겉뜨기 10(11)코, 중앙 코의 8코 겉뜨기, 오른코 겹쳐 2코 모아뜨기, 겉뜨기 1코, 뜨개바탕 돌리기.

2단 : 실을 앞쪽에 두고 걸러뜨기 1코, 안뜨기 6코, 왼코 겹쳐 2코 모아 안뜨기, 안뜨기 1코, 뜨개바탕 돌리기.

중앙 코의 양옆에 쉽게 유도하는 틈이 생긴다.

3단 : 실을 뒤쪽에 두고 걸러뜨기 1코, 틈 1코 전까지 겉뜨기, 오른코 겹쳐 2코 모아뜨기(틈 앞뒤로 한 코씩), 겉뜨기 1코, 뜨개바탕 돌리기.

4단 : 실을 앞쪽에 두고 걸러뜨기 1코, 틈 1코 전까지 안뜨기, 왼코 겹쳐 2코 모아 안뜨기(틈 앞뒤로 한 코씩), 안뜨기 1코, 뜨개바탕 돌리기.

모든 코를 뜰 때까지 3·4단을 반복한다.

총 19(21)코.

※1사이즈의 마지막 반복 구간은 오른코 겹쳐 2코 모아뜨기와 왼코 겹쳐 2코 모아 안뜨기로 끝납니다.

거싯

왼쪽 양말과 동일하게 진행하되 '오른쪽 도안 C'를 따른다.

발

'오른쪽 도안 C'를 다 뜨고 나면 겉뜨기를 1(3)단 한다.

그다음 코를 '15-16-15-16(16-17-16-17)코'로 나눈다.

발가락

왼쪽 양말과 동일하다.

마무리하기

남은 실을 보이지 않게 정리하고 흠뻑 적셔 블로킹한 다음 치수를 잰다.

왼쪽 도안 A   오른쪽 도안 A

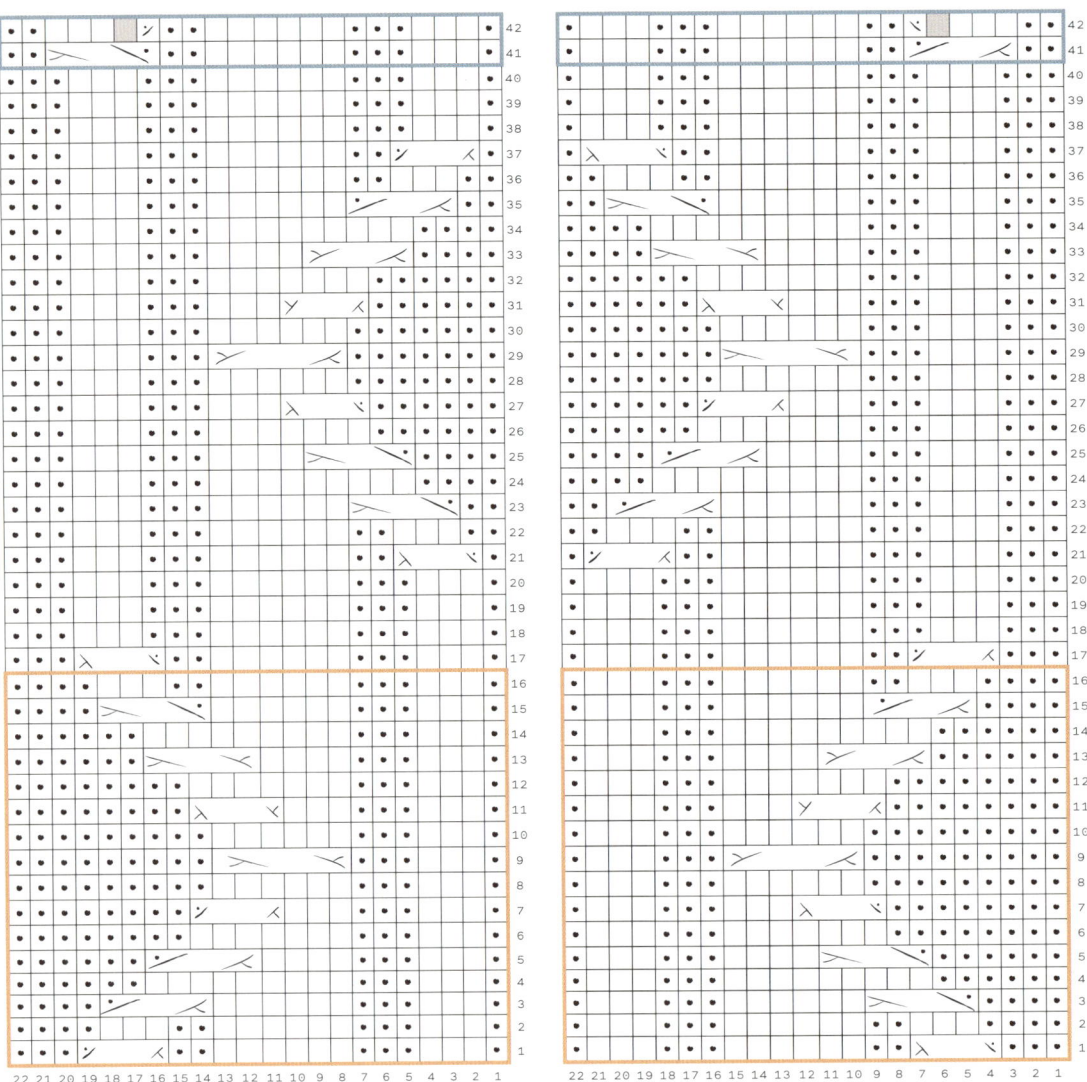

※도안에 쓰인 뜨개 기호는 153쪽에서 확인하세요.

왼쪽 도안 B

오른쪽 도안 B

왼쪽 도안 C

오른쪽 도안 C

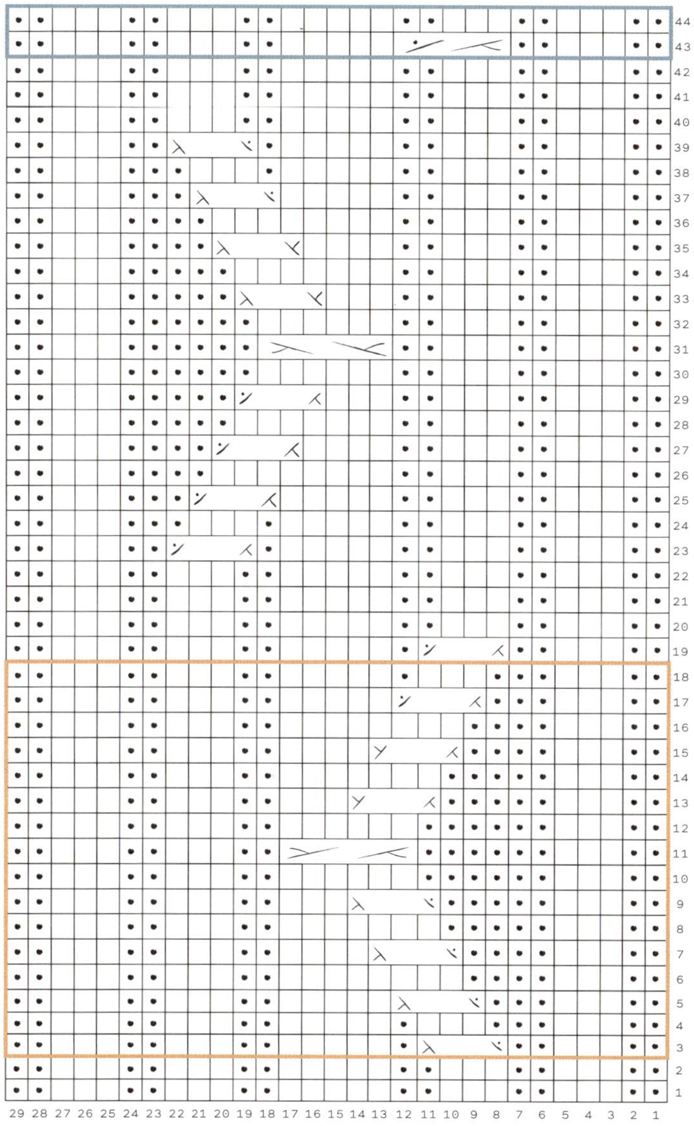

겉뜨기

안뜨기

왼코 위 3코와 1코 교차뜨기(아래쪽 안뜨기)

왼코 위 3코와 2코 교차뜨기(아래쪽 안뜨기)

오른코 위 3코 교차뜨기

오른코 위 3코와 1코 교차뜨기

오른코 위 3코와 2코 교차뜨기

오른코 위 3코와 2코 교차뜨기(아래쪽 안뜨기)

오른코 위 3코와 1코 교차뜨기(아래쪽 안뜨기)

왼코 위 3코 교차뜨기

왼코 위 3코와 1코 교차뜨기

왼코 위 3코와 2코 교차뜨기

왼코 겹쳐 2코 모아 안뜨기

코 아님

왼코 겹쳐 2코 모아뜨기

반복

최종 반복

30 홀링본 양말 HOLLINGBOURNE

사이즈

1(2)

완성 치수

발둘레 … 20(21)cm

발길이 … 22(22.5)cm

재료

실(바탕색) … 라 비앙 에메La Bien Aimée의 라 비앙 에메×몬딤La Bien Aimée×Mondim(포르투갈산 울 100%, 385m/100g) 헤겔리아색Hegelia 1볼

실(배색) … 라 비앙 에메의 라 비앙 에메×몬딤(포르투갈산 울 100%, 385m/100g) 겨울색Winter 1볼

바늘 … 2.25mm(미국 1) 줄바늘, 2.5mm (미국 1.5) 줄바늘

도구 … 마커, 돗바늘

게이지

1사이즈 … 배색뜨기 36코×38단/2.25mm(미국 1) 바늘

2사이즈 … 배색뜨기 34코×36단/2.5mm(미국 1.5) 바늘

POINT

크기 차이를 위해 게이지와 바늘 크기를 사용해 사이즈별로 지침을 작성했습니다.

스트랜디드 니팅은 실 잡는 법을 일관적으로 유지해야 합니다. 뜨개바탕 뒤에서 배색실은 항상 바탕실 밑으로 교차해야 하니 주의하세요.

양말단(원통뜨기)

바탕실과 양말 사이즈에 맞는 바늘로 64코를 잡는다. 단의 시작에 마커를 건다. 코가 꼬이지 않도록 조심하며 원통으로 연결한다.

준비단 : [겉뜨기 1코, 안뜨기 1코] 끝까지 반복. 1코 고무뜨기 총 15단.

양말목(원통뜨기)

바탕실로 [겉뜨기 8코, 돌려뜨며 왼코 늘리기] 끝까지 반복. (+8코). 총 72코.

배색뜨기 도안을 따라 표시한 곳에서 배색실을 연결해 뜬다. 도안은 양말 둘레에 2회 반복된다. 1~24단을 총 2회 뜬다.

※도안 14단은 다음과 같이 첫 코를 뜨며 시작합니다. 첫 코의 밑에 (하얀색/배색) 실을 왼바늘에 걸기. 이 주운 코를 다음 코(바탕실)와 한꺼번에 겉뜨기합니다. 이렇게 하면 배색뜨기가 삐죽 튀어나오는 것을 방지해 다이아몬드 모양이 뒤틀리는 것을 막을 수 있습니다.

배색실을 자르고 마커를 제거한다.

뒤꿈치(왕복뜨기)

바늘 1에서 바탕실로 왕복하며 경사뜨기한다. 바늘 1에는 현재 36코가 걸려 있다.

1단(겉면) : [겉뜨기 6코, 왼코 겹쳐 2코 모아뜨기] 4회. (-4코).

오른바늘에는 28코, 왼바늘에는 4코가 있다. 뒤꿈치 4코가 남는다.

3코를 겉뜨기하고 1코는 뜨지 않은 상태로 뜨개바탕을 돌린다.

2단(안면) : 걸러뜨기 1코, 안뜨기 29코(다시 끝에 1코는 뜨지 않은 상태). 뜨개바탕 돌리기.

3단 : 걸러뜨기 1코, 겉뜨기 28코(끝에 뜨지 않은 코 2코). 뜨개바탕 돌리기.

4단 : 걸러뜨기 1코, 안뜨기 27코(틈 전 코에서 돌리며). 뜨개바탕 돌리기.

5단 : 걸러뜨기 1코, 겉뜨기 26코(틈 전 코에서 돌리며). 뜨개바탕 돌리기.

6단 : 걸러뜨기 1코, 틈 1코 전까지 안뜨기. 뜨개바탕 돌리기.

7단 : 걸러뜨기 1코, 틈 1코 전까지 겉뜨기. 뜨개바탕 돌리기.

6·7단을 6회 더 뜬다.

20단 : 걸러뜨기 1코, 안뜨기 11코, 뜨개바탕 돌리기.

뜨지 않은 코가 안뜨기 12코의 왼쪽에 10코, 오른쪽에 10코 있다.

뒤꿈치는 뜨개바탕 돌리기로 생긴 틈을 없애며 왕복뜨기한다.

21단(겉면) : 걸러뜨기 1코, 겉뜨기 10코, 오른코 겹쳐 2코 모아뜨기(틈 전후 1코씩 2코를 함께 겉뜨기). 오른코 겹쳐 2코 모아뜨기 아래에서 실을 끌어 올려 돌려뜨며 왼코 늘리기. 그 코를 꼬지 않는다. 뜨개바탕을 돌린다.

22단(안면) : 걸러뜨기 1코, 안뜨기 11코, 왼코 겹쳐 2코 모아 안뜨기(다시 틈 전후 1코씩 2코를 함께 안뜨기). 왼코 겹쳐 2코 모아 안뜨기 아래에서 실을 끌어 올려 돌려뜨며 왼코 늘리기(안뜨기). 그 코를 꼬지 않는다. 뜨개바탕을 돌린다.

23단 : 걸러뜨기 1코, 겉뜨기 12코, 오른코 겹쳐 2코 모아뜨기, 돌려뜨며 왼코 늘리기, 뜨개바탕 돌리기.

24단 : 걸러뜨기 1코, 안뜨기 13코, 왼코 겹쳐 2코 모아 안뜨기, 돌려뜨며 왼코 늘리기(안뜨기), 뜨개바탕 돌리기.

계속해서 무늬뜨기 14단을 한다.

39단(겉면) : 걸러뜨기 1코, 겉뜨기 28코, 오른코 겹쳐 2코 모아뜨기, 돌려뜨며 왼코 늘리기, 뜨개바탕 돌리기.

40단(안면) : 걸러뜨기 1코, 안뜨기 29코, 왼코 겹쳐 2코 모아 안뜨기, 돌려뜨며 왼코 늘리기(안뜨기), 뜨개바탕 돌리기.

41단 : [겉뜨기 8코, 돌려뜨며 왼코 늘리기] 4회. (+4코).

바늘 1에 36코가 걸려 있다.

발(원통뜨기)

바늘 2의 시작점에 시작 마커를 걸고, 배색실을 다시 연결해 원통으로 뜨며 바늘 1&2로 계속 설정한 대로 진행한다.

1~24단을 총 2회 뜬다.

배색실을 자른다.

발가락(원통뜨기)

바탕실로 겉뜨기를 1단 한다.

[겉뜨기 7코, 왼코 겹쳐 2코 모아뜨기] 끝까지 반복. (-8코). 총 64코.

원하는 양말 길이보다 4cm 짧은지 확인한다. 엄지발가락 아래쯤 온다. 길이가 짧다면 이 지점에 올 때까지 바탕실로 겉뜨기를 몇 단 더 한다. 이 시점에서 양말이 아주 길거나 짧다면 도안을 몇 단 생략하거나 추가한다.

바늘 1&2에 코가 똑같이 놓인 상태에서 발의 아랫면 가운데로 시작 마커를 옮긴다. 바늘 2는 발의 윗면 코가, 바늘 1은 아랫면 코가 걸려 있다.

준비단

바탕실로 단의 시작 마커 전까지 겉뜨기.

1단(코 줄이기 단)

바늘 1 : 3코 남을 때까지 겉뜨기, 왼코 겹쳐 2코 모아뜨기, 겉뜨기 1코.

바늘 2 : 겉뜨기 1코, 오른코 겹쳐 2코 모아뜨기, 3코 남을 때까지 겉뜨기, 왼코 겹쳐 2코 모아뜨기, 겉뜨기 1코.

바늘 1 : 겉뜨기 1코, 단의 시작 전까지 겉뜨기. (-4코).

2단 : 겉뜨기.

각 바늘에 20코씩 남을 때까지 1·2단을 반복한다. 총 40코.

각 바늘에 10코씩 남을 때까지 1단만 반복한다(단마다 코 줄이기). 총 20코.

시작 마커를 제거한다. 양말의 옆면까지 겉뜨기 5코를 한다.

메리야스 잇기로 남은 코를 연결한다.

마무리하기

모든 실을 보이지 않게 정리하고 흠뻑 적셔 블로킹한 다음 치수를 잰다.

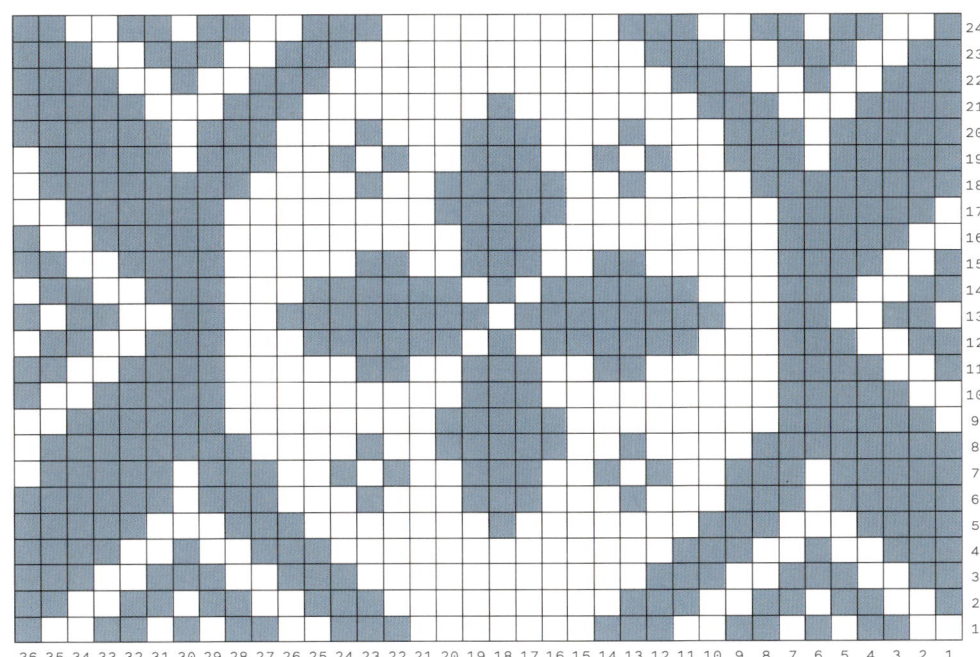

바탕색

배색

31 강바닥 양말 RIVERBED

사이즈

1(2)

완성 치수

발둘레 … 17.5(21)cm

길이 … 조절 가능

※짧은 양말로 디자인한 작품 31은 양말목 패턴을 여러 번
반복하려면 실이 더 필요합니다.

재료

실 … 워크 컬렉션Walk Collection의 실키 BFL 병태사Silky BFL
DK(울 55%, 실크 45%, 212m/100g) 아폴로색Apollo 1(2)볼

바늘 … 3mm(미국 2.5) 장갑바늘(5개 1세트) 또는 매직 루프용
80cm 줄바늘

도구 … 마커, 돗바늘

게이지

안메리야스뜨기 25코×34단

오른쪽 양말

양말단(원통뜨기)

기초코를 48(56)코 잡고 매직 루프로 뜨기 위해 바늘 2개에 똑같이 나눈다. 마커를 걸고 꼬이지 않도록 조심하며 원통으로 연결한다.

1단 : [겉뜨기 1코. 안뜨기 1코] 끝까지 반복.
1코 고무뜨기 12단을 더 뜬다.

양말목(원통뜨기)

준비단 : 안뜨기 6(8)코. 마커 걸기. '고무뜨기 레이스 오른쪽 도안' 1단 뜨기. 끝까지 안뜨기.

1단 : 마커 전까지 안뜨기. 마커 옮기기. 고무뜨기 레이스 오른쪽 도안 다음 단 뜨기. 마커 전까지 안뜨기. 마커 옮기기. '고무뜨기 레이스 오른쪽 도안' 다음 단 뜨기. 끝까지 안뜨기.

'고무뜨기 레이스 오른쪽 도안'을 4회 반복할 때까지 무늬뜨기를 계속한다.

힐 플랩(왕복뜨기)

원통뜨기 1단 : [걸러뜨기 1코. 겉뜨기 1코] 12(14)회. 24(28)코. 뜨개바탕 돌리기. 이 24(28)코에서만 떠서 힐 플랩을 만든다. 단, 바늘의 나머지 코는 뜨지 않는다.

2단 : 걸러뜨기 1코. 안뜨기 23(27)코. 뜨개바탕 돌리기.

3단 : [걸러뜨기 1코. 겉뜨기 1코] 끝까지 반복. 2·3단을 11(13)회 더 반복한다.

힐 턴

1단(안면) : 걸러뜨기 1코. 마지막 11코 전까지 안

뜨기. 왼코 겹쳐 2코 모아 안뜨기. 안뜨기 1코. 뜨개바탕 돌리기.

2단(겉면) : 걸러뜨기 1코. 마지막 11코 전까지 겉 뜨기. 오른코 겹쳐 2코 모아뜨기. 겉뜨기 1코. 뜨 개바탕 돌리기.

3단 : 걸러뜨기 1코. 이전 단에서 뜨개바탕을 돌 린 지점 1코 전까지 안뜨기(뜨개바탕 돌리기로 약간 의 틈이 생김). 왼코 겹쳐 2코 모아 안뜨기(틈의 양옆 1코씩). 안뜨기 1코. 뜨개바탕 [걸러뜨기 1코. 겉 뜨기 1코] 12(14)회.

4단 : 걸러뜨기 1코. 마지막 뜨개바탕을 돌린 지 점 1코 전까지 겉뜨기. 오른코 겹쳐 2코 모아뜨 기(틈의 양옆 1코씩). 겉뜨기 1코. 뜨개바탕 [걸러 뜨기 1코. 겉뜨기 1코] 12(14)회.

모든 코를 다 뜰 때까지 3·4단을 반복한다. 뒤꿈 치의 토대에 14(18)코가 있어야 한다.

거싯(원통뜨기)

1단 : 발등 코 전까지 힐 플랩의 가장자리를 따라 12(14)코 줍기. 마커 걸기. 발등 코는 무늬뜨기. 마커 걸기. 뒤꿈치 코 전까지 힐 플랩의 반대쪽 가장자리를 따라 12(14)코 줍기. 바늘에 62(74) 코가 있어야 한다.

여기가 새로운 단의 시작이다.

2단 : 마커 3코 전까지 안뜨기. 왼코 겹쳐 2코 모 아 안뜨기. 안뜨기 1코. 마커 옮기기. 발등 코 무 늬뜨기. 마커 옮기기. 안뜨기 1코. 왼코 겹쳐 2코 모아 안뜨기. 끝까지 안뜨기.

3단 : 마커 전까지 안뜨기. 마커 옮기기. 발등 코 무늬뜨기. 마커 옮기기. 끝까지 안뜨기.

2·3단을 6(8)회 더 반복한다. 양말 윗면에

24(28)코. 아랫면에 24(28)코. 총 48(56)코가 남 는다.

원하는 발길이보다 3.5(4.5)cm 짧을 때까지 무 늬뜨기를 계속한다. 1번째 마커 전까지 안뜨기 를 한다. 여기가 새로운 단의 시작이다.

발가락(원통뜨기)

1단 : 안뜨기 1코. 왼코 겹쳐 2코 모아 안뜨기. 마 커 3코 전까지 안뜨기. 왼코 겹쳐 2코 모아 안뜨 기. 안뜨기 1코. 마커 옮기기. 안뜨기 1코. 왼코 겹쳐 2코 모아 안뜨기. 마지막 3코 전까지 안뜨 기. 왼코 겹쳐 2코 모아 안뜨기. 안뜨기 1코.

2단 : 끝까지 안뜨기.

각 바늘에 12코가 될 때까지 1·2단을 반복한다. 양말 속을 밖으로 뒤집는다. 돗바늘을 사용해 양말 윗면의 12코와 아랫면의 12코를 메리야 스 잇기로 연결한다. 양말 겉면에서 안메리야스 뜨기로 보인다.

왼쪽 양말에서 바뀌는 점

동일한 지침으로 왼쪽 양말을 뜨지만 다음에 언 급하는 몇 가지 부분이 달라진다.

양말단 1단 : [안뜨기 1코. 겉뜨기 1코] 끝까지 반 복.
이 단을 12회 더 반복한다.

양말목&나머지 부분 : '고무뜨기 레이스 왼쪽 도 안'을 따른다.

마무리하기

남은 실을 보이지 않게 정리하고 흠뻑 적셔 블로 킹한 다음 치수를 잰다.

고무뜨기 레이스 왼쪽 도안

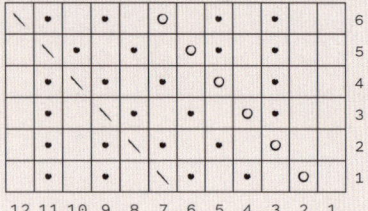

고무뜨기 레이스 오른쪽 도안

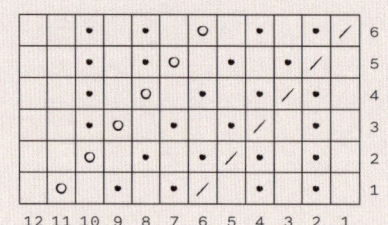

□		겉뜨기
•		안뜨기
○		바늘비우기
／		왼코 겹쳐 2코 모아뜨기
＼		오른코 겹쳐 2코 모아뜨기

32 카라핀스 슬리퍼 CARAPINS

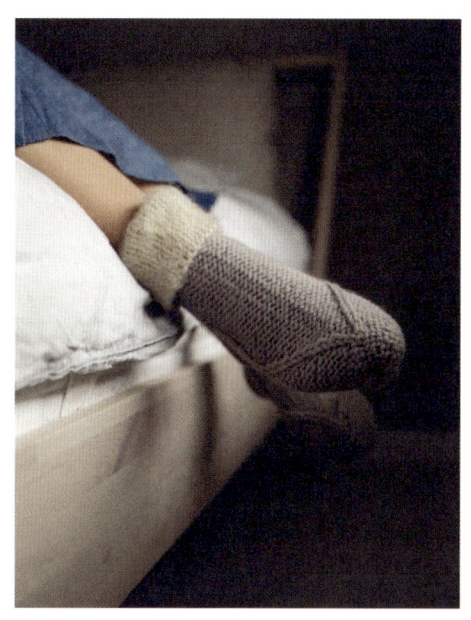

사이즈

1(2)

완성 치수

길이(양말단~뒤꿈치) ··· 26cm

발길이 ··· 26(30.5)cm

※치수는 가볍게 펠팅한 다음 측정하세요.

재료

실 A ··· 호자 포마르Rosa Pomar의 코베르투르Cobertor
(포르투갈산 울 100%. 120m/100g) 801 1볼

실 B ··· 호자 포마르의 코베르투르(포르투갈산 울 100%.
120m/100g) 803 1(2)볼

바늘 ··· 6mm(미국 10) 장갑바늘 또는 줄바늘

도구 ··· 마커 돗바늘. 플리크 카더 또는 강아지 슬리커
브러시|Slicker Brush

게이지

메리야스뜨기 13코×17단/가볍게 펠팅한 상태에서
6mm(미국 10) 바늘

손뜨개 약어

오른코 교차뜨기(아래쪽에 안뜨기)LT : 꽈배기바늘에 1코 옮
기고 뜨개바탕 앞쪽에 두기. 안뜨기 1코, 꽈배기바늘의
1코 겉뜨기.

왼코 교차뜨기(아래쪽에 안뜨기)RT : 꽈배기바늘에 1코 옮기
고 뜨개바탕 뒤쪽에 두기. 겉뜨기 1코, 꽈배기바늘의 1
코 안뜨기.

POINT

이 슬리퍼는 전통 포르투갈식 뒤꿈치와 나선형 발가락을 사용해 양말단부터 뜹니다. 안뜨기로 계속 뜨므로 안뜨기를 겉뜨기보다 더 쉽고 빠르게 만드는 포르투갈식 뜨개질에 도전해보거나 연습할 완벽한 기회입니다.

이 양말은 겉뜨기 면(속)에 보풀이 잘 일어날 수 있도록 가벼운 펠팅Felting(따뜻한 물 또는 60도 정도 되는 물에 30분 정도 담가 뜨개바탕을 줄이는 과정)과 티즐링Teaseling(니팅한 뜨개바탕의 기모를 일으키고 원사의 방향을 맞추는 공정으로 산토끼꽃Teasel을 물에 적셔서 원단을 쓸어준다)으로 마무리합니다.

양말목(원통뜨기)

실 A로 32코를 잡고 코가 꼬이지 않도록 조심하며 원통으로 연결한다. 단의 시작에 마커를 건다.
안뜨기 17단.
실 B로 바꿔서 안뜨기 11단.
안뜨기 8코, 뜨개바탕을 돌린다.

힐 플랩(왕복뜨기)

1단(안면) : 겉뜨기 방향으로 걸러뜨기 1코, 겉뜨기 15코, 뜨개바탕 돌리기.
2단 : 안뜨기 방향으로 걸러뜨기 1코, 안뜨기 15코, 뜨개바탕 돌리기.
1·2단을 총 8회(총 16단) 뜬다.

힐 턴(왕복뜨기)

1단 : 겉뜨기 방향으로 걸러뜨기 1코, 겉뜨기 8코, 왼코 겹쳐 2코 모아 꼬아뜨기, 겉뜨기 1코, 뜨개바탕 돌리기.
2단 : 안뜨기 방향으로 걸러뜨기 1코, 안뜨기 3코, 왼코 겹쳐 2코 모아 안뜨기, 안뜨기 1코, 뜨개바탕 돌리기.
3단 : 겉뜨기 방향으로 걸러뜨기 1코, 겉뜨기 4코, 왼코 겹쳐 2코 모아 꼬아뜨기, 겉뜨기 1코, 뜨개바탕 돌리기.
4단 : 안뜨기 방향으로 걸러뜨기 1코, 안뜨기 5코, 왼코 겹쳐 2코 모아 안뜨기, 안뜨기 1코, 뜨개바탕 돌리기.
5단 : 겉뜨기 방향으로 걸러뜨기 1코, 겉뜨기 6코, 왼코 겹쳐 2코 모아 꼬아뜨기, 겉뜨기 1코, 뜨개바탕 돌리기.
6단 : 안뜨기 방향으로 걸러뜨기 1코, 안뜨기 7코, 왼코 겹쳐 2코 모아 안뜨기, 안뜨기 1코.

거싯

힐 플랩의 왼쪽 면을 따라서 안뜨기로 8코를 줍는다. 코를 주울 때는 힐 플랩 가장자리 코의 2가닥을 모두 줍고 뜨개바탕의 겉면(안뜨기면)에서 보이는지 확인한다.
마커를 건다(마커 A).
안뜨기 16코.
마커 걸기(마커 B). 왼쪽 면에서 했던 방식으로 힐 플랩의 오른쪽 면을 따라 안뜨기로 8코 줍기. 총 42코.
단의 시작 전까지 안뜨기.
이 지점부터 원통뜨기를 진행한다.

거싯 모양 만들기(원통뜨기)

1단 : 마커 A 2코 전까지 안뜨기, 왼코 겹쳐 2코 모아뜨기, 마커 옮기기, 마커 B 전까지 안뜨기, 마커 옮기기, 왼코 겹쳐 2코 모아 꼬아뜨기, 단의 시작 전까지 안뜨기. 총 40코.
2단 : 마커 A 1코 전까지 안뜨기, 겉뜨기 1코, 마커 옮기기, 마커 B 전까지 안뜨기, 마커 옮기기, 겉뜨기 1코, 단의 시작 전까지 안뜨기.
1·2단을 4회 더 진행한다. 총 32코.

발

다음 단 : 마커 A 1코 전까지 안뜨기, 겉뜨기 1코, 마커 옮기기, 마커 B 전까지 안뜨기, 마커 옮기기, 겉뜨기 1코, 단의 시작 전까지 안뜨기.
이 단을 4(7)회 더 뜬다.
마커 A&B를 제거한다. 겉뜨기 코를 시작 기준점으로 삼아서 뜬다.
다음 단 : 첫 겉뜨기 코 전까지 안뜨기, 오른코 교차뜨기(아래쪽에 안뜨기). 2번째 겉뜨기 코 1코 전까지 안뜨기, 왼코 교차뜨기(아래쪽에 안뜨기). 단의 시작 전까지 안뜨기.
다음 단 : 겉뜨기 2코는 겉뜨기하며 안뜨기 1단.
겉뜨기 2코 사이에 코가 없어질 때까지 이 두 단을 반복한다. 총 16단을 뜬다.
안뜨기 0(2)단.

발가락

전통적인 방법(장갑바늘)

바늘에 8코씩 코를 다시 나눈다. 마커를 제거한다.
＊왼바늘에 2코 남을 때까지 안뜨기, 왼코 겹쳐 2코 모아 안뜨기. 그 결과 생기는 코를 새 오른바늘에 옮기기＊, 각 바늘에 2코 있을 때까지 ＊~＊ 반복.

매직 루프용(원통뜨기)

1단 : [안뜨기 6코, 왼코 겹쳐 2코 모아 안뜨기] 끝까지 반복. (-4코). 28코.
2단 : 안뜨기 4코, 왼코 겹쳐 2코 모아 안뜨기.

[안뜨기 5코, 왼코 겹쳐 2코 모아 안뜨기] 3회, 안뜨기 1코. (-4코). 24코.
3단 : 안뜨기 2코, 왼코 겹쳐 2코 모아 안뜨기, [안뜨기 4코, 왼코 겹쳐 2코 모아 안뜨기] 3회, 안뜨기 2코. (-4코). 20코.
4단 : 왼코 겹쳐 2코 모아 안뜨기, [안뜨기 3코, 왼코 겹쳐 2코 모아 안뜨기] 3회, 안뜨기 1코, 왼코 겹쳐 2코 모아 안뜨기. (-5코). 15코.
5단 : [안뜨기 2코, 왼코 겹쳐 2코 모아 안뜨기] 3회, 왼코 겹쳐 2코 모아 안뜨기, 안뜨기 1코. (-4코). 11코.
6단 : 왼코 겹쳐 2코 모아 안뜨기, [안뜨기 1코, 왼코 겹쳐 2코 모아 안뜨기] 2회, 안뜨기 3코. (-3코). 8코.

마무리하기

실을 자르고 남은 코에 꿴다. 단단히 조여 오므리고 실 끝을 정리한다.

슬리퍼를 펠팅하고 빗질하기

슬리퍼를 펠팅하기 위해 뜨거운 비눗물에 적시고 아주 더러워진 양말을 세탁하듯 힘차게 빤다. 아니면 물과 에너지를 절약하는 차원에서 슬리퍼를 신은 채 샤워하며 발을 힘차게 구른다. 과도한 물기를 제거하고 눕혀서 말리거나 건조기에 돌린다.
슬리퍼 속을 밖으로 뒤집고 플리크 카더Flick Carder를 사용해 살살 빗으며 표면에 보풀을 촘촘히 세운다.

33 고랭이 양말 KAISLA

사이즈

1(2)

완성 치수

발둘레 … 20(22)cm

양말목 길이(뒤꿈치 윗부분까지) … 12.5cm

※완성한 양말은 실제 길이보다 0.5cm 작아야 발에 잘 맞
습니다.

재료

실 … 쿱 니트Coop Knits의 삭스 예!Socks Yeah!(슈퍼워시 메리노
75%, 나일론 25%, 212m/50g) (105) 댄버라이트색Danburite 2볼

바늘 … 2.5mm(미국 1.5) 줄바늘 또는 장갑바늘

도구 … 마커, 돗바늘

게이지

메리야스뜨기 36코×50단/2.5mm(미국 1.5) 바늘

POINT

이 양말은 '양말 1'과 '양말 2'로 부릅니다.

그래도 왼쪽과 오른쪽 양말을 바꿔 신을 수 있습니다. 도안
은 사이즈별로 제공하니 참고하세요.

양말 1

양말단(원통뜨기)
기초코를 72(84)코 잡는다. 코가 꼬이지 않도록 조심하며 원통으로 연결한다. 단의 시작에 마커를 건다.
1단 : [안뜨기 2코, 겉뜨기 3코, 안뜨기 1(2)코] 끝까지 반복.
이 단을 6회 더 반복한다. 7단을 떴다.
8단 : [도안은 오른쪽에서 왼쪽으로 읽으며, 도안 A(B)의 1단부터 12코 뜨기] 끝까지 반복.
매번 도안의 다음 단을 뜨며 도안 A(B)를 2회 반복하고 1~11단을 1회 더 뜬다. 55단을 떴다.

힐 플랩(왕복뜨기)
뜨개바탕을 돌려서 안면이 앞을 향하게 한다. 힐 플랩은 안면 단에서 시작해 다음 35(42)코에서 왕복한다. 나머지 발등 37(42)코는 바늘에 보관한다.
1단(안면) : 실을 앞쪽에 두고 걸러뜨기 1코, 안뜨기 34(41)코.
2단(겉면) : *실을 뒤쪽에 두고 걸러뜨기 1코, 겉뜨기 1코* 1(0)코 남을 때까지 *-* 반복, 겉뜨기 1(0)코.
이 두 단을 14회 더 반복하고 나서 1단을 1회 더 뜬다. 31단을 떴다.

힐 턴(왕복뜨기)
1단(겉면) : 실을 뒤쪽에 두고 걸러뜨기 1코, 겉뜨기 19(22)코, 오른코 겹쳐 2코 모아뜨기, 겉뜨기 1코, 뜨개바탕 돌리기. 나머지 12(16)코는 뜨지 않기.
2단(안면) : 실을 앞쪽에 두고 걸러뜨기 1코, 안뜨기 6(5)코, 왼코 겹쳐 2코 모아 안뜨기, 안뜨기 1코, 뜨개바탕 돌리기. 나머지 12(16)코는 뜨지 않기.
3단 : 실을 뒤쪽에 두고 걸러뜨기 1코, 틈 1코 전까지 겉뜨기, 오른코 겹쳐 2코 모아뜨기, 겉뜨기 1코, 뜨개바탕 돌리기.
4단 : 실을 앞쪽에 두고 걸러뜨기 1코, 틈 1코 전까지 안뜨기, 왼코 겹쳐 2코 모아 안뜨기, 안뜨기 1코, 뜨개바탕 돌리기.
마지막 두 단을 5(7)회 더 반복한다. 모든 뒤꿈치 코를 떴다. 뒤꿈치 21(24)코가 남는다.

거싯(원통뜨기)
겉면이 앞을 향한 상태에서 다시 다음과 같이 원통뜨기를 진행한다.
준비단 : 실을 뒤쪽에 두고 걸러뜨기 1코, 겉뜨기 20(23)코, 힐 플랩의 가장자리를 따라 16코 줍기(힐 플랩 가장자리의 걸러뜨기 코마다 1코씩). 발등 코에서는 오른쪽에서 왼쪽으로 읽으며 도안 A(B)의 12단부터 12(14)코 3회 뜨기. 안뜨기 1(0)코.
힐 플랩의 가장자리를 따라서 16코 줍기, 겉뜨기 37(40)코. 새로운 단의 시작에 마커 걸기(발등 코의 시작 지점). 90(98)코.
1단 : 매번 도안 A(B)의 다음 단을 뜬다. 발등 코에서는 발등 무늬뜨기. 오른코 겹쳐 2코 모아뜨기, 단의 마지막 2코 전까지 겉뜨기, 왼코 겹쳐 2코 모아뜨기. (-2코).
2단 : 발등 코에서는 발등 무늬뜨기, 끝까지 겉뜨기.
마지막 두 단에서 거싯 코를 줄이게 된다.
매번 발등 코에서 도안의 다음 단을 뜨며, 이 두 단을 8(6)회 더 반복한다. 18(14)코 줄어서 72(84)코가 남는다.
발등에 37(42)코, 발바닥에 35(42)코가 있다.

발(원통뜨기)
양말이 원하는 발의 길이보다 4.5(5)cm 짧을 때까지 설정한 대로(발등은 발등 무늬뜨기, 발바닥은 겉뜨기) 무늬뜨기를 한다.

준비단
1사이즈만
겉뜨기 1코, 오른코 겹쳐 2코 모아뜨기, 겉뜨기 31코, 왼코 겹쳐 2코 모아뜨기, 끝까지 겉뜨기.
발등과 발바닥에 각각 35(42)코씩 있다.
1단 : 겉뜨기.
2단 : 겉뜨기 1코, 오른코 겹쳐 2코 모아뜨기, 겉뜨기 29(36)코, 왼코 겹쳐 2코 모아뜨기, 겉뜨기 1코, 마커 걸기, 겉뜨기 1코, 오른코 겹쳐 2코 모아뜨기, 마지막 3코 전까지 겉뜨기, 왼코 겹쳐 2코 모아뜨기, 겉뜨기 1코. 66(80)코.
3단 : 겉뜨기.
4단 : [겉뜨기 1코, 오른코 겹쳐 2코 모아뜨기, 마커 3코 전까지 겉뜨기, 왼코 겹쳐 2코 모아뜨기, 겉뜨기 1코, 마커 옮기기] 2회. (-4코).
3·4단을 10(13)회 더 반복한다. 44(56)코가 줄어서 22(24)코다.

양말 2

양말단(원통뜨기)
기초코를 72(84)코 잡는다. 코가 꼬이지 않도록 조심하며 원통으로 연결한다. 단의 시작에 마커를 건다.
1단 : [안뜨기 2코, 겉뜨기 3코, 안뜨기 1(2)코] 끝까지 반복.
이 단을 6회 더 반복한다. 7단을 떴다.
8단 : [도안은 오른쪽에서 왼쪽으로 읽으며, 도안 A(B)의 12단부터 12코 뜨기] 끝까지 반복.
도안 A(B)의 12~22단을 뜨고 이후 1~22단을 2회 뜰 때까지 무늬뜨기한다. 55단을 떴다.

힐 플랩&힐 턴
양말 1과 동일하다.

거싯(원통뜨기)
겉면이 앞을 향한 상태에서 다음과 같이 다시 원통뜨기를 진행한다.
준비단 : 실을 뒤쪽에 두고 걸러뜨기 1코, 겉뜨기 20(23)코, 힐 플랩의 가장자리를 따라 16코 줍기(힐 플랩 가장자리의 걸러뜨기 코마다 1코씩). 발등 코는 오른쪽에서 왼쪽으로 읽으며 도안 A(B)의 1단부터 12(14)코 3회 뜨기, 안뜨기 1(0)코.
힐 플랩의 가장자리를 따라 16코 줍기, 겉뜨기 37(40)코. 새로운 단의 시작에 마커 걸기(발등 코의 시작 지점). 90(98)코.
1단 : 매번 도안 A(B)의 다음 단을 뜬다. 발등 코에서 발등 무늬뜨기, 오른코 겹쳐 2코 모아뜨기, 단의 마지막 2코 전까지 겉뜨기, 왼코 겹쳐 2코 모아뜨기. (-2코).
2단 : 발등 코에서 발등 무늬뜨기, 끝까지 겉뜨기.
마지막 두 단에서 거싯 코를 줄이게 된다.
발등 코는 매번 도안의 다음 단을 뜨며, 이 두 단을 8(6)회 더 반복한다. 18(14)코가 줄어서 72(84)코가 남는다.
발등에 37(42)코, 발바닥에 35(42)코가 있다.

발&발가락
양말 1과 동일하다.

마무리하기
실 끝을 30.5cm 남기고, 실을 자른다. 메리야스 잇기로 코를 연결한다. 남은 실을 보이지 않게 정리하고 흠뻑 적셔 블로킹한 다음 치수를 잰다.

1사이즈 도안 A

(차트: 가로 12~1, 세로 1~22 행)

2사이즈 도안 B

(차트: 가로 14~1, 세로 1~22 행)

범례:

기호	설명
	겉뜨기
•	안뜨기
O	바늘비우기
⋏	왼코 겹쳐 3코 모아뜨기
⋏	오른코 겹쳐 3코 모아뜨기
	코 아님

34 보리알 양말 GERSTE

사이즈
1(2)

완성 치수
발둘레 … 19(20)cm
길이 … 조절 가능

재료
실 … 울리 맘모스 파이버 코Woolly Mammoth Fibre Co.의
내추럴 삭Natural Sock(블루페이스 레스터 50%, 체비엇 50%,
400m/100g) 번트 테라코타색Burnt Terracotta 1볼
바늘 … 2.25mm(미국 1) 줄바늘
도구 … 블로킹 도구, 돗바늘, 풀림막음핀 또는 별실, 마
커

게이지
메인 뜨기 패턴 32코×44단

뜨기 패턴
1코 꼬아 고무뜨기1×1 Half-Twisted Rib(원통뜨기, 2의 배수)
1단 : [꼬아뜨기, 안뜨기 1코] 끝까지 반복.

메인 뜨기 패턴/오른발
발 2사이즈, 양말목 1·2사이즈
1~4단 : [꼬아뜨기, 안뜨기 3코] 끝까지 반복.
5~8단 : [안뜨기 2코, 꼬아뜨기, 안뜨기 1코] 끝까지 반
복.

메인 뜨기 패턴/오른발
발 1사이즈
1~4단 : *꼬아뜨기, 안뜨기 3코* 마지막 2코 전까지 *-*
반복, 꼬아뜨기, 안뜨기 1코.
5~8단 : *안뜨기 2코, 꼬아뜨기, 안뜨기 1코* 마지막 2
코 전까지 *-* 반복, 안뜨기 2코.

메인 뜨기 패턴/왼발
발&양말목 2사이즈
1~4단 : [안뜨기 3코, 꼬아뜨기] 끝까지 반복.
5~8단 : [안뜨기 1코, 꼬아뜨기, 안뜨기 2코] 끝까지 반
복.

메인 뜨기 패턴/왼발
발 1사이즈
1~4단 : 안뜨기 1코, 꼬아뜨기, [안뜨기 3코, 꼬아뜨기]
끝까지 반복.
5~8단 : 안뜨기 2코, [안뜨기 1코, 꼬아뜨기, 안뜨기 2
코] 끝까지 반복.

메인 뜨기 패턴/왼발
양말목 1사이즈
1~4단 : [안뜨기 1코, 꼬아뜨기, 안뜨기 2코] 끝까지 반
복.
5~8단 : [안뜨기 3코, 꼬아뜨기] 끝까지 반복.

1코 걸러 고무뜨기1×1 slip Rib(평면뜨기, 2의 배수)
1단(겉면) : [겉뜨기 1코, 실을 뒤쪽에 두고 걸러뜨기 1코]
끝까지 반복.
2단(안면) : 안뜨기.

발가락(원통뜨기)

주디의 매직 코잡기로 16(16)코를 잡고 꼬이지 않도록 조심하며 원통으로 연결한다.

1단 : 겉뜨기.

2단

바늘 1 : 겉뜨기 1코, 돌려뜨며 오른코 늘리기, 마지막 코 전까지 겉뜨기, 돌려뜨며 왼코 늘리기, 겉뜨기 1코.

바늘 2 : 겉뜨기 1코, 돌려뜨며 오른코 늘리기, 마지막 코 전까지 겉뜨기, 돌려뜨며 왼코 늘리기, 겉뜨기 1코. (+4코).

2단을 2(3)회 더 반복한다. 28(32)코.
그다음 1·2단을 8(8)회 더 반복한다. 60(64)코.
1단 1회를 더 뜬다.

발

바늘 1은 오른발 또는 왼발에 해당하는 지침을 따라 메인 뜨기 패턴을 시작하고, 바늘 2는 메리야스뜨기를 한다. 뒤꿈치 지침에서 발과 관련해 지시한 길이를 뜰 때까지를 계속한다. 길이는 엄지발가락 맨 끝에서 뒤꿈치의 중심까지 발바닥을 잰다.

뒤꿈치

거싯&힐 플랩이나 독일식 경사뜨기 중 하나를 고른다. 거싯&힐 플랩을 골랐다면 다음 지침을. 독일식 경사뜨기를 골랐다면 독일식 경사뜨기 지침을 따라 진행한다.

거싯&힐 플랩

뒤꿈치

길이가 발가락 코잡기 단부터 쟀을 때 원하는 길이보다 약 12(12.5)cm 짧을 때까지 메인 뜨기 패턴을 작업하고 5(7)단이나 1(3)단에서 끝낸다.

거싯(원통뜨기)

1단

바늘 1 : 설정한 대로 패턴 뜨기.

바늘 2 : 겉뜨기 1코, 돌려뜨며 오른코 늘리기, 마지막 코 전까지 겉뜨기, 돌려뜨며 왼코 늘리기, 겉뜨기 1코. (+2코).

2단

바늘 1 : 설정한 대로 패턴 뜨기.

바늘 2 : 겉뜨기.

1·2단을 14(15)회 더 반복한다. 바늘 2에 60(64)코.

바늘 1에서 메인 뜨기 패턴을 뜨고 30(32)코를 풀림막음핀이나 별실에 옮기거나 바늘의 탄력적인 줄에 두고 뜨지 않는다.

힐 턴(왕복뜨기)

이 패턴은 독일식 경사뜨기로 뜨지만, 모든 패턴에서 자신이 선호하는 경사뜨기 방법으로 대체할 수 있다.

1단(겉면) : 겉뜨기 44(47)코, 마커 걸기, 뜨개바탕 돌리기.

경사뜨기 2단(안면) : 마커 옮기기, 더블스티치, 안뜨기 27(29)코, 마커 걸기, 뜨개바탕 돌리기.

경사뜨기 3단 : 마커 옮기기, 더블스티치, 이전 겉면 단의 더블스티치 1코 전까지 겉뜨기, 뜨개바탕 돌리기.

경사뜨기 4단 : 더블스티치, 이전 안면 단의 더블스티치 1코 전까지 안뜨기, 뜨개바탕 돌리기.
경사뜨기 3·4단을 3(4)회 더 반복한다.

다음 단(겉면) : 더블스티치, 마커 전까지 더블스티치는 두 가닥을 한 코로 겉뜨기, 마커 옮기기, 왼코 겹쳐 2코 모아 꼬아뜨기, 뜨개바탕 돌리기. (-1코). 바늘 2에 59(63)코.

다음 단(안면) : 실을 앞쪽에 두고 걸러뜨기 1코, 마커 옮기기, 마커 전까지 더블스티치는 두 가닥을 한 코로 뜨며 안뜨기, 마커 옮기기, 왼코 겹쳐 2코 모아 안뜨기, 뜨개바탕 돌리기. (-1코). 바늘 2에 58(62)코.

힐 플랩

바늘 2의 모든 코에서 힐 플랩을 뜬다.

1단(겉면) : 실을 뒤쪽에 두고 걸러뜨기 1코, 마커 옮기기, 마커 전까지 1코 걸러 고무뜨기, 마커 옮기기, 왼코 겹쳐 2코 모아 꼬아뜨기, 뜨개바탕 돌리기. (-1코).

2단(안면) : 실을 앞쪽에 두고 걸러뜨기 1코, 마커 옮기기, 마커 전까지 1코 걸러 고무뜨기, 마커 옮기기, 왼코 겹쳐 2코 모아 안뜨기, 뜨개바탕 돌리기. (-1코).

거싯의 모든 코를 작업하고 마커의 양옆에 1코씩 남을 때까지 1·2단을 반복하고 안면 단에서 끝낸다. 바늘 2에 30(32)코.

바늘 1의 코를 다시 줄바늘에 옮긴다.

다음 단 : 실을 뒤쪽에 두고 걸러뜨기 1코, 바늘 2의 모든 코 겉뜨기.

마커를 전부 제거하고 양말목으로 넘어간다.

독일식 경사뜨기

뜨개바탕이 발가락 코잡기 단부터 쟀을 때 원하는 길이보다 4.5(5)cm 정도 짧을 때까지 메인 뜨기 패턴을 계속 뜨다가 3단 또는 7단에서 끝낸다.

바늘 1의 30(32)코는 메인 뜨기 패턴을 뜬 다음 풀림막음핀이나 별실에 옮기거나 바늘의 탄력적인 줄에 두고 뜨지 않는다. 뒤꿈치는 바늘 2의

코에서 왕복한다.

1단(겉면) : 겉뜨기.

이 패턴은 독일식 경사뜨기이지만. 모든 패턴에서 자신이 선호하는 경사뜨기 방법으로 대체할 수 있다.

경사뜨기 2단(안면) : 더블스티치, 안뜨기 29(31)코, 뜨개바탕 돌리기.

경사뜨기 3단 : 더블스티치, 겉뜨기 28(30)코, 뜨개바탕 돌리기.

경사뜨기 4단 : 더블스티치, 이전 안면 단의 더블스티치 전까지 안뜨기, 더블스티치는 뜨지 않고 뜨개바탕 돌리기.

경사뜨기 5단 : 더블스티치, 이전 겉면 단의 더블스티치 전까지 겉뜨기, 더블스티치는 뜨지 않고 뜨개바탕 돌리기.

경사뜨기 6단 : 더블스티치, 이전 안면 단의 더블스티치 전까지 안뜨기, 더블스티치는 뜨지 않고 뜨개바탕 돌리기.

경사뜨기 5·6단을 7(8)회 더 반복한다.
다음 단에서 뒤꿈치를 뜨며 더블스티치가 나오면 더블스티치는 1코로 뜬다.

경사뜨기 1단(겉면) : 더블스티치. 처음 나오는 이전 겉면 단의 더블스티치까지 겉뜨기, 뜨개바탕 돌리기.

경사뜨기 2단(안면) : 더블스티치, 처음 나오는 이전 안면 단의 더블스티치까지 안뜨기, 뜨개바탕 돌리기.

경사뜨기 1·2단을 7(8)회 더 반복한다.
경사뜨기 1단을 1회 더 반복한다.

다음 단(안면) : 실을 앞쪽에 두고 걸러뜨기 1코, 바늘 2의 끝까지 안뜨기, 뜨개바탕 돌리기.

다음 단(겉면) : 실을 뒤쪽에 두고 걸러뜨기 1코, 바늘 2의 끝까지 겉뜨기.

뜨개바탕을 돌리지 않는다.
바늘 1의 코를 다시 줄바늘로 옮긴다.
양말목으로 넘어간다.

양말목(원통뜨기)

작은 구멍이 생기는 것을 막기 위해 양말목 첫 단에서 바늘 1&2 사이에서 한 코씩 줍기를 추천한다. 바늘 사이의 싱커 루프 Sinker Loop(코와 코 사이에 걸쳐진 실)를 끌어 올려 다음 코와 함께 겉뜨기한다.

원통뜨기를 재개해 오른발과 왼발에 알맞은 지침을 따라 두 바늘에서 메인 뜨기 패턴을 한다. 제안한 대로 중단했다면 1단 또는 5단으로 시작하거나 자신이 중단했던 위치에 맞춰 올바른 단으로 이어간다. 바늘 1&2에 30(32)코씩 총 60(64)코.

원하는 양말목 길이보다 4cm가 짧을 때까지 메

인 뜨기 패턴을 진행하다가 8단에서 끝낸다.

밑줄 <u>왼발만</u>
양말목 마지막 단에서 한 코가 남았을 때 중단하고, 마지막 코를 바늘 1에 옮겨 단의 시작을 바꾼 다음 양말단으로 넘어간다.

양말단(원통뜨기)

<u>오른발 1·2사이즈&왼발 1사이즈만</u>
1·2단 : [꼬아뜨기, 안뜨기 3코] 끝까지 반복.

<u>왼발 2사이즈만</u>
1·2단 : [안뜨기 2코, 꼬아뜨기, 안뜨기 1코] 끝까지 반복.

<u>1·2사이즈</u>
3~15단 : [꼬아뜨기, 안뜨기 1코] 끝까지 반복.

고무뜨기 코막음이나 본인이 선호하는 코막음 중 1코 고무뜨기에 적합한 방법을 사용해 모든 코를 마무리한다.

마무리하기

남은 실을 보이지 않게 정리하고 흠뻑 적셔 블로킹한 다음 치수를 잰다.

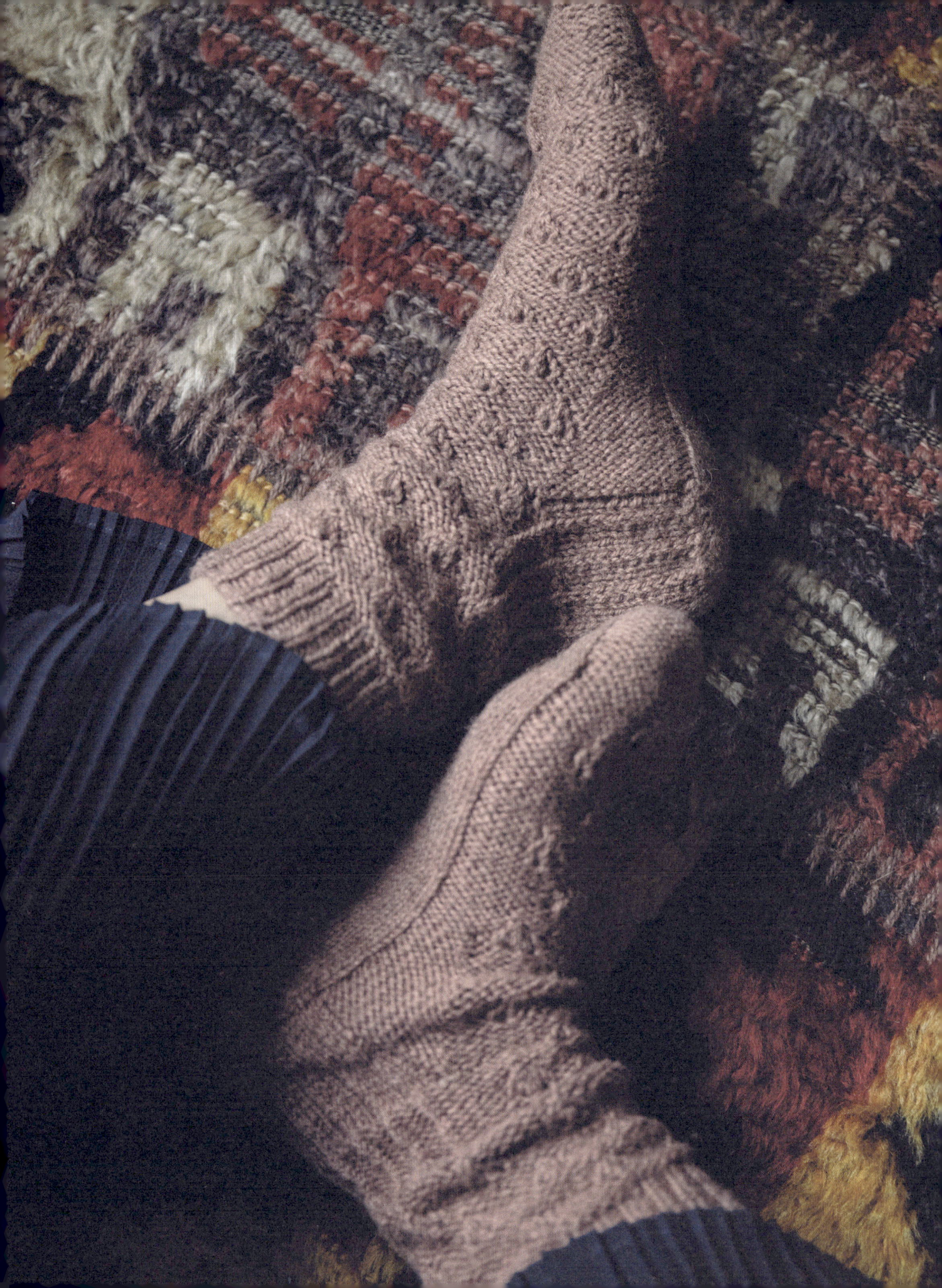

35 러브체인 양말 STRING OF HEARTS

사이즈

1(2)

완성 치수

둘레 ··· 20(25)cm

길이 ··· 23.5(25.5)cm

재료

실 ··· 투쿠울Tukuwool의 투쿠울 삭Tukuwool sock(핀란드산 울 80%, 나일론 20%, 160m/50g) H34 루소색Ruso 2볼

바늘 ··· 3mm(미국 2.5) 줄바늘

바늘(별실 코잡기용) ··· 4mm(미국 6) 줄바늘

도구 ··· 마커 4개, 돗바늘

게이지

메리야스뜨기 24코×35단/3mm(미국 2.5) 바늘

POINT

발길이는 도안을 절반만 뜨거나 반복 횟수를 조정해서 쉽게 조절할 수 있습니다. 제공한 사이즈의 중간에 해당하는 크기의 양말을 뜨고 싶다면 바늘 크기를 다르게 해서 패턴을 조절해도 됩니다.

양말단(원통뜨기)

별실 코잡기로 4mm(미국 6) 바늘에 24(30)코를 잡는다.

3mm(미국 2.5) 바늘로 바꾼다.

메리야스뜨기 4단.

코 잡은 실을 풀고 코잡기 단에서 24(30)코를 줍는다.

주운 코와 원래 코를 나란히 놓고 앞쪽 바늘의 첫 코는 겉뜨기, 뒤쪽 바늘의 첫 코는 안뜨기한다.

1코 고무뜨기 준비단 : [겉뜨기 1코, 안뜨기 1코] 끝까지 반복. 48(60)코.

코를 절반씩 바늘 1&2에 나누고 꼬이지 않도록 조심하며 원통뜨기를 시작한다.

1코 고무뜨기 15단.

양말목(원통뜨기)

도안 A를 뜨기 시작한다.

한 단에 도안 1단을 총 8(10)회 반복한다.

1~12단을 1회 뜨고 나서 1~6단을 1회 더 뜬다.

그다음 바늘 1은 도안 B를, 바늘 2는 도안 A를 계속 뜬다.

도안 B를 시작할 때 바늘 1의 마지막 코를 바늘 2에 옮긴다.

바늘 1에 23(29)코, 바늘 2에 25(31)코가 있다.

※패턴 반복의 마지막은 7번째 칸에서 끝납니다.

바늘 2에서 도안 A를 계속 뜬다. 바늘 2의 첫 코는 도안 A의 9번 코에 해당한다. 다음에 3단을 작업할 때 바늘 2는 [바늘비우기, 겉뜨기 1코, 바늘비우기]로 시작해서 [바늘비우기, 겉뜨기 1코, 바늘비우기]로 끝난다는 것에 주의한다.

바늘 2에서 도안 A를 총 2회 뜰 때 바늘 1에서 도안 B를 1회 뜬 다음 1~6단을 1회 더 뜨고 뒤꿈치를 시작한다.

뒤꿈치(왕복뜨기)

힐 플랩은 바늘 1의 23(29)코에서 진행한다.

1단(겉면) : 걸러뜨기 1코, 겉뜨기.

2단(안면) : 걸러뜨기 1코, 안뜨기 1코, [걸러뜨기 1코, 안뜨기 2코] 끝까지 반복.

1·2단을 총 12회 반복한다.

힐 턴(왕복뜨기)

1단 : 겉뜨기 15(19)코, 뜨개바탕 돌리기.

2단 : 걸러뜨기 1코, 안뜨기 6(8)코, 뜨개바탕 돌리기.

3단 : 걸러뜨기 1코, 틈 1코 전까지 겉뜨기, 오른코 겹쳐 2코 모아뜨기, 겉뜨기 1코, 뜨개바탕 돌리기.

4단 : 걸러뜨기 1코, 틈 1코 전까지 안뜨기, 왼코 겹쳐 2코 모아 안뜨기, 안뜨기 1코, 뜨개바탕 돌리기.

모든 경사뜨기 단을 작업하고 15(19)코가 남을 때까지 3·4단을 반복한다.

겉뜨기 15(19)코, 마커 걸기. 힐 플랩의 왼쪽 가장자리에서 13코 줍기. 마커 걸기. 설정한 패턴으로 바늘 2 뜨기. 마커 걸기. 힐 플랩의 오른쪽 가장자리에서 13코 줍기. 마커 걸기.

거싯(원통뜨기)

준비단 : 겉뜨기 15(19)코, 마커 옮기기, 안뜨기 13코, 마커 옮기기, 설정한 패턴으로 바늘 2로 뜨기.

1단 : 마커 옮기기, 마커 전까지 안뜨기, 마커 옮기기, 겉뜨기 15(19)코, 마커 옮기기, 마커 전까지 안뜨기, 마커 옮기기, 설정한 패턴으로 바늘 2로 뜨기.

2단 : 마커 옮기기, 오른코 겹쳐 2코 모아 안뜨기, 마커 전까지 안뜨기, 마커 옮기기, 겉뜨기 15(19)코, 마커 옮기기, 마커 2코 전까지 안뜨기, 왼코 겹쳐 2코 모아 안뜨기, 마커 옮기기, 설정한 패턴으로 바늘 2로 뜨기.

바늘 1에 25(31)코 남을 때까지 1·2단을 반복한다[안뜨기 코 5(6)코, 겉뜨기 코 15(19)코, 안뜨기코 5(6)코].

마지막 단에서 마커를 제거한다.

발(원통뜨기)

1단 : 안뜨기 5(6)코, 겉뜨기 15(19)코, 안뜨기 5(6)코, 도안 A의 패턴대로 바늘 2로 뜨기.

원하는 발길이보다 4.5(6)cm 짧을 때까지 1단을 반복한다. 도안의 6단 또는 12단에서 끝낸다.

코 줄이기(원통뜨기)

바늘 1에 25(31)코, 바늘 2에 25(31)코.

1단

바늘 1 : 안뜨기 5코, 오른코 겹쳐 2코 모아뜨기, 겉뜨기코 2코 남을 때까지 겉뜨기, 왼코 겹쳐 2코 모아뜨기, 안뜨기 5코.

바늘 2 : 안뜨기 5코, 오른코 겹쳐 2코 모아 안뜨기, 마지막 7코 전까지 안뜨기, 왼코 겹쳐 2코 모아 안뜨기, 안뜨기 5코.

2단 : 안뜨기 코는 안뜨기하고 겉뜨기 코는 겉뜨기.

1·2단을 5(8)회 더 반복한다. 각 바늘에 13코.

다음 단

바늘 1 : 안뜨기 5코, 왼코 겹쳐 3코 모아뜨기, 안뜨기 5코.

바늘 2 : 안뜨기 5코, 왼코 겹쳐 3코 모아 안뜨기, 안뜨기 5코.

다음 단 : [왼코 겹쳐 2코 모아 안뜨기] 끝까지 반복. 11코가 남는다.

다음 단 : *왼코 겹쳐 2코 모아 안뜨기* 마지막 1코 전까지 *-* 반복, 겉뜨기 1코. 6코가 남는다.

실을 자르고 나머지 코에 통과시킨 다음 조인다.

마무리하기

남은 실을 보이지 않게 정리하고 흠뻑 적셔 블로킹한 다음 치수를 잰다.

□	겉뜨기
•	안뜨기
ℓ	꼬아뜨기
人	왼코 겹쳐 3코 모아뜨기
▨	코 아님
○	바늘비우기

도안 A

도안 B

36 루릭 양말 LURIK

사이즈
1(2)

완성 치수
발/양말목 둘레 … 21.5(22.5)cm
발길이(뒤꿈치~발가락) … 21.5(22.5)cm

재료
실 … 파피풋 얀Papiput Yarn의 터프 삭Tough Sock(슈퍼워시 메리노 75%, 나일론 25%, 400m/100g) 멘타와이색Mentawai 1볼
바늘 … 2.5mm(미국 1.5) 줄바늘 또는 장갑바늘
도구 … 마커 1개, 꽈배기바늘 1개, 풀림막음핀 또는 별실, 돗바늘

게이지
메리야스뜨기 30코×42단

손뜨개 약어
겉면 독일식 경사뜨기RS GSR : 실을 뜨개바탕 뒤쪽에 두고 안뜨기할 듯이 1코 옮기기. 옮긴 코가 2코로 보일 정도로 실을 앞쪽으로 세게 잡아당기기. 실을 뜨개바탕 뒤쪽으로 보내기.
안면 독일식 경사뜨기WS GSR : 실을 뜨개바탕 앞쪽에 두고 안뜨기할 듯이 1코 옮기기. 옮긴 코가 2코로 보일 정도로 실을 뒤쪽으로 세게 잡아당기기. 실을 뜨개바탕 앞쪽으로 보내기.

양말목(원통뜨기)

기초코를 64(68)코 잡고 똑같이 나눈다. 코가 꼬이지 않도록 조심하며 원통으로 연결한다. 단의 시작에 마커를 건다.

고무뜨기 : [안뜨기 1코, 겉뜨기 2(3)코, 안뜨기 2코, (겉뜨기 2코, 안뜨기 2코) 6회, 겉뜨기 2(3)코, 안뜨기 1코] 2회.

고무뜨기 총 8(10)단.

오른쪽 양말목(원통뜨기)

1~28단 : 안뜨기 1코, 겉뜨기 0(1)코, 도안 1 뜨기, 겉뜨기 0(1)코, 안뜨기 2코, 겉뜨기 0(1)코, 도안 2 뜨기, 겉뜨기 0(1)코, 안뜨기 1코.

고무뜨기 6(8)단.

이어서 거싯 뜨기.

왼쪽 양말목(원통뜨기)

1~28단 : 안뜨기 1코, 겉뜨기 0(1)코, 도안 2 뜨기, 겉뜨기 0(1)코, 안뜨기 2코, 겉뜨기 0(1)코, 도안 1 뜨기, 겉뜨기 0(1)코, 안뜨기 1코.

고무뜨기 6(8)단.

이어서 거싯 뜨기.

거싯(원통뜨기)

1단 : 안뜨기 1코, 겉뜨기 2(3)코, 안뜨기 2코, [겉뜨기 2코, 안뜨기 2코] 6회, 겉뜨기 2(3)코, 안뜨기 2코, 돌려뜨며 왼코 늘리기, 마지막 1코 전까지 설정한 대로 뜨기, 돌려뜨며 오른코 늘리기, 안뜨기 1코.

2단 : 설정한 대로 진행한다.

1·2단을 총 10(11)회 뜬다. 84(90)코.

힐 턴(왕복뜨기)

뜨개바탕을 돌려서 안면이 앞을 향하게 한다. 힐 턴과 발바닥 부분은 발바닥 코만 뜬다. 발등 코는 바늘에 남겨두거나 풀림막음핀 또는 별실에 옮겨놓는다. 왕복하며 메리야스뜨기를 한다.

준비단 1단(안면) : 안면 독일식 경사뜨기, 안뜨기 27(29)코, 왼코 겹쳐 2코 모아 안뜨기, 안뜨기 1코. 뜨개바탕 돌리기.

준비단 2단(겉면) : 실을 뒤쪽에 두고 걸러뜨기 1코, 겉뜨기 5(5)코, 오른코 겹쳐 2코 모아뜨기, 겉뜨기 1코. 뜨개바탕 돌리기.

3단(안면) : 실을 앞쪽에 두고 걸러뜨기 1코, 틈 1코 전까지 안뜨기, 왼코 겹쳐 2코 모아 안뜨기, 안뜨기 1코. 뜨개바탕 돌리기.

4단(겉면) : 실을 뒤쪽에 두고 걸러뜨기 1코, 틈 1코 전까지 겉뜨기, 오른코 겹쳐 2코 모아뜨기, 겉뜨기 1코. 뜨개바탕 돌리기.

발바닥 코가 42(44)코가 될 때까지 3·4단을 반복한다.

발바닥(왕복뜨기)

발바닥의 양옆에서 거싯 코 줄이기를 하면서 독일식 경사뜨기를 작업해 길이를 늘인다.

준비단 1단(안면) : 실을 앞쪽에 두고 걸러뜨기 1코, 틈 1코 전까지 안뜨기, 왼코 겹쳐 2코 모아 안뜨기, 안뜨기 1코. 뜨개바탕 돌리기.

준비단 2단(겉면) : 실을 뒤쪽에 두고 걸러뜨기 1코, 틈 1코 전까지 겉뜨기, 오른코 겹쳐 2코 모아뜨기, 겉뜨기 1코. 뜨개바탕 돌리기.

준비단 3단(안면) : 실을 앞쪽에 두고 걸러뜨기 1코, 틈 마지막 코 전까지 안뜨기, 뜨개바탕 돌리기.

1단(겉면) : 겉면 독일식 경사뜨기, 틈 마지막 코 전까지 겉뜨기. 뜨개바탕 돌리기.

2단(안면) : 안면 독일식 경사뜨기, 틈 1코 전까지 안뜨기, 이전 독일식 경사뜨기의 실 2가닥을 다음 코와 함께 왼코 겹쳐 2코 모아 안뜨기, 안뜨기 1코. 뜨개바탕 돌리기.

3단(겉면) : 실을 뒤쪽에 두고 걸러뜨기 1코, 틈 1코 전까지 겉뜨기, 이전 독일식 경사뜨기의 실 2가닥을 다음 코와 함께 오른코 겹쳐 2코 모아뜨기, 겉뜨기 1코. 뜨개바탕 돌리기.

4단(안면) : 실을 앞쪽에 두고 걸러뜨기 1코, 틈 마지막 코 전까지 안뜨기. 뜨개바탕 돌리기.

34(36)코가 될 때까지 1·2·3·4단을 반복하고 1·2·3단을 1회 더 뜬다.

다음 안면 : 안면 독일식 경사뜨기, 발바닥 마지막 코 전까지 안뜨기, 겉뜨기 1코. 32(34)코.

다음 겉면 : 겉면 독일식 경사뜨기, 틈 1코 전까지 겉뜨기, 이전 독일식 경사뜨기의 실 2가닥을 한꺼번에 겉뜨기, 마지막 발바닥 코 1코 전까지 겉뜨기, 이전 독일식 경사뜨기의 실 2가닥을 한꺼번에 안뜨기.

발

발등 코를 다시 바늘에 옮긴다.

설정한 대로 8(10)단을 원통뜨기하고 남은 독일식 경사뜨기는 독일식 경사뜨기의 실 2가닥을 한꺼번에 겉뜨기한다.

오른발(원통뜨기)

1~28단 : 안뜨기 1코, 겉뜨기 1코, 도안 2 뜨기, 겉뜨기 1코, 안뜨기 1코, 끝까지 겉뜨기.

설정한 대로 발등은 고무뜨기 패턴을 뜨며 6(8)단을 진행한다. 이어서 발가락을 뜬다.

왼발(원통뜨기)

1~28단 : 안뜨기 1코, 겉뜨기 1코, 도안 1 뜨기, 겉뜨기 1코, 안뜨기 1코, 끝까지 겉뜨기.

설정한 대로 발등은 고무뜨기 패턴을 뜨며 6(8)단을 진행한다. 이어서 발가락을 뜬다.

발가락(원통뜨기)

설정한 대로 발등은 고무뜨기 패턴을 계속한다.

1단 : 겉뜨기 1코, 오른코 겹쳐 2코 모아뜨기, 발등의 마지막 3코 전까지 고무뜨기, 왼코 겹쳐 2코 모아뜨기, 겉뜨기 2코, 오른코 겹쳐 2코 모아뜨기, 발바닥 마지막 3코 전까지 겉뜨기, 왼코 겹쳐 2코 모아뜨기, 겉뜨기 1코.

2단 : 코 줄이기 없이 설정한 대로 계속 진행한다.

발등과 발바닥에 8(10)코씩 남을 때까지 1·2단을 반복한다.

마무리하기

실 끝을 16.5cm 정도 남기고, 실을 자른다. 메리야스 잇기로 코를 연결한다. 남은 실을 보이지 않게 정리하고 흠뻑 적셔 블로킹한 다음 치수를 잰다.

도안 1

행 번호 (오른쪽): 28, 27, 26, 25, 24, 23, 22, 21, 20, 19, 18, 17, 16, 15, 14, 13, 12, 11, 10, 9, 8, 7, 6, 5, 4, 3, 2, 1

코 번호 (아래): 30 29 28 27 26 25 24 23 22 21 20 19 18 17 16 15 14 13 12 11 10 9 8 7 6 5 4 3 2 1

겉뜨기

안뜨기

오른코 위 2코 교차뜨기. 꽈배기바늘에 2코 옮기고 뜨개바탕 앞쪽에 두기. 겉뜨기 2코. 꽈배기바늘의 2코 겉뜨기

오른코 위 2코 교차뜨기(아래쪽에 안뜨기). 꽈배기바늘에 2코 옮기고 뜨개바탕 앞쪽에 두기. 안뜨기 2코. 꽈배기바늘의 2코 겉뜨기

왼코 위 2코 교차뜨기. 꽈배기바늘에 2코 옮기고 뜨개바탕 뒤쪽에 두기. 겉뜨기 2코. 꽈배기바늘의 2코 겉뜨기

왼코 위 2코 교차뜨기(아래쪽에 안뜨기). 꽈배기바늘에 2코 옮기고 뜨개바탕 뒤쪽에 두기. 겉뜨기 2코. 꽈배기바늘의 2코 안뜨기

도안 2

□			겉뜨기
⦁			안뜨기

오른코 위 2코 교차뜨기. 꽈배기바늘에 2코 옮기고 뜨개바탕 앞쪽에 두기. 겉뜨기 2코. 꽈배기바늘의 2코 겉뜨기

오른코 위 2코 교차뜨기(아래쪽에 안뜨기). 꽈배기바늘에 2코 옮기고 뜨개바탕 앞쪽에 두기. 안뜨기 2코. 꽈배기바늘의 2코 겉뜨기

왼코 위 2코 교차뜨기. 꽈배기바늘에 2코 옮기고 뜨개바탕 뒤쪽에 두기. 겉뜨기 2코. 꽈배기바늘의 2코 겉뜨기

왼코 위 2코 교차뜨기(아래쪽에 안뜨기). 꽈배기바늘에 2코 옮기고 뜨개바탕 뒤쪽에 두기. 겉뜨기 2코. 꽈배기바늘의 2코 안뜨기

37 야생화 양말 KANERVA

사이즈
1(2)

완성 치수
발둘레(늘리지 않은 상태) … 19.5(21.5)cm
양말목 길이(뒤꿈치 윗부분까지) … 14.5cm
※완성한 양말은 실제 길이보다 0.5cm 짧아야 발에 잘 맞
습니다.

재료
실 … 쿱 니트Coop Knits의 삭스 예!Socks Yeah!(슈퍼워시 메리노
75%. 나일론 25%. 212m/50g) 106 쿤자이트색Kunzite 2볼
바늘 … 2.5mm(미국 1.5) 줄바늘 또는 장갑바늘
도구 … 마커, 돗바늘

게이지
메리야스뜨기 36코×50단/2.5mm(미국 1.5) 바늘

손뜨개 약어
오른코 위 교차뜨기(아래쪽에 안뜨기)1/1 LPC : 다음 코를 꽈배기바
늘에 옮기고 뜨개바탕 앞쪽에 두기. 안뜨기 1코. 꽈배기바늘
의 1코 겉뜨기.
왼코 위 교차뜨기(아래쪽에 안뜨기)1/1 RPC : 다음 코를 꽈배기바
늘에 옮기고 뜨개바탕 뒤쪽에 두기. 안뜨기 1코. 꽈배기바늘
의 1코 안뜨기.

양말단(원통뜨기)

기초코를 70(77)코 잡는다. 코가 꼬이지 않도록 조심하며 원통으로 연결한다. 단의 시작에 마커를 건다.

1단: [안뜨기 2코, 겉뜨기 2코, 안뜨기 2코, 꼬아뜨기] 끝까지 반복.

이 단을 29회 더 반복한다. 총 30단.

양말목(원통뜨기)

1단: [오른쪽에서 왼쪽으로 읽으며 도안 A의 1단부터 7코 무늬뜨기] 끝까지 반복.

매번 도안의 다음 단을 뜨며 도안 A를 1회 완료할 때까지 계속 무늬뜨기하고 19~30단을 1회 더 뜬다. 42단을 떴다.

뒤꿈치 준비: 부분적인 원통뜨기. 겉뜨기 6(5)코.

힐 플랩(왕복뜨기)

뜨개바탕을 돌려서 안면이 앞을 향하게 한다. 힐 플랩은 안면 단에서 시작해 다음 34(39)코에서 왕복한다. 나머지 발등 36(38)코는 바늘에 걸어둔다.

1단(안면): 실을 앞쪽에 두고 걸러뜨기 1코, 안뜨기 33(38)코.

2단(겉면): *실을 뒤쪽에 두고 걸러뜨기 1코, 겉뜨기 1코* 0(1)코 남을 때까지 *-* 반복, 겉뜨기 0(1)코.

1·2단을 14회 더 반복한 다음 1단을 1회 더 뜬다. 31단을 떴다.

힐 턴(왕복뜨기)

1단(겉면): 실을 뒤쪽에 두고 걸러뜨기 1코, 겉뜨기 18(21)코, 오른코 겹쳐 2코 모아뜨기, 겉뜨기 1코, 뜨개바탕 돌리기. 나머지 12(14)코는 뜨지 않고 놔두기.

2단(안면): 실을 앞쪽에 두고 걸러뜨기 1코, 안뜨기 5(6)코, 왼코 겹쳐 2코 모아 안뜨기, 안뜨기 1코, 뜨개바탕 돌리기. 나머지 12(14)코는 뜨지 않고 놔두기.

3단: 실을 뒤쪽에 두고 걸러뜨기 1코, 틈 1코 전까지 겉뜨기, 오른코 겹쳐 2코 모아뜨기, 겉뜨기 1코, 뜨개바탕 돌리기.

4단: 실을 앞쪽에 두고 걸러뜨기 1코, 틈 1코 전까지 안뜨기, 왼코 겹쳐 2코 모아 안뜨기, 안뜨기 1코, 뜨개바탕 돌리기.

3·4단을 5(6)회 더 반복한다. 모든 뒤꿈치 코를 떴다. 20(23)코.

거싯(원통뜨기)

겉면이 앞을 향한 상태로 다음과 같이 원통뜨기를 재개한다.

준비단: 실을 뒤쪽에 두고 걸러뜨기 1코, 겉뜨기 19(22)코, 힐 플랩의 가장자리를 따라 16코 줍기(플랩 가장자리의 걸러뜨기 코마다 1코씩).

발등 코에서, 겉뜨기 0(1)코, 오른쪽에서 왼쪽으로 도안을 읽으며 반복 구간(주황색)을 4회 뜨며 도안 B의 1단 뜨기, 겉뜨기 0(1)코.

힐 플랩의 가장자리를 따라 16코 줍기. 겉뜨기 36(39)코. 새로운 단의 시작에 마커 걸기(발등 코의 시작). 88(93)코.

1단: 매번 도안 B의 다음 단을 뜨며 발등 코에서 발등 무늬뜨기. 오른코 겹쳐 2코 모아뜨기, 단의 마지막 2코 전까지 겉뜨기. 왼코 겹쳐 2코 모아뜨기. (-2코).

2단: 발등 코는 발등 무늬뜨기. 끝까지 겉뜨기.

마지막 두 단에서 거싯의 코를 줄이게 된다.

매번 발등 무늬의 다음 단을 뜨며 이 두 단을 8(7)회 더 반복한다. 18(16)코 줄어서 70(77)코.

2사이즈만

발등 코는 발등 무늬뜨기, 단의 마지막 2코 전까지 겉뜨기. 왼코 겹쳐 2코 모아뜨기. (-1코).

발등에 36(38)코, 발바닥에 34(38)코가 있다. 70(76)코.

발

발등의 시작점부터 도안 B를 3회 마치고 1~11단을 1회 더 뜰 때까지 설정한 대로 무늬뜨기(발등은 발등 무늬, 발바닥은 겉뜨기).

원하는 길이보다 4.5(5)cm 짧을 때까지 발등 코는 11단 발등 무늬 반복. 끝까지 겉뜨기.

준비단

1사이즈만

겉뜨기 1코, 오른코 겹쳐 2코 모아뜨기, 발등 코의 마지막 3코 전까지 무늬뜨기(안뜨기 코는 안뜨기, 겉뜨기 코는 겉뜨기), 왼코 겹쳐 2코 모아뜨기, 끝까지 겉뜨기.

발등과 발바닥에 각각 34(38)코씩 있다. 총 68(76)코.

발가락(원통뜨기)

1단: 겉뜨기 1코, 오른코 겹쳐 2코 모아뜨기, 발등 코의 마지막 3코 전까지 무늬뜨기(안뜨기 코는 안뜨기, 겉뜨기 코는 겉뜨기), 왼코 겹쳐 2코 모아뜨기, 겉뜨기 1코, 마커 걸기, 겉뜨기 1코, 오른코 겹쳐 2코 모아뜨기, 마지막 3코 전까지 겉뜨기, 왼코 겹쳐 2코 모아뜨기, 겉뜨기 1코. 64(72)코.

2단: 겉뜨기 2코, 마커 2코 전까지 무늬뜨기(안뜨기 코는 안뜨기, 겉뜨기 코는 겉뜨기). 겉뜨기 2코, 마커 옮기기. 끝까지 겉뜨기.

3단: 겉뜨기 1코, 오른코 겹쳐 2코 모아뜨기, 마커 3코 전까지 무늬뜨기(안뜨기 코는 안뜨기, 겉뜨기 코는 겉뜨기). 왼코 겹쳐 2코 모아뜨기, 겉뜨기 1코, 마커 옮기기, 겉뜨기 1코, 오른코 겹쳐 2코 모아뜨기, 마커 3코 전까지 겉뜨기, 왼코 겹쳐 2코 모아뜨기, 겉뜨기 1코. (-4코).

2·3단을 9(11)회 더 반복한다. 40(48)코 줄어서 24(24)코.

마무리하기

실 끝을 30.5cm 남기고, 실을 자른다. 메리야스 잇기로 코를 연결한다. 남은 실을 보이지 않게 정리하고 흠뻑 적셔 블로킹한 다음 치수를 잰다.

도안 A

도안 B

기호	설명
	겉뜨기
•	안뜨기
	한 코에 (겉뜨기 1코 안뜨기 1코 겉뜨기 1코)
	겉뜨기 3코
	중심 3코 모아뜨기
	오른코 위 교차뜨기(아래쪽에 안뜨기)
	왼코 위 교차뜨기(아래쪽에 안뜨기)
	반복

38 헤스티아 슬리퍼 HESTIA

사이즈

1(2)

완성 치수

발바닥 길이 … 20(22.5)cm
슬리퍼 몸통 … 폭 10cm

재료

실(바탕색) … 데 레룸 나투라De Rerum Natura의 율리세Ulysse(메리노 울 100%, 185m/50g) 복탄색Fusain 1볼
실(배색) … 데 레룸 나투라의 율리세(메리노 울 100%, 185m/50g) 갈매기색Goéland 1볼
실(스럼용) … 존 아본John Arbon의 하베스트 휴스 탑스Harvest Hues Tops(포클랜드산 유기농 메리노 65%, 데번 즈바르트블러스 35%) 로즈베이색Rosebay 16~20g
바늘(슬리퍼 패널 뜨기용) … 3.5mm(미국 4) 장갑바늘
바늘(발바닥용) … 5.5mm(미국 9) 줄바늘(길이 40cm)
도구 … 마커, 잠금 마커 2색, 돗바늘

게이지

턱짜기 22코×52단/3.5mm(미국 4) 바늘

손뜨개 약어

끌어올려뜨기(브리오쉬 걸뜨기) 1BRK1 : 이전 단에서 걸러뜨기한 코와 그 코를 감은 실을 함께 겉뜨기.
끌어올려 안뜨기(브리오쉬 안뜨기) 1BRP1 : 이전 단에서 걸러뜨기한 코와 그 코를 감은 실을 함께 안뜨기.
실 감고 걸러뜨기SL1YO : 실을 앞쪽에 두고 안뜨기 방향으로 걸러뜨기를 한다. 다음 코가 겉뜨기이거나 끌어올려뜨기라면 실을 걸러뜨기한 코 뒤쪽으로 보내 겉뜨기를 한다. 다음 코가 안뜨기이거나 끌어올려 안뜨기라면 실을 바늘에 감고 다시 뜨개바탕 앞쪽으로 가져와 안뜨기를 한다.

패턴 기법 : 턱짜기 Tuck Stitch

코를 걸러뜨기하고 뜨는 실을 걸러뜨기한 코 위로 바늘비우기하는 것으로 시작한다(실 감고 걸러뜨기). 바늘비우기한 코를 뜨면 걸러뜨기한 코 위로 실이 끌어 올려진다. 그 걸러뜨기 코를 겉뜨기하면 끌어올려뜨기(브리오쉬 겉뜨기), 안뜨기하면 끌어올려 안뜨기(브리오쉬 안뜨기)라고 한다. 이 3코를 사용하면 그 가능성은 무한하다. 이 양말의 패턴은 1회 턱짜기로 걸러뜨기 코에 실 한 가닥이 걸쳐지지만 끌어올려뜨기나 끌어올려 안뜨기하기 전까지 해당 코를 여러 번 걸러뜨기하면 매번 실을 추가할 수 있다. 이 패턴에서 각각의 단은 한 번에 실 한

가닥으로 두 번 작업한다. 배색실로 뜬 다음 뜨개바탕을 장갑바늘이나 줄바늘의 반대쪽으로 밀어 바탕실로 다시 뜬다. 이렇게 두 뜨개실이 모두 단 끝에 오면, 뜨개바탕을 돌리고 다시 배색실로 다른 면을 뜰 준비를 한다.

오른쪽 패널(2개 만들기)

바탕실로 3.5mm(미국 4) 장갑바늘에 12코를 잡는다.

발가락

1단 배색(겉면) : 겉뜨기 1코, *안뜨기 1코, 실 감고 걸러뜨기* 마지막 코 전까지 *-* 반복, 겉뜨기 1코. 뜨개바탕을 반대쪽으로 밀기.

1단 바탕색(겉면) : 겉뜨기로 1코 늘리기, *겉뜨기 1코, 끌어올려뜨기 1코* 마지막 코 전까지 *-* 반복, 겉뜨기로 1코 늘리기. 뜨개바탕 돌리기. 14코.

2단 배색(안면) : 겉뜨기 1코, *실 감고 걸러뜨기, 겉뜨기 1코* 마지막 코 전까지 *-* 반복, 겉뜨기 1코. 뜨개바탕을 반대쪽으로 밀기.

2단 바탕색(안면) : 겉뜨기로 1코 늘리기, *끌어올려 안뜨기 1코, 안뜨기 1코* 마지막 코 전까지 *-* 반복, 겉뜨기로 1코 늘리기. 뜨개바탕 돌리기. 16코.

3단 배색(겉면) : 겉뜨기 1코, *안뜨기 1코, 실 감고 걸러뜨기* 마지막 코 전까지 *-* 반복, 겉뜨기 1코. 뜨개바탕을 반대쪽으로 밀기.

3단 바탕색(겉면) : 겉뜨기로 1코 늘리기, 마커 걸기, *겉뜨기 1코, 끌어올려뜨기 1코* 마지막 코 전까지 *-* 반복, 겉뜨기로 1코 늘리기. 뜨개바탕 돌리기. 18코.

4단 배색(안면) : 겉뜨기 1코, *실 감고 걸러뜨기, 겉뜨기 1코* 마커 1코 전까지 *-* 반복, 실 감고 걸러뜨기, 마커 옮기기, 안뜨기 1코, 겉뜨기 1코. 뜨개바탕을 반대쪽으로 밀기.

4단 바탕색(안면) : 겉뜨기로 1코 늘리기, *끌어올려 안뜨기 1코, 안뜨기 1코* 마커 1코 전까지 *-* 반복, 끌어올려 안뜨기 1코, 마커 옮기기, 실 감고 걸러뜨기, 겉뜨기로 1코 늘리기. 뜨개바탕 돌리기. 20코.

5단 배색(겉면) : 겉뜨기 1코, *실 감고 걸러뜨기, 끌어올려뜨기 1코* 마커 전까지 *-* 반복, 마커 옮기기, *안뜨기 1코, 실 감고 걸러뜨기* 마지막 코 전까지 *-* 반복, 겉뜨기 1코. 뜨개바탕을 반대쪽으로 밀기.

5단 바탕색(겉면) : 겉뜨기로 1코 늘리기, *끌어올려 안뜨기 1코, 실 감고 걸러뜨기* 마커 전까지 *-* 반복, 마커 옮기기, *겉뜨기 1코, 끌어올려뜨기 1코* 마지막 코 전까지 *-* 반복, 겉뜨기로 1코 늘리기. 뜨개바탕 돌리기. 2코 늘어서 22코.

6단 배색(안면) : *겉뜨기 1코, 실 감고 걸러뜨기* 마커 전까지

- 반복, 마커 옮기기. *끌어올려 안뜨기 1코, 실 감고 걸러뜨기* 마지막 2코 전까지 *-* 반복, 안뜨기 1코, 겉뜨기 1코. 뜨개바탕을 반대쪽으로 밀기.

6단 바탕색(안면) : 겉뜨기로 1코 늘리기, *끌어올려 안뜨기 1코, 안뜨기 1코* 마커 1코 전까지 *-* 반복, 끌어올려 안뜨기 1코, 마커 옮기기. *실 감고 걸러뜨기, 끌어올려뜨기 1코* 마지막 2코 전까지 *-* 반복, 실 감고 걸러뜨기, 겉뜨기로 1코 늘리기. 뜨개바탕 돌리기. 2코 늘어 24코.

7·8단 : 5·6단을 반복한다. 28코여야 한다.

슬리퍼 몸통

9단 배색(겉면) : 겉뜨기 1코, *실 감고 걸러뜨기, 끌어올려뜨기 1코* 마커 전까지 *-* 반복, 마커 옮기기. *안뜨기 1코, 실 감고 걸러뜨기* 마지막 코 전까지 *-* 반복, 겉뜨기 1코. 뜨개바탕을 반대쪽으로 밀기.

9단 바탕색(겉면) : 실을 앞쪽에 두고 걸러뜨기 1코, *끌어올려 안뜨기 1코, 실 감고 걸러뜨기* 마커 전까지 *-* 반복, 마커 옮기기. *겉뜨기 1코, 끌어올려뜨기 1코* 마지막 코 전까지 *-* 반복, 실을 뒤쪽에 두고 걸러뜨기 1코. 뜨개바탕 돌리기.

10단 배색(안면) : 안뜨기 1코, *겉뜨기 1코, 실 감고 걸러뜨기* 마커 전까지 *-* 반복, 마커 옮기기. *끌어올려 안뜨기 1코, 실 감고 걸러뜨기* 마지막 코 전까지 *-* 반복, 안뜨기 1코. 뜨개바탕을 반대쪽으로 밀기.

10단 바탕색(안면) : 실을 앞쪽에 두고 걸러뜨기 1코, *안뜨기 1코, 끌어올려 안뜨기 1코* 마커 전까지 *-* 반복, 마커 옮기기. *실 감고 걸러뜨기, 끌어올려뜨기 1코* 마지막 코 전까지 *-* 반복, 실을 뒤쪽에 두고 걸러뜨기 1코. 뜨개바탕 돌리기.

11~20(11~26)단 : 9·10단 5(8)회 더 반복한다.

코 줄이기

21(27)단 배색(겉면) : 겉뜨기 1코, *실 감고 걸러뜨기, 끌어올려뜨기 1코* 마커 전까지 *-* 반복, 마커 옮기기. *안뜨기 1코, 실 감고 걸러뜨기* 마지막 코 전까지 *-* 반복, 겉뜨기 1코. 뜨개바탕을 반대쪽으로 밀기.

21(27)단 바탕색(겉면) : 실을 앞쪽에 두고 걸러뜨기 1코, *끌어올려 안뜨기 1코, 실 감고 걸러뜨기* 마커 전까지 *-* 반복, 마커 옮기기. 왼코 겹쳐 2코 모아뜨기, *겉뜨기 1코, 끌어올려뜨기 1코* 마지막 코 전까지 *-* 반복, 실을 뒤쪽에 두고 걸러뜨기 1코. 뜨개바탕 돌리기. (-1코).

22(28)단 배색(안면) : 안뜨기 1코, *겉뜨기 1코, 실 감고 걸러뜨기* 마커 1코 전까지 *-* 반복, 겉뜨기 1코, 마커 옮기기. *끌어올려 안뜨기 1코, 실 감고 걸러뜨기* 마지막 코 전까지 *-* 반복, 안뜨기 1코. 뜨개바탕을 반대쪽으로 밀기.

22(28)단 바탕색(안면) : 실을 앞쪽에 두고 걸러뜨기 1코, *안뜨기 1코, 끌어올려 안뜨기 1코* 마커 3코 전까지 *-* 반복, 안뜨기 1코, 왼코 겹쳐 2코 모아 안뜨기, 마커 옮기기. *실 감고 걸러뜨기, 끌어올려뜨기 1코* 마지막 코 전까지 *-* 반복, 실을 뒤쪽에 두고 걸러뜨기 1코. 뜨개바탕 돌리기. (-1코).

23(29)단 배색(겉면) : 겉뜨기 1코, *실 감고 걸러뜨기, 끌어올려뜨기 1코* 마커 전까지 *-* 반복, 마커 옮기기. *안뜨기 1코, 실 감고 걸러뜨기* 마지막 코 전까지 *-* 반복, 겉뜨기 1코. 뜨개바탕을 반대쪽으로 밀기.

23(29)단 바탕색(겉면) : 실을 앞쪽에 두고 걸러뜨기 1코, *끌어올려 안뜨기 1코, 실 감고 걸러뜨기* 마커 전까지 *-* 반복, 마커 옮기기. *겉뜨기 1코, 끌어올려뜨기 1코* 마지막 코 전까지 *-* 반복, 실을 뒤쪽에 두고 걸러뜨기 1코. 뜨개바탕 돌리기.

24(30)단 배색(안면) : 안뜨기 1코, *겉뜨기 1코, 실 감고 걸러뜨기* 마커 전까지 *-* 반복, 마커 옮기기. *끌어올려 안뜨기 1코, 실 감고 걸러뜨기* 마지막 코 전까지 *-* 반복, 안뜨기 1코. 뜨개바탕을 반대쪽으로 밀기.

24(30)단 바탕색(안면) : 실을 앞쪽에 누고 걸러뜨기 1코, *안뜨기 1코, 끌어올려 안뜨기 1코* 마커 전까지 *-* 반복, 마커 옮기기. *실 감고 걸러뜨기, 끌어올려뜨기 1코* 마지막 코 전까지 *-* 반복, 실을 뒤쪽에 두고 걸러뜨기 1코. 뜨개바탕 돌리기. 26코.

25~44(31~50)단 : 21~24(27~30)단을 5회 더 반복한다. 16코.

45~46(51~52)단 : 21·22(27·28)단을 반복. 14코.

발목

47~54(53~60)단 : 9·10단을 4회 반복한다. 바탕실과 선호하는 코막음으로 14코를 마무리한다. 기초코 단을 내 몸 쪽으로 놓고 각 오른쪽 패널의 기초코 단 왼쪽 모서리에 마커를 건다.

왼쪽 패널(2개 만들기)

바탕실로 3.5mm (미국 4) 장갑바늘에 기초코 12코를 잡는다.

발가락

1단 배색(겉면) : 겉뜨기 1코, *안뜨기 1코, 실 감고 걸러뜨기* 마지막 코 전까지 *-* 반복, 겉뜨기 1코. 뜨개바탕을 반대쪽으로 밀기.

1단 바탕색(겉면) : 겉뜨기로 1코 늘리기, *겉뜨기 1코, 끌어올려뜨기 1코* 마지막 코 전까지 *-* 반복, 겉뜨기로 1코 늘리기. 뜨개바탕 돌리기. 14코.

2단 배색(안면) : 겉뜨기 1코, *실 감고 걸러뜨기, 겉뜨기 1코* 마지막 코 전까지 *-* 반복, 겉뜨기 1코. 뜨개바탕을 반대쪽으로 밀기.

2단 바탕색(안면) : 겉뜨기로 1코 늘리기, *끌어올려 안뜨기 1코, 안뜨기 1코* 마지막 코 전까지 *-* 반복, 겉뜨기로 1코 늘리기. 뜨개바탕 돌리기. 16코.

3단 배색(겉면) : 겉뜨기 1코, *안뜨기 1코, 실 감고 걸러뜨기* 마지막 코 전까지 *-* 반복, 겉뜨기 1코. 뜨개바탕을 반대쪽으로 밀기.

3단 바탕색(겉면) : 겉뜨기로 1코 늘리기, *겉뜨기 1코, 끌어올려뜨기 1코* 마지막 코 전까지 *-* 반복, 마커 걸기, 겉뜨기로 1코 늘리기. 뜨개바탕 돌리기. 18코.

4단 배색(안면) : 겉뜨기 1코, 안뜨기 1코, 마커 옮기기, *겉뜨기 1코, 실 감고 걸러뜨기* 마지막 2코 전까지 *-* 반복, 겉뜨기 2코. 뜨개바탕을 반대쪽으로 밀기.

4단 바탕색(안면) : 겉뜨기로 1코 늘리기, 실 감고 걸러뜨기, 마커 옮기기, *안뜨기 1코, 끌어올려 안뜨기 1코* 마지막 2코 전까지 *-* 반복, 안뜨기 1코, 겉뜨기로 1코 늘리기. 뜨개바탕 돌리기. 20코.

5단 배색(겉면) : 겉뜨기 1코, *안뜨기 1코, 실 감고 걸러뜨기* 마커 전까지 *-* 반복, 마커 옮기기. *끌어올려뜨기 1코, 실 감고 걸러뜨기* 마지막 코 전까지 *-* 반복, 겉뜨기 1코. 뜨개바탕을 반대쪽으로 밀기.

5단 바탕색(겉면) : 겉뜨기로 1코 늘리기, *겉뜨기 1코, 끌어올려뜨기 1코* 마커 전까지 *-* 반복, 마커 옮기기. *실 감고 걸러뜨기, 끌어올려 안뜨기 1코* 마지막 코 전까지 *-* 반복, 겉뜨기로 1코 늘리기. 뜨개바탕 돌리기. 2코 늘어서 22코.

6단 배색(안면) : 겉뜨기 1코, 안뜨기 1코, *실 감고 걸러뜨기, 끌어올려 안뜨기 1코* 마커 전까지 *-* 반복, 마커 옮기기. *겉뜨기 1코, 실 감고 걸러뜨기* 마지막 2코 전까지 *-* 반복, 겉뜨기 2코. 뜨개바탕을 반대쪽으로 밀기.

6단 바탕색(안면) : 겉뜨기로 1코 늘리기, *실 감고 걸러뜨기, 끌어올려뜨기 1코* 마커 1코 전까지 *-* 반복, 실 감고 걸러뜨기, 끌어올려 안뜨기 1코, 마커 옮기기. *안뜨기 1코, 브리오쉬 안뜨기 1코* 마지막 2코 전까지 *-* 반복, 안뜨기 1코, 겉뜨기로 1코 늘리기. 뜨개바탕 돌리기. 2코 늘어서 24코.

7·8단 : 5·6단을 반복한다. 28코여야 한다.

슬리퍼 몸통

9단 배색(겉면) : 겉뜨기 1코, *안뜨기 1코, 실 감고 걸러뜨기* 마커 전까지 *-* 반복, 마커 옮기기. *끌어올려뜨기 1코, 실 감고 걸러뜨기* 마지막 코 전까지 *-* 반복. 겉뜨기 1코. 뜨개바탕을 반대쪽으로 밀기.

9단 바탕색(겉면) : 실을 뒤쪽에 두고 걸러뜨기 1코. *겉뜨기 1코. 끌어올려뜨기 1코* 마커 전까지 *-* 반복. 마커 옮기기. *실 감고 걸러뜨기. 끌어올려 안뜨기 1코* 마지막 코 전까지 *-* 반복. 실을 앞쪽에 두고 걸러뜨기 1코. 뜨개바탕을 반대쪽으로 밀기.

10단 배색(안면) : 안뜨기 1코. *끌어올려 안뜨기 1코. 실 감고 걸러뜨기* 마커 전까지 *-* 반복. 마커 옮기기. *겉뜨기 1코. 실 감고 걸러뜨기* 마지막 코 전까지 *-* 반복. 안뜨기 1코. 뜨개바탕을 반대쪽으로 밀기.

10단 바탕색(안면) : 실을 뒤쪽에 두고 걸러뜨기 1코. *끌어올려뜨기 1코. 실 감고 걸러뜨기* 마커 전까지 *-* 반복. 마커 옮기기. *안뜨기 1코. 끌어올려 안뜨기 1코* 마지막 코 전까지 *-* 반복. 실을 앞쪽에 두고 걸러뜨기 1코. 뜨개바탕 돌리기.

11~20(11~26)단 : 9·10단을 5(8)회 더 반복한다.

코 줄이기

21(27)단 배색(겉면) : 겉뜨기 1코. *안뜨기 1코. 실 감고 걸러뜨기* 마커 전까지 *-* 반복. 마커 옮기기. *끌어올려뜨기 1코. 실 감고 걸러뜨기* 마지막 코 전까지 *-* 반복. 겉뜨기 1코. 뜨개바탕을 반대쪽으로 밀기.

21(27)단 바탕색(겉면) : 실을 뒤쪽에 두고 걸러뜨기 1코. *겉뜨기 1코. 끌어올려뜨기 1코* 마커 2코 전까지 *-* 반복. [겉뜨기 방향으로 걸러뜨기 1코. 안뜨기 방향으로 걸러뜨기 1코. 2코를 왼바늘에 옮기기. 왼코 겹쳐 2코 모아 꼬아뜨기]. 마커 옮기기. *실 감고 걸러뜨기. 끌어올려 안뜨기 1코* 마지막 코 전까지 *-* 반복. 실을 앞쪽에 두고 걸러뜨기 1코. 뜨개바탕 돌리기. (-1코).

22(28)단 배색(안면) : 안뜨기 1코. *실 감고 걸러뜨기. 끌어올려 안뜨기 1코* 마커 전까지 *-* 반복. 마커 옮기기. *실 감고 걸러뜨기. 겉뜨기 1코* 마지막 2코 전까지 *-* 반복. 실 감고 걸러뜨기. 안뜨기 1코. 뜨개바탕을 반대쪽으로 밀기.

22(28)단 바탕색(안면) : 실을 뒤쪽에 두고 걸러뜨기 1코. *끌어올려뜨기 1코. 실 감고 걸러뜨기* 마커 전까지 *-* 반복. 마커 옮기기. [안뜨기 방향으로 걸러뜨기 1코. 겉뜨기 방향으로 걸러뜨기 1코. 2코를 왼바늘에 옮기기. 왼코 겹쳐 2코 모아뜨기]. *끌어올려 안뜨기 1코. 안뜨기 1코* 마지막 2코 전까지 *-* 반복. 끌어올려 안뜨기 1코. 실을 앞쪽에 두고 걸러뜨기 1코. 뜨개바탕 돌리기. (-1코).

23(29)단 배색(겉면) : 겉뜨기 1코. *안뜨기 1코. 실 감고 걸러뜨기* 마커 전까지 *-* 반복. 마커 옮기기. *끌어올려뜨기 1코. 실 감고 걸러뜨기* 마지막 코 전까지 *-* 반복. 겉뜨기 1코. 뜨개바탕

을 반대쪽으로 밀기.

23(29)단 바탕색(겉면) : 실을 뒤쪽에 두고 걸러뜨기 1코. *겉뜨기 1코. 끌어올려뜨기 1코* 마커 전까지 *-* 반복. 마커 옮기기. *실 감고 걸러뜨기. 끌어올려 안뜨기 1코* 마지막 코 전까지 *-* 반복. 실을 앞쪽에 두고 걸러뜨기 1코. 뜨개바탕 돌리기.

24(30)단 배색(안면) : 안뜨기 1코. *실 감고 걸러뜨기. 끌어올려 안뜨기 1코* 마커 전까지 *-* 반복. 마커 옮기기. *겉뜨기 1코. 실 감고 걸러뜨기* 마지막 코 전까지 *-* 반복. 안뜨기 1코. 뜨개바탕을 반대쪽으로 밀기.

24(30)단 바탕색(안면) : 실을 뒤쪽에 두고 걸러뜨기 1코. *끌어올려뜨기 1코. 실 감고 걸러뜨기* 마커 전까지 *-* 반복. 마커 옮기기. *안뜨기 1코. 끌어올려 안뜨기 1코* 마지막 코 전까지 *-* 반복. 실을 앞쪽에 두고 걸러뜨기 1코. 뜨개바탕 돌리기. 26코.

25~44(31~50)단 : 21~24(27~30)단을 5회 더 반복한다. 16코.

45·46(51·52)단 : 21·22(27·28)단을 반복한다. 14코가 있어야 한다.

발목

47~54(53~60)단 : 9·10단을 4회 반복한다.

바탕실과 선호하는 코막음으로 14코를 놓고 마무리한다. 기초코 단을 내 몸 쪽으로 놓고 각 왼쪽 패널의 기초코 단의 오른쪽 모서리에 마커를 건다. 같은 크기의 패널 4개를 핀으로 고정하고 스팀 블로킹한다. 오른쪽 패널 1개와 왼쪽 패널 1개를 겉면끼리 마주 대고 코막음 단을 꿰매 실 끝을 정리한다. 패널의 발가락 부분을 겹치고 기초코 단에 걸린 마커를 맞춘다. 1번째 슬리퍼는 오른쪽 패널 위. 2번째 슬리퍼는 왼쪽 패널 위에 놓고 만든다. 잠금 마커를 맞추고 핀으로 배치해 고정한 다음 패널이 겹치는 지점의 양 측면에 잠금 마커를 걸어 나중에 기준점으로 삼는다.

스럼 Thrums

스럼용 로빙사의 끝을 살살 잡아당겨 1.5cm 폭으로 가른다. 그 스럼을 약간 꼬아 발바닥을 뜨기 전에 슬리퍼당 22(23)개를 준비한다. 스럼을 뜨려면 바늘을 겉뜨기하듯 코에 넣는다. 스럼의 가운데 부분을 판판하게 해서 실 끝을 슬리퍼의 안쪽 방향으로 오른바늘에 감는다. 스럼을 고정하고 스럼과 뜨개실을 평소대로 고리를 통해새 겉뜨기한다. 다음 단에서 그 코를 뜰 때 스럼과 실을 한 코로 함께 뜬다.

발바닥

슬리퍼 윗부분을 밑으로 놓는다. 40cm 길이의

5.5mm(미국 9) 줄바늘과 바탕실 2가닥으로 뒤꿈치부터 마커까지 오른쪽 패널을 따라 18(21)코. 겹친 두 패널을 통해 발가락을 따라 26코. 왼쪽 패널을 따라 18(21)코 줍기. 62(68)코 주움. 단의 시작에 마커를 걸고 원통으로 연결.

원통뜨기 1단 : 안뜨기.

경사뜨기 1단(겉면) : 겉뜨기 49(52)코. 뜨개바탕 돌리기.

경사뜨기 2단(안면) : 겉뜨기 36코. 뜨개바탕 돌리기.

원통뜨기 4단 : 겉뜨기 6코. [왼코 겹쳐 2코 모아 뜨기. 겉뜨기 2코] 6회. 경사뜨기로 생긴 틈을 없애며 겉뜨기 19(22)코. (-6코).

원통뜨기 5단 : [겉뜨기 5코. 스럼] 9(10)회. 겉뜨기 2코.

원통뜨기 6단 : [안뜨기 5코. 겉뜨기 1코] 9(10)회. 안뜨기 2코.

원통뜨기 7단 : 왼코 겹쳐 2코 모아뜨기 3회. 겉뜨기 13(16)코. [겉뜨기 1코. 왼코 겹쳐 2코 모아뜨기] 6회. 겉뜨기 13(16)코. 왼코 겹쳐 2코 모아뜨기 3회. (-12코).

원통뜨기 8단 : 안뜨기.

원통뜨기 9단 : 스럼. 겉뜨기 4(5)코. 스럼. 겉뜨기 5(6)코. 스럼. 겉뜨기 4(5)코. [스럼. 겉뜨기 3코] 2회. 스럼. 겉뜨기 4(5)코. 스럼. 겉뜨기 5(6)코. 스럼. 겉뜨기 4(5)코. 스럼. 겉뜨기 3코.

원통뜨기 10단 : 겉뜨기 1코. 안뜨기 4(5)코. 겉뜨기 1코. 안뜨기 5(6)코. 겉뜨기 1코. 안뜨기 4(5)코. [겉뜨기 1코. 안뜨기 3코] 2회. 겉뜨기 1코. 안뜨기 4(5)코. 겉뜨기 1코. 안뜨기 5(6)코. 겉뜨기 1코. 안뜨기 4(5)코. 겉뜨기 1코. 안뜨기 3코.

원통뜨기 11단 : 왼코 겹쳐 2코 모아뜨기. 겉뜨기 6(7)코. 스럼. 겉뜨기 4(5)코. 스럼. 겉뜨기 2(3)코. 왼코 겹쳐 2코 모아뜨기 6회. 겉뜨기 3(4)코. 스럼. 겉뜨기 5(6)코. 스럼. 겉뜨기 4(5)코. 왼코 겹쳐 2코 모아뜨기. (-8코).

원통뜨기 12단 : 안뜨기 7(8)코. 겉뜨기 1코. 안뜨기 4(5)코. 겉뜨기 1코. 안뜨기 11(13)코. 겉뜨기 1코. 안뜨기 5(6)코. 겉뜨기 1코. 안뜨기 5(6)코. 36(42)코가 있어야 한다. 실 끝을 89cm 남기고. 실을 자른다. 남아 있는 코를 바늘에 똑같이 나누고 메리야스 잇기로 연결한다.

마무리하기

실을 보이지 않게 정리한다. 슬리퍼 바깥쪽이 축축해질 때까지 물을 분사하고 안을 밖으로 뒤집어 핀으로 고정해 블로킹 다음 치수를 재고 말린다. 이렇게 하면 스럼이 손상되지 않으면서 신축성도 여전해 블로킹으로 모양을 만들 수 있다.

39 캐주얼 레이스 양말 CASUAL LACE

사이즈

1(2)

완성 치수

양말목 둘레 ⋯ 24(27)cm

길이 ⋯ 조절 가능

재료

실 ⋯ 호자 포마르Rosa Pomar의 브루스카Brusca(포르투갈산 파인 울 100%(살로이아 50%. 메리노 브랑코+메리노 프레투 50%), 125m/50g) B 2(3)볼

바늘 ⋯ 3mm(미국 2.5) 장갑바늘. 3.25mm(미국 3) 장갑바늘. 3.5mm(미국 4) 장갑바늘 또는 매직 루프용 줄바늘

도구 ⋯ 마커 2개. 돗바늘

게이지

메리야스뜨기 21코×32단/3.5mm(미국 4) 바늘

레이스 패턴 뜨기 20코×32단/3.5mm(미국 4) 바늘

손뜨개 약어

오른코 겹쳐 3코 모아뜨기 Sk2Po : 겉뜨기 방향으로 1코 옮기기. 2코 한꺼번에 겉뜨기. 옮긴 코로 덮어씌우기. (-2코).

양말단(원통뜨기)

선호하는 코잡기로 3.25mm(미국 3) 바늘에 48(54)코를 잡는다. 마커를 걸고 원통으로 연결한다.

1단: [겉뜨기 1코, 안뜨기 1코] 끝까지 반복.

양말단 길이가 4.5cm 될 때까지 1코 고무뜨기를 한다.

3.5mm(미국 4) 바늘로 바꾼다.

양말목

레이스 패턴을 25단(파트 1) 뜬 다음 3.25mm(미국 3) 바늘로 바꿔 20단. 다시 3mm(미국 2.5) 바늘로 20단(총 65단)을 뜨거나 원하는 길이까지 뜨고 레이스 패턴의 5단에서 끝낸다.

이 시점에서 양말목 길이는 기초코 단에서 25cm 정도 된다.

마커를 교체하거나 건다.

1사이즈만

다음 단: [안뜨기 3코, 겉뜨기 3코] 3회, 안뜨기 3코, 겉뜨기 1코, 마커 걸기, 겉뜨기 2코, *안뜨기 3코, 겉뜨기 3코* 마지막 6코 전까지 *-* 반복, 안뜨기 3코, 겉뜨기 2코, 오른바늘에 1코 옮기기, 마커 제거, 다시 왼바늘에 1코 옮기기, 마커 걸기.

마커 사이에 23/25코가 있다.

다음 단: 마커 전까지 겉뜨기, 마커 옮기기, 끝까지 레이스 패턴의 7단 뜨기(파트 2).

다음 단: 마커 전까지 겉뜨기, 마커 옮기기, 끝까지 레이스 패턴(파트 2) 다음 단 뜨기.

마지막 단을 2회 더 반복한다.

뒤꿈치 지침으로 넘어간다.

2사이즈만

다음 단: [안뜨기 3코, 겉뜨기 3코] 4회, 마커 걸기, 안뜨기 3코, *겉뜨기 3코, 안뜨기 3코* 마지막 3코 전까지 *-* 반복, 오른바늘에 3코 옮기기, 마커 제거, 다시 왼바늘에 3코 옮기기, 마커 걸기.

마커 사이에 27/27코가 있다.

다음 단: 마커 전까지 겉뜨기, 마커 옮기기, 끝까지 레이스 패턴(파트 2) 1단 뜨기.

다음 단: 마커 전까지 겉뜨기, 마커 옮기기, 끝까지 레이스 패턴(파트 2) 다음 단 뜨기.

마지막 단을 2회 더 반복한다.

뒤꿈치로 넘어간다.

뒤꿈치

23(27)코에서 시작한다.

경사뜨기 1단(겉면): 마커 전까지 겉뜨기, 뜨개바탕 돌리기.

경사뜨기 1단(안면): 더블스티치, 시작 마커 전까지 안뜨기, 뜨개바탕 돌리기.

경사뜨기 2단(겉면): 더블스티치, 더블스티치 전까지 겉뜨기, 뜨개바탕 돌리기.

경사뜨기 2단(안면): 더블스티치, 더블스티치 전까지 안뜨기, 뜨개바탕 돌리기.

경사뜨기 2단을 5(7)회 더 반복한다.

원통뜨기 다음 단: 더블스티치, 마커 전까지 겉뜨기(더블스티치가 나오면 더블스티치 겉뜨기), 마커 옮기기, 끝까지 레이스 패턴(파트 2) 뜨기.

경사뜨기 1단(겉면): 겉뜨기 17(19)코 (더블스티치가 나오면 더블스티치 겉뜨기), 뜨개바탕 돌리기.

경사뜨기 1단(안면): 더블스티치, 안뜨기 10코, 뜨개바탕 돌리기.

경사뜨기 2단(겉면): 더블스티치, 더블스티치 전까지 겉뜨기, 더블스티치 겉뜨기, 겉뜨기 1코, 뜨개바탕 돌리기.

경사뜨기 2단(안면): 더블스티치, 더블스티치 전까지 안뜨기, 더블스티치 안뜨기, 안뜨기 1코, 뜨개바탕 돌리기.

경사뜨기 2단을 5(7)회 더 반복한다.

다음 단: 더블스티치, 더블스티치 전까지 겉뜨기, 더블스티치 겉뜨기, 마커 옮기기, 끝까지 레이스 패턴(파트 2) 뜨기.

발(원통뜨기)

다음 단: 마커 전까지 겉뜨기(더블스티치가 나오면 더블스티치 겉뜨기), 마커 옮기기, 끝까지 레이스 패턴(파트 2) 뜨기.

다음 단: 마커 전까지 겉뜨기, 마커 옮기기, 끝까지 레이스 패턴(파트 2) 뜨기.

길이가 19.5cm 될 때까지 또는 원하는 길이보다 5(6)cm 짧을 때까지 마지막 단을 반복한다.

발가락(원통뜨기)

1사이즈만

1단(코 줄이기): 왼코 겹쳐 2코 모아뜨기, 마커 2코 전까지 겉뜨기, 오른코 겹쳐 2코 모아뜨기, 마커 옮기기, 겉뜨기 1코, 왼코 겹쳐 2코 모아뜨기, 마커 3코 전까지 겉뜨기, 오른코 겹쳐 2코 모아뜨기, 겉뜨기 1코. (-4코).

2·3단: 끝까지 겉뜨기.

4단(코 줄이기): 1단을 반복한다.

5단: 끝까지 겉뜨기.

4·5단을 3회 더 반복한다.

1단을 5회 더 반복한다.

실을 자르고 남은 8코에 통과시킨다.

2사이즈만

1단(코 줄이기): 겉뜨기 1코, 왼코 겹쳐 2코 모아뜨기, 마커 2코 전까지 겉뜨기, 오른코 겹쳐 2코 모아뜨기, 마커 옮기기, 겉뜨기 1코, 왼코 겹쳐 2코 모아뜨기, 마지막 2코 전까지 겉뜨기, 오른코 겹쳐 2코 모아뜨기. (-4코).

2·3단: 끝까지 겉뜨기.

4단(코 줄이기): 1단을 반복한다.

5단: 끝까지 겉뜨기.

4·5단을 4회 더 반복한다.

1단을 6회 더 반복한다.

실을 자르고 남은 6코에 통과시킨다.

마무리하기

남은 실을 보이지 않게 정리하고 흠뻑 적셔 블로킹한 다음 치수를 잰다.

레이스 패턴 파트 1

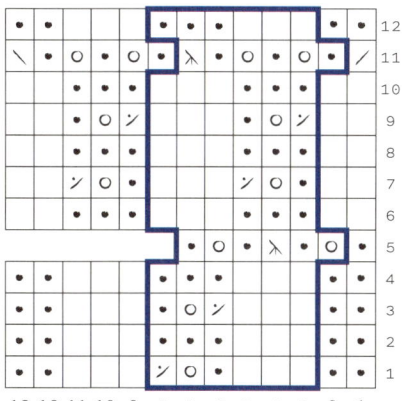

☐		겉뜨기
○		바늘비우기
•		안뜨기
╱		왼코 겹쳐 2코 모아뜨기
╲		오른코 겹쳐 2코 모아뜨기
⸝		왼코 겹쳐 2코 모아 안뜨기
人		오른코 겹쳐 3코 모아뜨기
◇		시작 마커 교체하기
☐		반복
■		새로운 단의 시작

1사이즈 레이스 패턴 파트 2

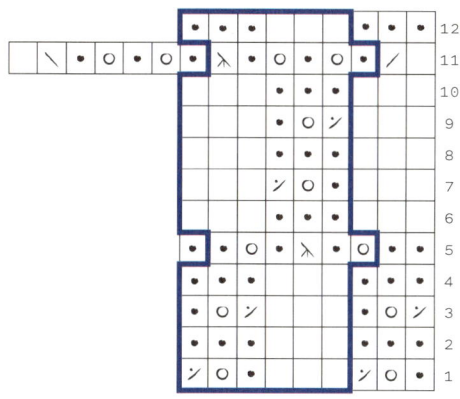

2사이즈 레이스 패턴 파트 2

40

52

에리카 로페즈 — 안야 호이만 — 엘레나 포템키나 — 카렌 보렐 — 파울라 페레이라 — 헬렌 스튜어트 — 모나 슈미트 — 베키 소렌센 — 다이애나 클린치 — 이자벨 크레머 — 카트리네 비르켄바세르 — 마리온 앙 — 나탈리야 시넬실로바

40 가리아 양말 GARIA

사이즈

1(2)

완성 치수

양말목/발둘레 ··· 19(20.5)cm
발길이 ··· 23(26)cm 또는 원하는 길이
양말목/양말단 길이 ··· 22.5(25.5)cm 또는 원하는 길이

재료

실 ··· 그레타 앤 더 파이버스Greta and the Fibers의 라발Raval
(슈퍼파인 메리노 75%, 나일론 25%, 400m/100g) 912 문라이트색
Moonlight 1볼
바늘 ··· 2.25mm(미국 1) 줄바늘
도구 ··· 마커 2개, 돗바늘

게이지

메인 뜨기 패턴 32코×44단

손뜨개 약어

중심 3코 모아뜨기CDD : 겉뜨기 방향으로 (왼코 겹쳐 2코 모아뜨기
하듯) 2코 옮기기, 겉뜨기 1코, 옮긴 2코로 덮어씌우기. (-2코).

뜨기 패턴

이삭 무늬 Spikelet Motif**(원통뜨기)**
롱스티치는 반복하는 각 지침의 중앙에 있는 겉뜨기 코 기둥
에서 작업해야 한다. 1단-2단-3단의 롱스티치는 각각 4단-3
단-2단 아래의 코에서 끌어 올려진다.
1단 : [안뜨기 1코, 오른바늘을 왼쪽 겉뜨기 기둥의 4단 아래
코에 넣어 롱스티치, 안뜨기 2코, 겉뜨기 1코, 안뜨기 2코, 바
늘을 같은 코에 넣어 롱스티치] 끝까지 반복. 마지막 롱스티
치를 왼바늘에 건다(시작 마커 다음).
2단 : [중심 3코 모아뜨기, 왼쪽 겉뜨기 기둥의 3단 아래 코에
서 롱스티치, 안뜨기 2코, 겉뜨기 1코, 안뜨기 2코, 같은 코에
서 롱스티치] 끝까지 반복.
3단 : [겉뜨기 1코, 걸러뜨기 1코, 안뜨기 1코, 왼쪽 겉뜨기 기
둥의 2단 아래 코에 롱스티치, 안뜨기 1코, 겉뜨기 1코, 안뜨
기 1코, 같은 코에서 롱스티치, 안뜨기 1코, 걸러뜨기 1코] 끝
까지 반복.
4단 : [겉뜨기 1코, 왼코 겹쳐 2코 모아뜨기, 왼코 겹쳐 2코 모
아뜨기, 겉뜨기 1코, 왼코 겹쳐 2코 모아 꼬아뜨기, 왼코 겹쳐
2코 모아 꼬아뜨기] 끝까지 반복.
5~8단 : 겉뜨기.

POINT

이 양말은 경사뜨기 뒤꿈치와 프린세스 발바닥 (겉뜨기 면이 안쪽을 향하는)이라는 방법을 통합해 뜹니다. 안을 뒤집어서 뜨개질하도록 고안해 보다 쉽게 작업할 수 있습니다.

발가락은 겉뜨기 코로 만들어지지만, 발가락을 다 뜨면 뜨개바탕을 뒤집습니다. 이때 더블스티치로 최대한 자연스럽게 전환되도록 하세요. 양말은 양말목 윗부분의 무늬뜨기를 시작하면 다시 뒤집는데, 밀 이삭 또는 작은 꽃 모양의 이 무늬는 '아랫단 코에 겉뜨기' 또는 롱스티치로 만들 수 있습니다.

발가락(원통뜨기)

주디의 매직 코잡기로 20(22)코를 잡는다. 각 바늘에 10(11)코씩 있어야 한다.

1단 : 겉뜨기.

2단

바늘 1 : 겉뜨기 1코, 돌려뜨며 왼코 늘리기, 바늘에 1코 남을 때까지 겉뜨기, 돌려뜨며 오른코 늘리기, 겉뜨기 1코.

바늘 2 : 겉뜨기 1코, 돌려뜨며 왼코 늘리기, 바늘에 1코 남을 때까지 겉뜨기, 돌려뜨며 오른코 늘리기, 겉뜨기 1코.

(+4코). 총 24(26)코.

2단을 2(3)회 더 반복한다. 각 바늘에 16(19)코씩 총 32(38)코여야 한다.

1·2단을 7(7)회 더 반복한다. 각 바늘에 30(33)코씩 총 60(66)코여야 한다.

마지막으로 1단을 3(3)회 더 반복한다.

발

안을 밖으로 뒤집는다. 방금 뜬 코들을 반대 방향으로 뜰 차례다. 단의 시작에 마커를 건다. 뜨개실이 왼바늘에 있고 안면을 바라보며 다음과 같이 더블스티치 작업을 한다.

실을 앞쪽에 두기, 안뜨기 방향으로 걸러뜨기 1코, 실을 바늘 뒤로 당기고 지침대로 원통으로 겉뜨기를 계속한다. 더블스티치는 다음 단에서 겉뜨기로 뜨며 꼭 맞도록 약간 세게 잡아당긴다.

오른쪽 양말 1사이즈만

바늘 1 : 더블스티치, 겉뜨기 1코, [안뜨기 1코, 겉뜨기 5코] 4회, 안뜨기 1코, 겉뜨기 3코.

바늘 2 : 겉뜨기.

왼쪽 양말 1사이즈만

바늘 1 : 더블스티치, 겉뜨기 2코, [안뜨기 1코, 겉뜨기 5코] 4회, 안뜨기 1코, 겉뜨기 2코.

바늘 2 : 겉뜨기.

양쪽 양말 2사이즈만

바늘 1 : 더블스티치, [안뜨기 1코, 겉뜨기 5코] 5회, 안뜨기 1코, 겉뜨기 1코.

바늘 2 : 겉뜨기.

오른쪽 양말은 겉뜨기 2(1)코, 왼쪽 양말은 겉뜨기 3(1)코로 시작한다. 설정한 패턴대로 전체 발 길이보다 5cm 짧을 때까지 뜬다. 기초코 단에서 18(21)cm 정도 된다.

뒤꿈치

경사뜨기 뒤꿈치는 1·2사이즈 모두 뒤의 절반 코(이를테면 발바닥 코)(바늘 2의 30(33)코)에서 왕복한다.

시작 전에 독일식 경사뜨기로 뒤꿈치 모양을 만든다. 더블스티치가 나오면 한 코로 다루며 그 단에 맞는 겉뜨기나 안뜨기로 진행한다.

원통뜨기 준비단

바늘 1 : 패턴 뜨기, 코를 보류하기.

바늘 2 : 왕복하며 다음과 같이 진행한다.

1단(안면) : 실을 앞쪽에 두고 걸러뜨기 1코, 안뜨기 28(31)코, 뜨개바탕 돌리기.

2단(겉면) : 더블스티치, 겉뜨기 27(30)코, 뜨개바탕 돌리기.

3단(안면) : 더블스티치, 안뜨기 26(29)코, 뜨개바탕 돌리기.

더블스티치 사이에 10(11)코가 될 때까지 단마다 1코씩 덜 뜨며 2·3단을 반복하다가 안면 단에서 끝낸다.

다음과 같이 3단에서 끝난다. 더블스티치, 안뜨기 10(11)코.

이 마지막 단을 마치고 뜨개바탕은 돌리지 않는다. 경사뜨기 단을 늘리며 뒤꿈치 모양 만들기 후반 작업을 시작한다. 먼저 다음과 같이 더블스티치 작업을 한다.

이전 3단(안면, 이어짐) : 뜨개바탕을 돌리기 전에 마커를 걸고 바늘 2 끝까지 안뜨기(더블스티치가 나오면 더블스티치의 실 2가닥을 한 코로 안뜨기), 뜨개바탕 돌리기.

4단(겉면) : 더블스티치, 다음 더블스티치 전까지 겉뜨기, 마커 걸고 바늘 2 끝까지 겉뜨기, 뜨개바탕 돌리기.

5단(안면) : 더블스티치, 2번째 마커 전까지 안뜨기, 마커 제거, 안뜨기 1코, 뜨개바탕 돌리기.

6단(겉면) : 더블스티치, 마커 전까지 겉뜨기, 마커 제거, 겉뜨기 1코, 뜨개바탕 돌리기.

7단(안면) : 더블스티치, 더블스티치 전까지 안뜨기, 더블스티치 안뜨기, 안뜨기 1코, 뜨개바탕 돌리기.

8단(겉면) : 더블스티치, 더블스티치 전까지 겉뜨기, 더블스티치 겉뜨기, 겉뜨기 1코, 뜨개바탕 돌리기.

양 끝에 더블스티치가 2코씩 있을 때까지 매번 한 코씩 더 뜨며 7·8단을 반복한다. 마지막 7단을 끝내고 뜨개바탕을 돌리지 않는다.

마지막 7단(안면, 이어짐) : 남은 더블스티치 2코 안뜨기하고 뜨개바탕 돌리기.

준비단 1단(겉면) : 실을 뒤쪽에 두고 걸러뜨기 1코, 겉뜨기 29(32)코(반대쪽 끝에 마지막 더블스티치 2코 포함), 뜨개바탕 돌리기.

준비단 2단(안면) : 실을 앞쪽에 두고 걸러뜨기 1코, 안뜨기 29(32)코.

양말목을 뜨기 위해 원통뜨기를 재개한다. 양말을 뒤집어 안면이 밖으로 나와 있는 상태로 계속 작업한다는 것에 주의하고 양말목의 뒤쪽 코뿐 아니라 발등 코도 고무뜨기 패턴을 진행한다.

다음 단 : [왼바늘로 뒤쪽에서 2코 사이의 싱커 루프를 끌어 올리기, 끌어 올린 실을 다음 바늘의 첫 코와 함께 겉뜨기※1, 세게 당기기, 바늘 위 끝까지 패턴 뜨기] 2회.

※1 이렇게 하면 뒤꿈치와 양말의 본판 사이에 나타날 수 있는 틈을 없애는 데 도움이 됩니다.

모든 코에서 고무뜨기 패턴 뜨기를 진행한다.

오른쪽 양말 1사이즈만

바늘 1 : 겉뜨기 2코, *안뜨기 1코, 겉뜨기 5코* 4코 남을 때까지 *-* 반복, 안뜨기 1코, 겉뜨기 3코.

바늘 2 : 겉뜨기 2코, *안뜨기 1코, 겉뜨기 5코* 4코 남을 때까지 *-* 반복, 안뜨기 1코, 겉뜨기 3코.

왼쪽 양말 1사이즈만

바늘 1 : 겉뜨기 3코, *안뜨기 1코, 겉뜨기 5코* 4코 남을 때까지 *-* 반복, 안뜨기 1코, 겉뜨기 2코.

바늘 2 : 겉뜨기 3코, *안뜨기 1코, 겉뜨기 5코* 4코 남을 때까지 *-* 반복, 안뜨기 1코, 겉뜨기 2코.

양쪽 양말 2사이즈만

바늘 1 : 겉뜨기 1코, *안뜨기 1코, 겉뜨기 5코* 2코 남을 때까지 *-* 반복, 안뜨기 1코, 겉뜨기 1코.

바늘 2 : 겉뜨기 4코, *안뜨기 1코, 겉뜨기 5코* 5코 남을 때까지 *-* 반복, 안뜨기 1코, 겉뜨기 4코.

양말목

발가락과 뒤꿈치를 제외하고 발에서 뜬 단과 같은 횟수가 될 때까지 고무뜨기 패턴을 진행한다. 그다음 설정한 패턴으로 6단을 더 뜬다. 아니면 원하는 양말 길이보다 3cm 짧을 때까지 설정한 대로 패턴을 진행해도 된다.

양쪽 양말을 동시에 뜨고 있다면 하나는 잠시 중단하고 양말목을 1개씩 마치기를 추천한다. 이삭 무늬를 뜨려면 한 바늘에서 다른 바늘로 코를 일부 옮겨야 하기 때문이다.

단의 시작에서 시작한다.

오른쪽 양말 1사이즈만
겉뜨기 2코, 안뜨기 1코, 뜨개바탕 돌리기.

왼쪽 양말 1사이즈만
겉뜨기 3코, 안뜨기 1코, 뜨개바탕 돌리기.

양쪽 양말 2사이즈만
겉뜨기 1코, 안뜨기 1코, 뜨개바탕 돌리기.
이번이 뜨개바탕을 돌리는 마지막 과정이므로 겉면을 밖으로 해서 양말을 마친다.

오른쪽 양말 1사이즈만
더블스티치, 안뜨기 2코(다시 단의 시작에 있어야 한다. 마커 그대로 두기).

왼쪽 양말 1사이즈만
더블스티치, 안뜨기 2코. 새로운 단의 시작에 마커 걸기.

양쪽 양말 2사이즈만
더블스티치, 안뜨기 2코. 새로운 단의 시작에 마커 걸기.

양쪽 양말 1·2사이즈
이삭 무늬를 도안을 따라 1~8단 뜬다.

양말단(원통뜨기)

1~6단 : [꼬아뜨기, 안뜨기 1코] 끝까지 반복.
러시아식 코막음 또는 선호하는 신축성 있는 코막음을 사용해 모든 코를 마무리한다.
겉뜨기 1코, *겉뜨기 1코, 오른바늘에서 왼바늘로 2코 옮기고 왼코 겹쳐 2코 모아 꼬아뜨기* 끝까지 *-*를 반복하며 모든 코를 작업한다.

마무리하기

남은 실을 보이지 않게 정리하고 흠뻑 적셔 블로킹한 다음 치수를 잰다.

이삭 무늬 도안

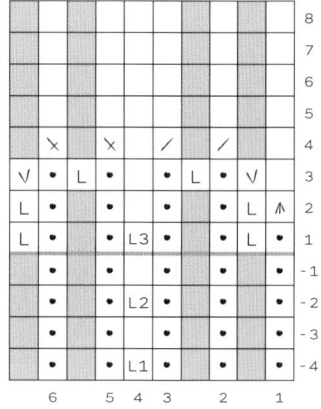

	겉뜨기
•	안뜨기
L	롱스티치
⋀	중심 3코 모아뜨기
╱	왼코 겹쳐 2코 모아뜨기
⤬	왼코 겹쳐 2코 모아 꼬아뜨기
⋁	실을 뒤쪽에 두고 걸러뜨기 1코
▨	코 아님

41 에리카 양말 ERIKA

사이즈
1(2)

완성 치수
양말목 길이 … 11.5(12.5)cm
발목 둘레 … 19(20)cm
발길이 … 조절 가능

재료
실 … 더 파이버 코The Fibre Co.의 컴브리아 중세사Cumbria Fingering(메리노 울 60%, 마삼 울 30%, 모헤어 10%. 300m/100g) 스카펠 파이크 색Scafell Pike 1볼
바늘 … 2.5mm(미국 1.5) 줄바늘 또는 장갑바늘
도구 … 마커 3~5개, 돗바늘

게이지
메리야스뜨기 34코×44단

뜨기 패턴
레이스 패턴(25코)
25코로 뜨는 레이스 패턴은 세 파트(도안 A·B·C)로 구성되는데 차례대로 하나씩 작업한다. 18(20)단 동안 나뭇잎 무늬를 뜨는 과정에서 오른쪽과 왼쪽의 작은 무늬를 8단마다 반복함에 주의한다.

POINT
사이즈에 따라 레이스 패턴이 약간 차이가 있으니 코를 잡기 전에 지침을 꼼꼼하게 읽으세요.

양말단
막코잡기로 64(68)코를 잡고 원통으로 연결한다. 줄바늘이라면 코를 양 바늘에 32(34)코씩 똑같이 나눈다. 장갑바늘이라면 바늘당 16(17)코씩 바늘 4개에 똑같이 나눈다. 이때 단의 시작에 제거 가능한 마커를 걸 수 있다.
[겉뜨기 1코, 안뜨기 1코]를 끝까지 반복한다.
총 15단을 뜨거나 양말단 길이가 3.5cm 될 때까지 고무뜨기를 한다.

양말목(원통뜨기)
1단 : 첫 32(34)코 겉뜨기, 겉뜨기 4코, 마커 걸기, 다음 25코에서 레이스 패턴 A-B-C 시작. 마커 걸기, 겉뜨기 3(5)코.
마커 사이의 25코에서 레이스 패턴을 뜨는 양말목 1단을 반복한다. 레이스 패턴의 3가시 노안을 반복하며 노안 B를 총 2회 뜰 때까지 진행한다. 36(40)단을 떴다.
이때 선택한 양말 사이즈에 맞는 단수를 떠야 한다.

힐 플랩(왕복뜨기)
첫 32(34)코에서 뒤꿈치를 뜨고, 나머지 코는 뜨지 않는다.
1단(겉면) : 겉뜨기.
2단(안면) : 겉뜨기 1코, 안뜨기 30(32)코, 겉뜨기 1코.
1·2단을 15(16)회, 총 30(32)단을 뜨며 안면 단에서 끝낸다.
뒤꿈치의 양 측면에 가터뜨기의 요철이 15(16)개 있다.

힐 턴(왕복뜨기)
다음과 같이 힐 플랩 32(34)코에서 계속 진행한다.
1단(겉면) : 걸러뜨기 1코, 겉뜨기 18(20)코, 오른코 겹쳐 2코 모아뜨기, 겉뜨기 1코, 뜨개바탕 돌리기.
2단(안면) : 걸러뜨기 1코, 안뜨기 7(9)코, 왼코 겹쳐 2코 모아 안뜨기, 안뜨기 1코, 뜨개바탕 돌리기.
3단 : 걸러뜨기 1코, 틈 1코 전까지 겉뜨기, 오른코 겹쳐 2코 모아뜨기, 겉뜨기 1코, 뜨개바탕 돌리기.
4단 : 걸러뜨기 1코, 틈 1코 전까지 안뜨기, 왼코 겹쳐 2코 모아 안뜨기, 안뜨기 1코, 뜨개바탕 돌리기.
모든 코를 뜰 때까지 마지막 두 단을 반복하다가 안면 단에서 끝낸다. 바늘에 20(22)코가 남는다.
뒤꿈치 중심까지 겉뜨기 10(11)코를 한다.

발(원통뜨기)

힐 플랩에서 만들어진 가터뜨기의 요철에서 코를 주워 원통뜨기를 재개한다. 주운 코와 발등 사이에 마커를 걸어 발등과 발바닥을 구분한다.
1단 : 뒤꿈치의 남은 10(11)코 겉뜨기. 힐 플랩과 발 사이에 1코 줍고 가터뜨기 요철에서 15(16)코 줍기. 마커 걸기. 겉뜨기 4코. 마커 옮기기. 다음 25코에서 레이스 패턴 세 도안 뜨기. 마커 옮기기. 겉뜨기 3(5)코. 마커 걸기. 발과 힐 플랩 사이에서 1코 줍고 가터뜨기 요철에서 15(16)코 줍기. 겉뜨기 10(11)코. 뒤꿈치의 중심에서 원통으로 뜨기 시작한다. 새로운 단의 시작에 마커를 걸어 표시한다. 총 84(90)코.
2단 : 1번째 마커 3코 전까지 겉뜨기. 왼코 겹쳐 2코 모아뜨기. 겉뜨기 1코. 마커 옮기기. 겉뜨기 4코. 마커 옮기기. 다음 25코에서 레이스 패턴 뜨기. 마커 옮기기. 겉뜨기 3(5)코. 마커 옮기기. 겉뜨기 1코. 오른코 겹쳐 2코 모아뜨기. 원통뜨기 단의 나머지 코는 모두 겉뜨기. (-2코).
3단 : 발바닥의 모든 코는 겉뜨기. 발등은 레이스 패턴 뜨기.
2단과 3단을 9(10)회 더 반복한다. 64(68)코가 남는다.
양말목 지침대로 계속 진행한다. 겉뜨기 코는

겉뜨기. 마커 사이의 25코에서 도안 B를 총 5회 뜰 때까지 레이스 패턴 뜨기. 원하는 발길이보다 5cm 짧아야 한다. 원하는 길이가 될 때까지 18(20)단을 반복해 길이를 조절할 수 있다.

발가락(원통뜨기)

레이스 패턴 뜨기를 멈춘 다음 레이스 마커를 제거하고 다음과 같이 계속 진행한다.
1단 : 1번째 마커 3코 전까지 겉뜨기. 왼코 겹쳐 2코 모아뜨기. 겉뜨기 1코. 마커 옮기기. 겉뜨기 1코. 오른코 겹쳐 2코 모아뜨기. 다음 마커 3코 전까지 겉뜨기. 왼코 겹쳐 2코 모아뜨기. 겉뜨기 1코. 마커 옮기기. 겉뜨기 1코. 오른코 겹쳐 2코 모아뜨기. 시작 마커 전까지 겉뜨기.
2단 : 겉뜨기.
24코가 남을 때까지 이 두 단을 10(11)회 반복한다.

마무리하기

단을 시작한 다음 6코를 겉뜨기하고 남은 코를 바늘 2개에 12코씩 똑같이 나눈다. 메리야스 잇기로 코를 잇는다. 남은 실을 보이지 않게 정리하고 흠뻑 적셔 블로킹한 다음 치수를 잰다.

도안 A

도안 C

도안 B

	겉뜨기
•	안뜨기
	코 아님
○	바늘비우기
\	오른코 겹쳐 2코 모아뜨기
/	왼코 겹쳐 2코 모아뜨기
人	오른코 겹쳐 3코 모아뜨기
入	왼코 겹쳐 3코 모아뜨기
	2사이즈만

42 피잘리스 양말 FIZALIS

사이즈

1(2)

완성 치수

발목 둘레 … 21.5(26.5)cm

양말목 길이(양말단~뒤꿈치 시작점) … 15.5(19)cm 또는 원하는 길이

재료

실 … 샤헨마이어 레기아Schachenmayr Regia의 프리미엄 메리노 야크Premium Merino Yak(울 58%, 폴리아미드 28%, 야크 14%, 400m/100g) 탁한 민트색Mint Meliert (07513) 1볼

바늘 … 2.5mm(미국 1.5) 줄바늘

도구 … 제거 가능한 마커 2개, 꽈배기바늘, 코바늘, 돗바늘, 별실

게이지

메리야스뜨기 30코×44단

손뜨개 약어

오른코 위 돌려 2코 모아뜨기 Left-leaning Twist Decrease : 안뜨기 방향으로 걸러뜨기 1코, 겉뜨기 방향으로 걸러뜨기 1코, 2코를 다시 왼바늘로 옮긴 다음 뒷고리에 한꺼번에 겉뜨기.

왼코 위 돌려 2코 모아뜨기 Right-leaning Twist Decrease : 안뜨기 방향으로 걸러뜨기 1코, 다음 코를 시계 방향으로 180도 돌리기, 걸러뜨기한 코를 왼바늘에 옮겨서 2코를 한꺼번에 겉뜨기.

왼코에 꿴 매듭뜨기 Right Knot St : 왼바늘의 첫 2코를 건너뛰고 오른바늘을 안뜨기 방향으로 3번째 코에 넣기. 이 코를 첫 2코에 덮어씌우기. 그다음 겉뜨기 1코, 바늘비우기, 겉뜨기 1코.

3회 감아 매듭뜨기3 Wrap Knot : 겉뜨기 2코, 안뜨기 1코, 겉뜨기 2코. 이 다섯 코를 꽈배기바늘에 옮기고 뜨는 실로 옮긴 코들을 반시계 방향으로 3회 감기. 실에 감긴 5코를 오른바늘에 옮기기.

기초코 만들기 (원통뜨기)

고무뜨기 코잡기Tubular Cast-On를 이용해 별실과 코바늘로 32(40)코를 잡는다. 바늘 2개에 각각 16(20)코씩 나눈다.

1코 고무뜨기 코잡기를 시작한다. 뜨는 실로 작업을 전환한다.

1단 : [겉뜨기 1코, 바늘비우기] 끝까지 반복. 각 바늘에 32(40)코씩 총 64(80)코.

코가 꼬이지 않도록 조심하며 원통으로 연결한다.

2단 : [겉뜨기 1코, 실을 앞쪽에 두고 안뜨기 방향으로 걸러뜨기 1코] 끝까지 반복.

3단 : [실을 뒤쪽에 두고 안뜨기 방향으로 걸러뜨기 1코, 안뜨기 1코] 끝까지 반복.

2·3단을 1회 더 반복한다. 별실 코잡기 실을 푼다.

양말단 (원통뜨기)

1·2·3단 : [겉뜨기 1코, 안뜨기 1코] 끝까지 반복. 각 바늘에서 도안 A1(A2) 뜨기를 시작한다.

도안의 1~12(1~16)단을 1회 뜬다.

양말목 (원통뜨기)

도안 B1(B2)을 1회 뜬다.

양말목을 더 길게 하려면 도안 B1(B2)의 25~48(31~60)단을 더 뜨면 된다.

힐 플랩 (왕복뜨기)

뜨개바탕을 돌려서 안면이 앞을 향하게 한다. 힐 플랩은 33(41)코에서 왕복한다. 나머지 발등 31(39)코는 바늘에 걸어둔다.

준비단(안면) : 실을 뒤쪽에 두고 안뜨기 방향으로 걸러뜨기 1코, *꼬아 안뜨기, 겉뜨기 1코* 마지막 2코 전까지 *-* 반복, 꼬아 안뜨기, 안뜨기 1코.

1단(겉면) : 실을 뒤쪽에 두고 안뜨기 방향으로 걸러뜨기 1코, *꼬아뜨기, 안뜨기 1코* 마지막 2코 전까지 *-* 반복, 꼬아뜨기, 겉뜨기 1코.

2단(안면) : 실을 앞쪽에 두고 안뜨기 방향으로 걸러뜨기 1코, *꼬아 안뜨기, 겉뜨기 1코* 마지막 2코 전까지 *-* 반복, 꼬아 안뜨기, 안뜨기 1코.

1·2단을 13회 더 반복하고 안면 단에서 끝낸다.

힐 턴 (왕복뜨기)

힐 플랩의 33(41)코에서 다음과 같이 진행한다.

1단(겉면) : 겉뜨기 19(25)코, 오른코 겹쳐 2코 모아뜨기, 겉뜨기 1코, 뜨개바탕 돌리기.

2단(안면) : 안뜨기 방향으로 걸러뜨기 1코, 안뜨기 6(10)코, 왼코 겹쳐 2코 모아 안뜨기, 안뜨기 1코, 뜨개바탕 돌리기.

3단(겉면) : 안뜨기 방향으로 걸러뜨기 1코, 틈 1코 전까지 겉뜨기, 오른코 겹쳐 2코 모아뜨기, 겉뜨기 1코, 뜨개바탕 돌리기.

4단(안면) : 안뜨기 방향으로 걸러뜨기 1코, 틈 1코 전까지 안뜨기, 왼코 겹쳐 2코 모아 안뜨기, 안뜨기 1코, 뜨개바탕 돌리기.

21(27)코가 남을 때까지 3·4단을 반복한다.

양 끝에 뜨지 않은 코가 1코씩 있다. 다음 단은 안면에서 마지막으로 뜬 코에서 시작한다.

거싯 (원통뜨기)

※도안 B1(B2) 대신 도안 C를 이어 뜰 수 있습니다. 도안 B1(B2)을 2번째 반복할 때 마지막 코를 뜨지 않는다는 사실에 주의하세요.

준비단 : 실을 뒤쪽에 두고 안뜨기 방향으로 걸러뜨기 1코, 겉뜨기 17(23)코, 오른코 겹쳐 2코 모아뜨기, 힐 플랩의 가장자리를 따라 15코 줍기, 아랫단에 겉뜨기 1코, 마커 걸기. 발의 윗면에서 도안 B1의 25단(B2의 31단) 또는 도안 C 뜨기(31(39)코), 마커 걸기, 아랫단에 겉뜨기 1코, 힐 플랩의 반대쪽 가장자리를 따라 15코 줍기, 왼코 겹쳐 2코 모아뜨기, 겉뜨기 9(11)코, 발의 아랫면에 새로운 단의 시작 표시하기. 총 82(96)코.

1단 : 마커 1코 전까지 겉뜨기, 안뜨기 1코, 마커 옮기기. 도안 B1(B2) 또는 도안 C에 따라 설정한 대로 31(39)코 뜨기, 마커 옮기기, 안뜨기 1코, 겉뜨기 25(27)코.

2단 : 마커 3코 전까지 겉뜨기, 오른코 겹쳐 2코 모아뜨기, 안뜨기 1코, 마커 옮기기, 31(39)코에서 설정한 대로 도안 뜨기, 마커 옮기기, 안뜨기 1코, 왼코 겹쳐 2코 모아뜨기, 끝까지 겉뜨기.

3단 : 마커에서 마지막 코 전까지 겉뜨기, 안뜨기 1코, 마커 옮기기, 31(39)코에서 설정한 대로 도안 뜨기, 마커 옮기기, 안뜨기 1코, 끝까지 겉뜨기.

발바닥에 31(39)코가 남을 때까지 2·3단을 뜬다. 각 바늘에 31(39)코씩 총 62(78)코. 단의 시작을 옮기기 위해 시작 마커를 제거한다. 겉뜨기 14(19)코, 안뜨기 1코. 여기가 새로운 단의 시작이다.

발 (원통뜨기)

1단 : 발등에서 도안 B1(B2) 또는 도안 C 뜨기 계속. 마커 옮기기, 안뜨기 1코, 마지막 코 전까지 겉뜨기, 안뜨기 1코.

원하는 발길이보다 약 3.5(5)cm 짧을 때까지 이 단을 반복한다. 도안 B1의 48단(도안 B2의 60단) 또는 도안 C를 완료한 다음 무늬뜨기를 중단한다.

발가락 (원통뜨기)

1단 (코 줄이기) : 오른코 위 돌려 2코 모아뜨기, 마커 2코 전까지 설정한 대로 도안 C 고무뜨기, 왼코 위 돌려 2코 모아뜨기, 마커 옮기기, 안뜨기 1코, 오른코 겹쳐 2코 모아뜨기, 단의 마지막 3코 전까지 겉뜨기, 왼코 겹쳐 2코 모아뜨기, 안뜨기 1코. (-4코).

2단 : 마커 전까지 설정한 대로 뜨기, 마커 옮기기, 안뜨기 1코, 마지막 코 전까지 겉뜨기, 안뜨기 1코.

34(42)코가 남을 때까지 1·2단을 뜬다. 그다음 26(30)코가 남을 때까지 1단을 반복한다.

마무리하기

실 끝을 30.5cm 남기고, 실을 자른다. 메리야스 잇기로 코를 연결한다. 남은 실을 보이지 않게 정리하고 흠뻑 적셔 블로킹한 다음 치수를 잰다.

도안 A1

기호	의미
□	겉뜨기
•	안뜨기
O	바늘비우기
Ω	꼬아뜨기
/	왼코 겹쳐 2코 모아뜨기
\	오른코 겹쳐 2코 모아뜨기
▨	2사이즈만

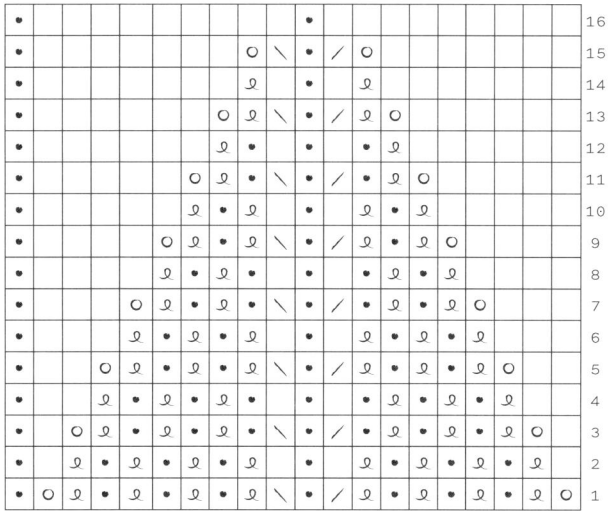

도안 A2

도안 C

도안 B1

범례

기호	설명
□	겉뜨기
\	오른코 겹쳐 2코 모아뜨기
•	안뜨기
/	왼코 겹쳐 2코 모아뜨기
O	바늘비우기
℺	꼬아뜨기
℺	꼬아 안뜨기
⊢—⊣	왼코에 꿴 매듭뜨기
⊢——⊣	3회 감아 매듭뜨기
☐ (주황)	반복

행 번호(오른쪽): 1–48

열 번호(아래): 16 15 14 13 12 11 10 9 8 7 6 5 4 3 2 1

도안 B2

43 우나 양말OONA

사이즈
1(2)

완성 치수
발둘레 ⋯ 19(21)cm
양말목 길이(양말단~뒤꿈치 바닥) ⋯ 약 23.5(25)cm
발길이 ⋯ 조절 가능

재료
실 ⋯ 말라브리고 얀Malabrigo Yarn의 말라브리고 삭Malabrigo
Sock(우루과이산 슈퍼워시 메리노 울 100%. 402m/100g) 모래언덕
색Sand Bank (SW131)1볼
바늘 ⋯ 2.25mm(미국 1) 장갑바늘 또는 줄바늘
도구 ⋯ 마커 3개. 돗바늘

게이지
메리야스뜨기 34코×44단

POINT
(장갑바늘. 줄바늘 2개. 줄바늘 1개를 이용한 매직 루프 등) 원통으로
뜨는 다양한 방법에 맞추기 위해 코를 절반으로 나눠 발등과
뒤꿈치/발바닥으로 부릅니다.

양말단(원통뜨기)

독일식 트위스티드 코잡기로 64(72)코를 잡는
다. 마커를 걸고 코가 꼬이지 않도록 조심하며
원통으로 연결한다. 각 바늘에 32(36)코씩 똑같
이 나눈다.

1단: [겉뜨기 1코, 안뜨기 1코] 끝까지 반복.
1코 고무뜨기를 14단 더 뜬다.

양말목(원통뜨기)

뜨고 있는 양말 사이즈에 해당하는 도안을 총
7(8)회 반복하며 8단에서 끝낸다.

뒤꿈치

힐 플랩(왕복뜨기)

뒤꿈치는 첫 32(36)코에서 왕복한다.
나머지 32(36)코는 나중에 발등을 뜨기 위해 걸
어둔다.

1단(겉면): 겉뜨기 3코, *겉뜨기 방향으로 걸러
뜨기 1코, 겉뜨기 1코* 마지막 3코 전까지 *-*
반복, 겉뜨기 3코.

2단(안면): 겉뜨기 3코, 마지막 3코 전까지 안뜨
기, 겉뜨기 3코.

3단: 겉뜨기 3코, *겉뜨기 1코, 겉뜨기 방향으
로 걸러뜨기 1코* 마지막 3코 전까지 *-* 반복,
겉뜨기 3코.

4단: 겉뜨기 3코, 마지막 3코 전까지 안뜨기, 겉
뜨기 3코.

1~4단을 7회 더 반복하고(총 32단) 4단에서 끝
낸다.

힐 턴(왕복뜨기)

다음과 같이 경사뜨기를 한다.

경사뜨기 1단(겉면): 겉뜨기 19(21)코, 오른코 겹
쳐 2코 모아뜨기, 겉뜨기 1코, 뜨개바탕 돌리기.

경사뜨기 2단(안면): 안뜨기 방향으로 걸러뜨기 1
코, 안뜨기 7코, 왼코 겹쳐 2코 모아 안뜨기, 안
뜨기 1코, 뜨개바탕 돌리기.

경사뜨기 3단: 겉뜨기 방향으로 걸러뜨기 1코,
전 단에서 생긴 틈 1코 전까지 겉뜨기, 틈을 없애
기 위해 오른코 겹쳐 2코 모아뜨기(양옆 1코씩), 겉
뜨기 1코, 뜨개바탕 돌리기.

경사뜨기 4단: 안뜨기 방향으로 걸러뜨기 1코,
전 단에서 생긴 틈 1코 전까지 안뜨기, 구멍을 없
애기 위해 왼코 겹쳐 2코 모아 안뜨기(양옆 1코씩),
안뜨기 1코, 뜨개바탕 돌리기.

모든 코를 뜰 때까지 경사뜨기 3·4단을 반복한
다. 20(22)코가 남는다.

거싯 모양 만들기(원통뜨기)

다음과 같이 다시 원통으로 연결한다.

겉뜨기 20(22)코, 힐 플랩의 왼쪽 면을 따라 16
코 줍기, 마커 걸기, 발등 32(36)코 도안 1단부터
뜨기, 마커 걸기, 힐 플랩의 오른쪽 면을 따라 16
코 줍기, 겉뜨기 10(11)코, 마커로 새로운 단의
시작을 표시한다. 발바닥에 52(54)코, 발등에
32(36)코가 있어야 한다. 발바닥의 중앙이 원통
뜨기 단의 시작이다.

1단: 발등 패턴을 유지하며 겉뜨기.
2단: 발등 마커 3코 전까지 겉뜨기, 왼코 겹쳐 2

코 모아뜨기, 겉뜨기 1코, 마커 옮기기, 발등은
설정한 도안 뜨기, 마커 옮기기, 겉뜨기 1코, 오
른코 겹쳐 2코 모아뜨기, 단 끝까지 겉뜨기. (-2
코).

발바닥 코가 32(36)코가 될 때까지 1·2단을 반
복한다. 총 64(72)코.

발

원하는 최종 발길이보다 4.5(5)cm 짧을 때까지
발등은 패턴을 뜨며 콧수 변화 없이 진행한다.

발가락(원통뜨기)

1단: 시작 마커 제거, 마커 전까지 겉뜨기(이 마커
가 새 시작 마커), 단 끝까지 겉뜨기.

2단(코 줄이기): [겉뜨기 1코, 오른코 겹쳐 2코 모
아뜨기, 마커 3코 전까지 겉뜨기, 왼코 겹쳐 2코
모아뜨기, 겉뜨기 1코] 2회. (-4코).

총 32코(2×16코)가 될 때까지 마지막 두 단을
8(10)회 반복한다.

그다음 총 16(20)코(2×8(10)코)가 될 때까지 코
줄이기 단을 4(3)회 반복한다.

실 끝을 20.5cm 정도 남기고, 실을 자른 다음
메리야스 잇기로 발가락을 닫는다.

마무리하기

남은 실을 보이지 않게 정리하고 흠뻑 적셔 블로
킹한 다음 치수를 잰다.

레이스 도안

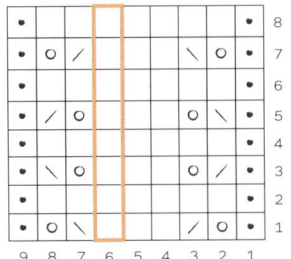

겉뜨기				
안뜨기				
바늘비우기				
왼코 겹쳐 2코 모아 겉뜨기				
오른코 겹쳐 2코 모아 겉뜨기				
2사이즈만				

44 세 나뭇잎 양말 3 LEAVES

사이즈

1(2)

완성 치수

발둘레 … 20(22.5)cm
발길이 … 조절 가능

재료

실 … 줄리 아셀린Julie Asselin의 노메이드Nomade(북미산 슈퍼
워시 메리노 울 80%, 나일론 20%, 457m/115g) 비스코티색Biscotti
1볼
바늘(양말단용) … 2.0mm(미국 0) 줄바늘
바늘(뜨개바탕용) … 2.5mm(미국 1.5) 줄바늘
도구 … 잠금 마커, 풀림막음핀 또는 별실, 돗바늘
※필요하다면 꽈배기바늘을 준비하세요.

게이지

메리야스뜨기 32코×44단/2.5mm(미국 1.5) 바늘
도안의 패턴 뜨기 32코×45단/2.5mm(미국 1.5) 바늘

손뜨개 약어

오른코 돌려 교차뜨기(아래쪽에 꼬아뜨기)[1/1] LT : 왼바늘의 2번째
코의 뒷고리에 겉뜨기. 첫 코의 앞고리에 겉뜨기. 오른바늘
에 2코 옮기기. 또는 꽈배기바늘에 1코 옮겨 뜨개바탕 앞쪽
에 두기, 꼬아뜨기, 꽈배기바늘의 1코 꼬아뜨기.

왼코 돌려 교차뜨기(아래쪽에 꼬아뜨기)[1/1] RT : 왼바늘의 2번째 코
의 앞고리에 겉뜨기. 첫 코의 뒷고리에 겉뜨기. 오른바늘에
2코 옮기기. 또는 꽈배기바늘에 1코 옮겨 뜨개바탕 뒤쪽에
두기, 꼬아뜨기, 꽈배기바늘의 1코 꼬아뜨기.

오른코 돌려 교차뜨기(아래쪽에 안뜨기)[1/1] LPT : 왼바늘의 2번째
코의 뒷고리에 안뜨기. 첫 코의 뒷고리에 겉뜨기. 오른바늘
에 2코 옮기기. 또는 꽈배기바늘에 1코 옮겨 뜨개바탕 앞쪽
에 두기, 안뜨기, 꽈배기바늘의 1코 꼬아뜨기.

왼코 돌려 교차뜨기(아래쪽에 안뜨기)[1/1] RPT : 왼바늘의 2번째 코
뒷고리에 겉뜨기. 첫 코에 안뜨기. 오른바늘에 2코 옮기기.
또는 꽈배기바늘에 1코 옮겨 뜨개바탕 뒤쪽에 두기, 꼬아뜨
기, 꽈배기바늘의 1코 안뜨기.

발가락(원통뜨기)

큰 바늘(2.5mm)과 주디의 매직 코잡기로 24코(바늘당 12코)를 잡는다. 이때 단의 시작에 마커를 걸어도 괜찮다.

1단 : 겉뜨기. 매직 코잡기로 만든 아랫면 바늘의 코는 꼬여 있으므로 주의한다.

코 늘리기 단 : *겉뜨기 1코, 돌려뜨며 오른코 늘리기, 윗면 바늘의 마지막 코 전까지 겉뜨기, 돌려뜨며 왼코 늘리기, 겉뜨기 1코* 아랫면 바늘에서 *-* 1회 더 반복. (+4코).

마지막 두 단은 9(11)회 더 반복한다. (+40(48)코). 각 바늘에 32(36)코씩 총 64(72)코.

발(원통뜨기)

다음과 같이 도안을 따라 진행한다.

오른발

1단

윗면 바늘 : 겉뜨기 4(6)코, 마커 걸기, 오른발 도안의 24코 뜨기, 마커 걸기, 겉뜨기 4(6)코.

아랫면 바늘 : 겉뜨기.

2단

윗면 바늘 : 겉뜨기 4(6)코, 마커 옮기기, 오른발 도안의 24코 뜨기, 마커 옮기기, 겉뜨기 4(6)코.

아랫면 바늘 : 겉뜨기.

도안의 첫 여덟 단에서 나머지 여섯 단을 마저 뜬다.

이어서 18단 반복 구간을 원하는 발길이(발가락~뒤꿈치)보다 9.5(10.5)cm 짧을 때까지 진행한다.

거싯

다음 단

윗면 바늘 : 겉뜨기 4(6)코, 마커 옮기기, 오른발 도안의 24코 뜨기, 마커 옮기기, 겉뜨기 4(6)코.

아랫면 바늘 : 겉뜨기 1코, 돌려뜨며 오른코 늘리기, 마지막 코 전까지 겉뜨기, 돌려뜨며 왼코 늘리기, 겉뜨기 1코. (+2코).

다음 단

윗면 바늘 : 겉뜨기 4(6)코, 마커 옮기기, 오른발 도안의 24코 뜨기, 마커 옮기기, 겉뜨기 4(6)코.

아랫면 바늘 : 겉뜨기.

도안 순서를 따르면서 마지막 두 단을 11(12)회 더 반복한다. 총 24(26)단을 뜨면 24(26)코가 증가한다. 윗면 바늘에 32(36)코, 아랫면 바늘에 56(62)코가 되어서 총 88(98)코가 된다.

힐 턴(왕복뜨기)

다음 단

윗면 바늘 : 겉뜨기 4(6)코, 마커 옮기기, 오른발 도안의 24코 뜨기, 마커 옮기기, 겉뜨기 4(6)코.

그다음 아랫면 바늘에서만 다음과 같이 왕복한다.

경사뜨기 1단(겉면) : 겉뜨기 42(47)코, 랩앤턴.

경사뜨기 2단(안면) : 안뜨기 28(32)코, 랩앤턴.

경사뜨기 3단 : 감긴 코 1코 전까지 겉뜨기, 랩앤턴.

경사뜨기 4단 : 감긴 코 1코 전까지 안뜨기, 랩앤턴.

마지막 경사뜨기 두 단을 6(7)회 반복한다. 가운데 14(16)코가 있고 양옆에 감긴 코가 8(9)코씩 있다.

감긴 코가 나오면 실을 주워 해당 코와 함께 꼬아뜨기하며 단 끝까지 겉뜨기한다.

(원통뜨기) 다음 단

윗면 바늘 : 겉뜨기 4(6)코, 마커 옮기기, 오른발 도안의 24코 뜨기, 마커 옮기기, 겉뜨기 4(6)코.

아랫면 바늘 : 감긴 코가 나오면 실을 주워 해당 코와 함께 겉뜨기하며 끝까지 겉뜨기.

거싯 코 줄이기

(원통뜨기) 다음 단

윗면 바늘 : 겉뜨기 4(6)코, 마커 옮기기, 오른발 도안의 24코 뜨기, 마커 옮기기, 겉뜨기 4(6)코.

아랫면 바늘 : 겉뜨기 42(46)코, 오른코 겹쳐 2코 모아뜨기, 뜨개바탕 돌리기. (-1코).

경사뜨기 1단(안면) : 실을 앞쪽에 두고 걸러뜨기 1코, 안뜨기 28(30)코, 왼코 겹쳐 2코 모아 안뜨기, 뜨개바탕 돌리기. (-1코).

경사뜨기 2단(겉면) : 실을 뒤쪽에 두고 걸러뜨기 1코, 겉뜨기 28(30)코, 오른코 겹쳐 2코 모아뜨기, 뜨개바탕 돌리기. (-1코).

마지막 경사뜨기 두 단을 11(12)회 더 반복한다. 마지막 경사뜨기 단에서 뜨개바탕을 돌리지 않는다. 아랫면 바늘에 31(35)코가 있다.

(원통뜨기) 다음 단

윗면 바늘 : 겉뜨기 4(6)코, 마커 옮기기, 오른발 도안의 24코 뜨기, 마커 옮기기, 겉뜨기 4(6)코.

아랫면 바늘 : 왼코 겹쳐 2코 모아뜨기, 끝까지 겉뜨기. (-1코).

아랫면 바늘에 30(34)코, 윗면 바늘에 32(36)코로 총 62(70)코.

양말목(원통뜨기)

다음 단

윗면 바늘 : 겉뜨기 4(6)코, 마커 옮기기, 오른발 도안의 24코 뜨기, 마커 옮기기, 겉뜨기 4(6)코.

아랫면 바늘 : 겉뜨기.

도안 반복 부분(9~26단)을 5회(총 90단) 할 때까지 마지막 단을 반복한다. 그다음 도안의 마지막(27~40) 단을 뜨며 양말 무늬뜨기를 마친다.

양말단(원통뜨기)

작은 바늘(2.0mm)로 바꿔 다음과 같이 진행한다.

다음 단

윗면 바늘 : *꼬아뜨기, 안뜨기 1코* 마커 전까지 *-* 반복, 마커 옮기기, 오른발 도안의 24코 뜨기, 마커 옮기기, [안뜨기 1코, 꼬아뜨기] 끝까지 반복.

아랫면 바늘 : [안뜨기 1코, 꼬아뜨기] 7회, 안뜨기 1코, 돌려뜨며 오른코 늘리기, [안뜨기 1코, 꼬아뜨기] 끝까지 반복. (+1코). 아랫면 바늘에 31(35)코, 윗면 바늘에 32(36)코로 총 63(71)코.

다음 단

윗면 바늘 : *꼬아뜨기, 안뜨기 1코* 마커 전까지 *-* 반복, 마커 옮기기, 오른발 도안의 41단의 24코 뜨기, 마커 옮기기, [안뜨기 1코, 꼬아뜨기] 끝까지 반복.

아랫면 바늘 : 안뜨기 1코, [꼬아뜨기, 안뜨기 1코] 끝까지 반복.

4cm가 될 때까지 패턴을 따라 마지막 단을 반복한다.

패턴 뜨기로 느슨하게 모든 코를 마무리한다. 왼발 도안으로 지침을 반복해 2번째 양말을 뜬다.

마무리하기

남은 실을 보이지 않게 정리하고 흠뻑 적셔 블로킹한 다음 치수를 잰다.

왼발 도안 / 윗면 바늘

도안 POINT

양말 뜨기 패턴의 구역을 도안에 색으로 구분해놓았습니다.

1~8단(핑크) : 첫 뜨기 패턴 = 1회 뜨기. 총 여덟 단.

9~26단(주황) : 뜨기 패턴 반복 구간 = 5회 뜨기. 총 구십 단.

27~40단(노랑) : 마지막 뜨기 패턴 = 1회 뜨기. 총 열네 단.

41단(베이지) : 양말단 고무뜨기 = 2회 뜨고 4cm가 될 때까지 계속한다.

(빈칸)	겉뜨기
•	안뜨기
ᄋ	꼬아뜨기
⟋ᄋ⟍	왼코 돌려 교차뜨기(아래쪽에 안뜨기)
⟍ᄋ⟋	오른코 돌려 교차뜨기(아래쪽에 안뜨기)
⟋ᄋ⟍	왼코 돌려 교차뜨기(아래쪽에 꼬아뜨기)
⟍ᄋ⟋	오른코 돌려 교차뜨기(아래쪽에 꼬아뜨기)
(회색)	코 아님
o	바늘비우기
⅄	왼코 겹쳐 3코 모아뜨기
⋏	오른코 겹쳐 3코 모아뜨기
(핑크)	도안의 첫 여덟 단(1~8단)
(주황)	도안 반복의 열여덟 단(9~26단. 5회 반복)
(노랑)	도안의 마지막 열네 단(27~40단)
(베이지)	양말단/고무뜨기 반복(41단)

오른발 도안 / 윗면 바늘

범례

- 겉뜨기
- • 안뜨기
- ℗ 꼬아뜨기
- 왼코 돌려 교차뜨기(아래쪽에 안뜨기)
- 오른코 돌려 교차뜨기(아래쪽에 안뜨기)
- 왼코 돌려 교차뜨기(아래쪽에 꼬아뜨기)
- 오른코 돌려 교차뜨기(아래쪽에 꼬아뜨기)
- 코 아님
- O 바늘비우기
- 왼코 겹쳐 3코 모아뜨기
- 오른코 겹쳐 3코 모아뜨기
- 도안의 첫 여덟 단(1~8단)
- 도안 반복의 열여덟 단(9~26단, 5회 반복)
- 도안의 마지막 열네 단(27~40단)
- 양말단/고무뜨기 반복(41단)

45 작은 조각 양말 SNIPPET

사이즈

1(2)

완성 치수

양말목 길이(양말단~뒤꿈치 시작점) ··· 15.5cm

양말목/발둘레 ··· 20(22.5)cm

재료

실 ··· 더 울 반The Wool Barn의 캐시미어 삭Cashmere Sock
(슈퍼워시 엑스트라 파인 메리노 80%, 캐시미어 10%, 나일론 10%,
350m/100g) 월넛색Walnut 1볼

바늘 ··· 2.25mm(미국 1) 줄바늘

도구 ··· 마커 1개, 돗바늘

※필요하다면 장갑바늘을 준비하세요.

게이지

메리야스뜨기 32코×48단

손뜨개 약어

왼코에 꿴 매듭뜨기 Knot : 오른바늘 끝을 왼바늘의 3번째 코
에 넣어 첫 2코에 덮어씌우기, 겉뜨기, 바늘비우기, 겉뜨기(3
코에 걸쳐 작업).

오른코 겹쳐 3코 모아뜨기SK2PO : 겉뜨기 방향으로 걸러뜨기
1코, 왼코 겹쳐 2코 모아뜨기, 걸러뜨기한 코로 덮어씌우기.
(-2코).

양말단(원통뜨기)

막코잡기 또는 겉뜨기로 코잡기|Knitted Method, Knitting on
Cast-on를 이용해 64(72)코를 잡는다. 코를 바늘에 33(37)코
와 31(35)코로 나눈다.

1단 : [안뜨기 1코, 꼬아뜨기] 끝까지 반복.

이 단을 14회 더 뜨거나 고무단이 약 3cm 될 때까지 진행한다.

양말목(원통뜨기)

1~31단 : 앞면(바늘 1)은 도안을 따라 진행하고, 뒷면(바늘 2)은
모든 코를 겉뜨기.

32~59단 : 4~31단을 1회 더 반복한다.

60단 : 겉뜨기 2(4)코, 안뜨기 2코, 왼코에 꿴 매듭뜨기, 안뜨
기 2코, 겉뜨기 15코, 안뜨기 2코, 왼코에 꿴 매듭뜨기, 안뜨
기 2코, 겉뜨기 2(4)코, 단 끝까지 겉뜨기.

힐 플랩(왕복뜨기)

뜨개바탕을 돌려서 안면이 앞을 향하게 한다.

(안면) : 실을 앞쪽에 두고 걸러뜨기 1코, 안뜨기 30(34)코. 힐
플랩은 방금 뜬 31(35)코에서 왕복한다. 33(37)코는 꽈배기
바늘에 옮겨둔다. 작업하는 바늘은 바늘 1, 쉬는 코가 있는
바늘은 바늘 2라 부른다.

바늘 1

(겉면) : 마지막 코 전까지 [걸러뜨기 1코, 겉뜨기 1코], 겉뜨기
1코.

(안면) : 걸러뜨기 1코, 안뜨기 30(34)코.

이 두 단을 14(16)회 더 반복한다.

힐 턴(왕복뜨기)

(겉면) : 걸러뜨기 1코, 겉뜨기 17(21)코, 오른코 겹쳐 2코 모아뜨기, 겉뜨기 1코, 뜨개바탕 돌리기.

1사이즈만

(안면) : 걸러뜨기 1코, 안뜨기 6코, 왼코 겹쳐 2코 모아 안뜨기, 안뜨기 1코, 뜨개바탕 돌리기.

(겉면) : 걸러뜨기 1코, 겉뜨기 7코, 오른코 겹쳐 2코 모아뜨기, 겉뜨기 1코, 뜨개바탕 돌리기.

(안면) : 걸러뜨기 1코, 안뜨기 8코, 왼코 겹쳐 2코 모아 안뜨기, 안뜨기 1코, 뜨개바탕 돌리기.

(겉면) : 걸러뜨기 1코, 겉뜨기 9코, 오른코 겹쳐 2코 모아뜨기, 겉뜨기 1코, 뜨개바탕 돌리기.

1·2사이즈

(안면) : 걸러뜨기 1코, 안뜨기 10코, 왼코 겹쳐 2코 모아 안뜨기, 안뜨기 1코, 뜨개바탕 돌리기.

(겉면) : 걸러뜨기 1코, 겉뜨기 11코, 오른코 겹쳐 2코 모아뜨기, 겉뜨기 1코, 뜨개바탕 돌리기.

(안면) : 걸러뜨기 1코, 안뜨기 12코, 왼코 겹쳐 2코 모아 안뜨기, 안뜨기 1코, 뜨개바탕 돌리기.

(겉면) : 걸러뜨기 1코, 겉뜨기 13코, 오른코 겹쳐 2코 모아뜨기, 겉뜨기 1코, 뜨개바탕 돌리기.

(안면) : 걸러뜨기 1코, 안뜨기 14코, 왼코 겹쳐 2코 모아 안뜨기, 안뜨기 1코, 뜨개바탕 돌리기.

(겉면) : 걸러뜨기 1코, 겉뜨기 15코, 오른코 겹쳐 2코 모아뜨기, 겉뜨기 1코, 뜨개바탕 돌리기.

(안면) : 걸러뜨기 1코, 안뜨기 16코, 왼코 겹쳐 2코 모아 안뜨기, 안뜨기 1코, 뜨개바탕 돌리기.

2사이즈만

(겉면) : 걸러뜨기 1코, 겉뜨기 17코, 오른코 겹쳐 2코 모아뜨기, 겉뜨기 1코, 뜨개바탕 돌리기.

(안면) : 걸러뜨기 1코, 안뜨기 18코, 왼코 겹쳐 2코 모아 안뜨기, 안뜨기 1코, 뜨개바탕 돌리기.

(겉면) : 걸러뜨기 1코, 겉뜨기 19코, 오른코 겹쳐 2코 모아뜨기, 겉뜨기 1코, 뜨개바탕 돌리기.

(안면) : 걸러뜨기 1코, 안뜨기 20코, 왼코 겹쳐 2코 모아 안뜨기, 안뜨기 1코, 뜨개바탕 돌리기.

거싯(원통뜨기)

원통뜨기를 재개한다. 바늘 2는 발의 윗면으로 도안을 따르거나 생략 없이 다음의 지침을 따른다.

1단

바늘 1 : 걸러뜨기 1코, 겉뜨기 18(22)코, 힐 플랩의 가장자리를 따라 걸러뜨기 코에서 15(17)코 줍고 거싯의 모서리에서 1코 줍기. (+16(18)코).

바늘 2 : 겉뜨기 2(4)코, 안뜨기 2코, 겉뜨기 3코, 안뜨기 2코, 겉뜨기 15코, 안뜨기 2코, 겉뜨기 3코, 안뜨기 2코, 겉뜨기 2(4)코.

바늘 1 : 거싯의 모서리에서 1코를 줍고 힐 플랩의 가장자리를 따라 걸러뜨기 코에서 15(17)코

줍기. (+16(18)코). 마커를 걸어 단의 끝 표시. 바늘 1에 51(59)코, 바늘 2에 33(37)코.

2단

바늘 1 : 겉뜨기 19(23)코, 꼬아뜨기 14(16)코, 왼코 겹쳐 2코 모아뜨기.

바늘 2 : 겉뜨기 2(4)코, 안뜨기 2코, 겉뜨기 3코, 안뜨기 2코, 겉뜨기 15코, 안뜨기 2코, 겉뜨기 3코, 안뜨기 2코, 겉뜨기 2(4)코.

바늘 1 : 오른코 겹쳐 2코 모아뜨기, 꼬아뜨기 14(16)코.

3단

바늘 1 : 다음 바늘 전까지 겉뜨기.

바늘 2 : 겉뜨기 2(4)코, 안뜨기 2코, 겉뜨기 3코, 안뜨기 2코, 겉뜨기 15코, 안뜨기 2코, 겉뜨기 3코, 안뜨기 2코, 겉뜨기 2(4)코.

바늘 1 : 단 끝까지 겉뜨기.

4단

바늘 1 : 다음 바늘에서 2코 전까지 겉뜨기, 왼코 겹쳐 2코 모아뜨기.

바늘 2 : 겉뜨기 2(4)코, 안뜨기 2코, 왼코에 펜 매듭뜨기, 안뜨기 2코, 겉뜨기 15코, 안뜨기 2코, 왼코에 펜 매듭뜨기, 안뜨기 2코, 겉뜨기 2(4)코.

바늘 1 : 오른코 겹쳐 2코 모아뜨기, 단 끝까지 겉뜨기.

5단 : 3단을 반복한다.

6단

바늘 1 : 다음 바늘에서 2코 전까지 겉뜨기, 왼코 겹쳐 2코 모아뜨기.

바늘 2 : 겉뜨기 2(4)코, 안뜨기 2코, 겉뜨기 3코, 안뜨기 2코, 겉뜨기 15코, 안뜨기 2코, 겉뜨기 3코, 안뜨기 2코, 겉뜨기 2(4)코.

바늘 1 : 오른코 겹쳐 2코 모아뜨기, 단 끝까지 겉뜨기.

7~18단(7~22단) : 3~6단을 3(4)회 더 반복한다. 66(74)코가 남는다.

19·20단(23·24단) : 3·4단을 1회 더 반복한다. 64(72)코가 남는다.

21단(25단) : 3단을 1회 더 반복한다.

발(원통뜨기)

1단

바늘 1 : 다음 바늘 전까지 겉뜨기.

바늘 2 : 겉뜨기 2(4)코, 안뜨기 2코, 겉뜨기 3코, 안뜨기 2코, 겉뜨기 15코, 안뜨기 2코, 겉뜨기 3코, 안뜨기 2코, 겉뜨기 2(4)코.

바늘 1 : 단 끝까지 겉뜨기.

2단 : 1단을 반복한다.

3단

바늘 1 : 다음 바늘 전까지 겉뜨기.

바늘 2 : 겉뜨기 2(4)코, 안뜨기 2코, 왼코에 펜 매

듭뜨기, 안뜨기 2코, 겉뜨기 15코, 안뜨기 2코, 왼코에 펜 매듭뜨기, 안뜨기 2코, 겉뜨기 2(4)코.

바늘 1 : 단 끝까지 겉뜨기.

4단 : 1단을 반복한다.

이 네 단을 원하는 길이보다 4.5(5)cm 짧을 때까지 반복한다.

발가락(원통뜨기)

준비단 : 단의 끝을 표시하는 마커를 제거한다. 바늘 1을 끝까지 겉뜨기한다. 여기가 새로운 단의 끝이다.

1단 : 다음 바늘에서 1코 전까지 겉뜨기, 각 바늘의 콧수가 같아지도록 1코를 다음 바늘에 옮기기. 단 끝까지 겉뜨기.

2단

바늘 2 : 겉뜨기 1코, 오른코 겹쳐 2코 모아뜨기, 다음 바늘에서 3코 전까지 겉뜨기, 왼코 겹쳐 2코 모아뜨기, 겉뜨기 1코.

바늘 1 : 겉뜨기 1코, 오른코 겹쳐 2코 모아뜨기, 다음 바늘에서 3코 전까지 겉뜨기, 왼코 겹쳐 2코 모아뜨기, 겉뜨기 1코.

3단 : 단 끝까지 겉뜨기.

20(24)코가 남을 때까지 2·3단을 반복한다.

마무리하기

실 끝을 30.5cm 남기고, 실을 자른다. 메리야스 잇기로 코를 연결한다. 남은 실을 보이지 않게 정리하고 흠뻑 적셔 블로킹한 다음 치수를 잰다.

□	겉뜨기
•	안뜨기
○	바늘비우기
℧	꼬아뜨기
/	왼코 겹쳐 2코 모아뜨기
\	오른코 겹쳐 2코 모아뜨기
∧	걸러뜨기 1코, 모아뜨기, 덮어씌우기
⊠	왼코에 펜 매듭뜨기
▢	1사이즈만

작은 조각 도안

발 도안

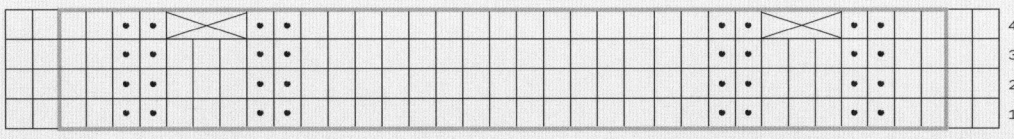

46 촛불 양말 CANDLE FLAME

사이즈
1(2)

완성 치수
양말목 둘레 ··· 약 19(21.5)cm
발길이 ··· 약 20(24)cm

재료
실 ··· 샤헨마이어 레기아Schachenmayr Regia의 프리미엄 메리노 야크Premium Merino Yak(울 58%, 폴리아미드 28%, 야크 14%, 400m/100g) #07510 탁한 베이지색Beige Meliert 1볼
바늘 ··· 2.25mm(미국 1) 장갑바늘
도구 ··· 돗바늘
※필요하다면 제거 가능한 마커를 준비하세요.

게이지
메리야스뜨기 32코×44단

손뜨개 약어
왼코 교차뜨기RC : 왼바늘의 2번째 코에 겉뜨기, 첫 코에 겉뜨기, 2코를 바늘에서 옮기기.

양말목

기초코를 60(68)코 잡는다.

바늘 1에 16(18)코, 바늘 2에 14(16)코, 바늘 3에 16(18)코, 바늘 4에 14(16)코와 같이 장갑바늘 4개에 나눈다. 이렇게 하면 각 바늘에서 겉뜨기 2코 또는 안뜨기 2코로 끝난다.

코가 꼬이지 않게 원통으로 연결한다.

촛불 무늬(원통뜨기)

1·2단 : [겉뜨기 2코, 안뜨기 2코] 끝까지 반복.

3단 : [왼코 교차뜨기, 안뜨기 2코] 끝까지 반복.

4단 : [겉뜨기 2코, 안뜨기 2코] 끝까지 반복.

1~4단을 5회 더 반복한다.

5·6단 : [안뜨기 2코, 겉뜨기 2코] 끝까지 반복.

7단 : [안뜨기 2코, 왼코 교차뜨기] 끝까지 반복.

8단 : [안뜨기 2코, 겉뜨기 2코] 끝까지 반복.

1~8단을 2(3)회 더 진행한다. 양말목을 길게 뜨고 싶다면 여기에서 길이를 추가한다.

코의 절반인 30(34)코(양말목의 뒷면)에서 8단 촛불 무늬를 뜨는 동안 양말목 앞면에는 다른 무늬를 도입한다.

메리야스뜨기 도입을 위해 다음과 같이 진행한다. 코의 첫 절반(양말목의 뒷면)은 계속 촛불 무늬뜨기를 하고, 나머지 코는 양말목 도안의 5(1)단에서 시작한다. 1사이즈는 주황색 선 안의 3~32코를, 2사이즈는 도안 전체인 1~34코를 뜬다.

양말목의 뒷면은 촛불 무늬를 유지하며 도안 끝까지 진행한다. 1사이즈는 36단, 2사이즈는 40단이다.

뒤꿈치

뒤꿈치는 첫 30(34)코에서 왕복한다.

힐 플랩(왕복뜨기)

1단(겉면) : 걸러뜨기 1코. *겉뜨기 1코, 실을 뒤쪽에 두고 안뜨기 방향으로 걸러뜨기 1코* 마지막 코 전까지 *-* 반복, 겉뜨기 1코.

2단(안면) : 걸러뜨기 1코, 끝까지 안뜨기.

1·2단을 14회 더 반복한다. 30단을 떴다.

힐 턴(왕복뜨기)

1단(겉면) : 걸러뜨기 1코, 겉뜨기 16(18)코, 왼코 겹쳐 2코 모아 꼬아뜨기, 겉뜨기 1코, 뜨개바탕 돌리기.

2단(안면) : 걸러뜨기 1코, 안뜨기 5코, 왼코 겹쳐 2코 모아 안뜨기, 안뜨기 1코, 뜨개바탕 돌리기.

3단 : 걸러뜨기 1코, 겉뜨기 6코, 왼코 겹쳐 2코 모아 꼬아뜨기, 겉뜨기 1코, 뜨개바탕 돌리기.

이렇게 단마다 1코씩 더 뜨며 코를 줄이는 방식으로 18(20)코가 될 때까지 뜨다가 안면 단에서 끝낸다.

거싯

준비단

바늘 1 : 걸러뜨기 1코, 힐 플랩 코에서 겉뜨기 17(19)코, 뒤꿈치 옆면을 따라 15코 줍기. 다음 30(34)코에서 발 도안 1단 뜨기.

바늘 4 : 뒤꿈치 옆면을 따라 15코 줍기. 뒤꿈치에서 첫 9(10)코 겉뜨기.

원한다면 단의 시작에 마커를 건다. 78(84)코를 장갑바늘 4개에 24-15-15-24(25-17-17-25)코로 나눈다.

처음 24(25)코와 마지막 24(25)코에서 거싯 코 줄이기를 하는 동안 발등 30(34)코에서는 설정한 패턴을 유지한다. 도안을 따라 1사이즈는 1~28단, 2사이즈는 1~32단을 뜬다. 발 도안을 다 뜨면 양말목 도안을 1회 더 진행한다. 1사이즈는 5~36단, 2사이즈는 1~40단이다.

코 줄이기 단

바늘 1 : 마지막 2코 전까지 겉뜨기, 왼코 겹쳐 2코 모아뜨기.

발등 코는 설정한 대로 무늬뜨기.

바늘 4 : 오른코 겹쳐 2코 모아뜨기, 겉뜨기 22(23)코.

설정한 대로 한 단을 뜬다.

각 바늘에 15(17)코 남을 때까지 코 줄이기 단을 8(7)회 더 반복한다.

이 과정을 마치면 발바닥 코는 메리야스뜨기, 발등 코는 설정한 패턴을 유지하며 원통으로 진행한다. 필요하다면 여기서 메리야스뜨기로 길이를 추가한다.

발가락 모양 만들기(원통뜨기)

1단

바늘 1 : 마지막 3코 전까지 겉뜨기, 왼코 겹쳐 2코 모아뜨기, 겉뜨기 1코.

바늘 2 : 겉뜨기 1코, 오른코 겹쳐 2코 모아뜨기, 끝까지 겉뜨기.

바늘 3&4 : 바늘 1&2를 1회 반복한다. 56(64)코가 남는다.

2단 : 겉뜨기.

1·2단을 6(8)회 더 반복한다. 32코가 남는다.

1단을 4회 반복한다. 16코가 남는다.

1번째 바늘에서 겉뜨기를 4코 한다.

실 끝을 20cm 남기고, 실을 자른다.

마무리하기

바늘 4의 코는 바늘 1로, 바늘 2의 코는 바늘 3으로 옮긴다. 바늘 1&3을 나란히 잡고 메리야스 잇기로 코를 연결한다. 남은 실을 보이지 않게 정리하고 흠뻑 적셔 블로킹한 다음 치수를 잰다.

발 도안

34 33 32 31 30 29 28 27 26 25 24 23 22 21 20 19 18 17 16 15 14 13 12 11 10 9 8 7 6 5 4 3 2 1

(차트: 가로 34칸 × 세로 32줄. 오른쪽 줄 번호 32~1, 아래 칸 번호 34~1)

☐			겉뜨기
●			안뜨기
Ｙ Ｘ			왼코 교차뜨기
☐ (주황)			1사이즈

양말목 도안

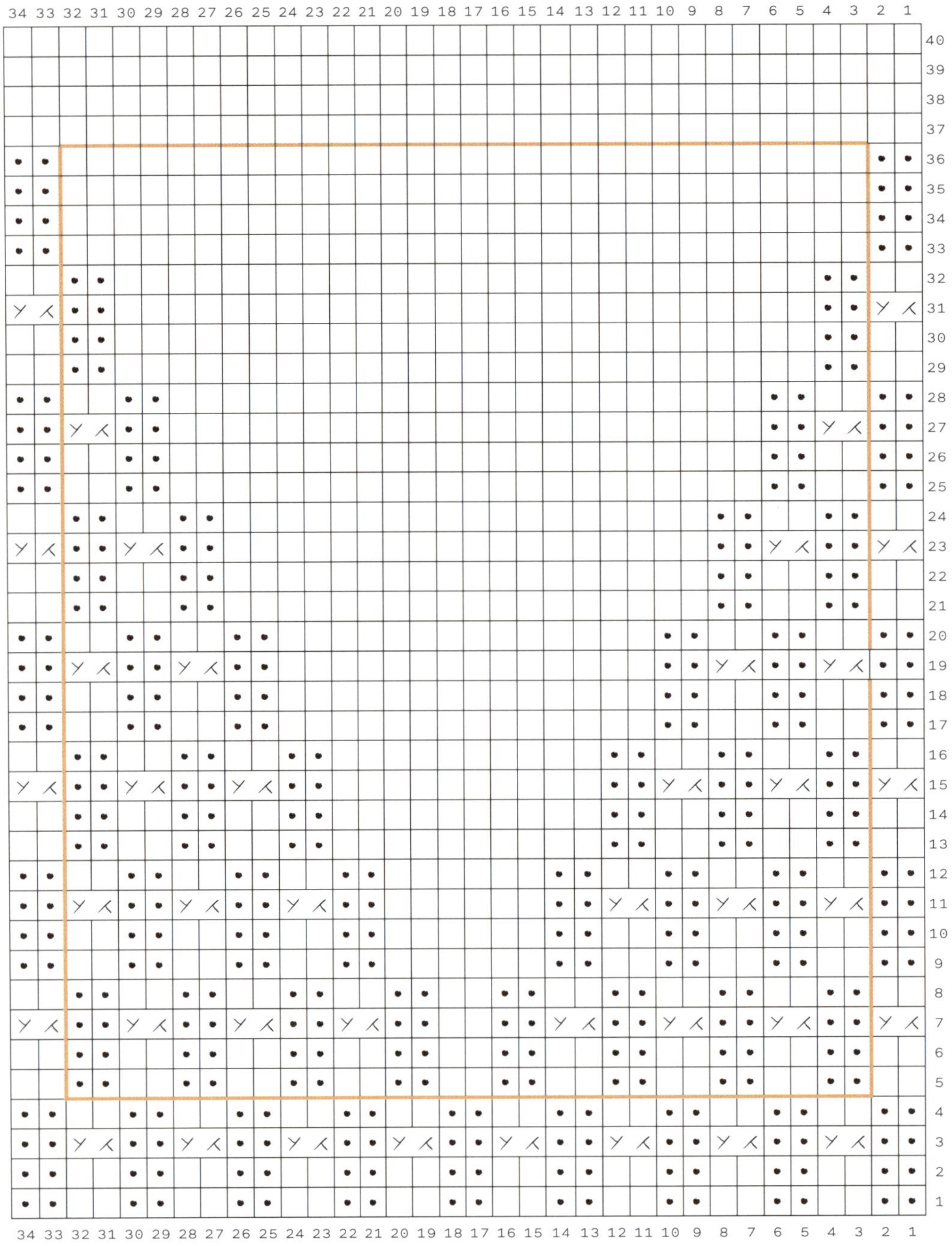
34 33 32 31 30 29 28 27 26 25 24 23 22 21 20 19 18 17 16 15 14 13 12 11 10 9 8 7 6 5 4 3 2 1
40 39 38 37 36 35 34 33 32 31 30 29 28 27 26 25 24 23 22 21 20 19 18 17 16 15 14 13 12 11 10 9 8 7 6 5 4 3 2 1

47 앨리스 덧신 ALICJA

사이즈

1(2)

완성 치수

발둘레 ··· 18.5(21.5)cm
길이(조절 가능) ··· 22(23.5)cm

재료

실(바탕색) ··· 마틴스 랩Martin's Lab의 젤라즈나Zelazna 3ply(폴란드산 젤라즈나 울 100%. 225m/105g) 염색하지 않은 색 1볼
실(배색) ··· 오비스 에 세테라Ovis et Cetera의 셰틀랜드 중세사 Shetland fingering (셰틀랜드 울 100%. 200m/50g) 캐빈 앤 크림색 Cabin and Cream 미니 2볼
바늘 ··· 2.75mm(미국 2) 줄바늘
바늘(코막음용) ··· 여벌 3개
도구 ··· 돗바늘

게이지

메리야스뜨기 23코×33단

손뜨개 약어

구슬뜨기BOB : 다음 1코에 [겉뜨기 1코, 바늘비우기, 겉뜨기 1코] (2코 증가), 뜨개바탕 돌리기, 안뜨기 3코, 뜨개바탕 돌리기, (왼코 겹쳐 2코 모아뜨기할 듯이) 겉뜨기 방향으로 2코를 한꺼번에 옮기기. 다음 코 겉뜨기하고 옮긴 2코로 덮어씌우기. 다음 단에서 구멍이 생기지 않도록 구슬 위 코에서 실의 장력을 세게 유지한다.

발가락(원통뜨기)

바탕실과 주디의 매직 코잡기로 26(30)코를 잡는다. 각 바늘에는 13(15)코가 있다.

기초코 단이 1단이 된다.

2단 : 겉뜨기.

3단 : [겉뜨기 1코, 돌려뜨며 오른코 늘리기, 바늘의 마지막 1코 전까지 겉뜨기, 돌려뜨며 왼코 늘리기, 겉뜨기 1코] 끝까지 반복. (+4코).

2·3단을 3(4)회 더 반복한다. 42(50)코.

10(12)단 : 겉뜨기 10(12)코, 구슬뜨기, 끝까지 겉뜨기.

11·13·15(13·15·17)단 : 끝까지 겉뜨기.

12(14)단 : 겉뜨기 8(10)코, 구슬뜨기, 겉뜨기 3코, 구슬뜨기, 끝까지 겉뜨기.

14(16)단 : 겉뜨기 6(8)코, 구슬뜨기, 겉뜨기 7코, 구슬뜨기, 끝까지 겉뜨기.

16(18)단 : 겉뜨기 4(6)코, 구슬뜨기, 겉뜨기 11코, 구슬뜨기, 끝까지 겉뜨기.

17~26(19~28)단 : 끝까지 겉뜨기.

다음 단 : 겉뜨기 9(11)코, 코막음 3코, 끝까지 겉뜨기. 39(47)코.

바늘 1에는 코막음한 3코의 양옆에 9(11)코씩 있어야 한다.

다음 단 : 코막음 입구까지 겉뜨기, 뜨개바탕 돌리기, 안뜨기 방향으로 코막음 1코, 단의 시작까지 안뜨기하고 바늘 2의 코를 안뜨기한 다음 코막음 입구에 올 때까지 바늘 1의 코 안뜨기, 뜨개바탕 돌리기. 38(46)코.

지금부터 발등 부분의 입구를 단의 시작과 끝으로 해서 평면으로 진행한다.

코막음 1단(겉면) : 코막음 1코, 입구까지 겉뜨기, 뜨개바탕 돌리기. 37(45)코.

코막음 2단(안면) : 안뜨기 방향으로 코막음 1코, 입구까지 안뜨기, 뜨개바탕 돌리기. 36(44)코.

코막음 1단을 1회 더 반복한다. 35(43)코.

발(왕복뜨기)

1단(안면) : 실을 앞쪽에 두고 걸러뜨기 1코, 입구까지 안뜨기, 뜨개바탕 돌리기.

2단(겉면) : 실을 뒤쪽에 두고 걸러뜨기 1코, 입구까지 겉뜨기, 뜨개바탕 돌리기.

원하는 발길이(실제 발길이보다 1.5cm 짧아야 한다)보다 4.5(5)cm 짧을 때까지 1·2단을 반복하고 안면 단에서 끝낸다.

뒤꿈치(왕복뜨기)

실을 뒤쪽에 두고 걸러뜨기 1코, 겉뜨기 6(8)코. 바늘 2의 발바닥 코인 다음 21(25)코에서만 경사뜨기로 뒤꿈치를 뜬다.

경사뜨기 1단 : 실을 뒤쪽에 두고 걸러뜨기 1코, 바늘 2 끝까지 겉뜨기, 뜨개바탕 돌리기.

경사뜨기 2단 : 더블스티치, 바늘 2 끝까지 안뜨기, 뜨개바탕 돌리기.

경사뜨기 3단 : 더블스티치, 더블스티치 전까지 겉뜨기, 뜨개바탕 돌리기.

경사뜨기 4단 : 더블스티치, 더블스티치 전까지 안뜨기, 뜨개바탕 돌리기.

3·4단을 5(6)회 더 반복한다.

뜨개바탕을 돌리고 겉면에서 더블스티치를 1개 더 만든다. 이때 바늘 2의 양 끝에 더블스티치가 7(8)코씩, 가운데에 7(9)코가 있다.

5단 : 첫 더블스티치 전까지 겉뜨기 돌리기, 첫 더블스티치를 (두 가닥 모두) 한 코로 겉뜨기, 같은 식으로 다음 더블스티치 겉뜨기, 뜨개바탕 돌리기.

6단 : 더블스티치, 다음 더블스티치 전까지 안뜨기, 더블스티치를 (두 가닥 모두) 한 코로 안뜨기, 같은 식으로 다음 더블스티치 안뜨기, 뜨개바탕 돌리기.

7단 : 더블스티치, 다음 더블스티치 전까지 겉뜨기, 한 코로 더블스티치 겉뜨기, 한 코로 다음 더블스티치 겉뜨기, 뜨개바탕 돌리기.

8단 : 더블스티치, 다음 더블스티치 전까지 안뜨기, 한 코로 더블스티치 안뜨기, 한 코로 다음 더블스티치 안뜨기, 뜨개바탕 돌리기.

바늘의 양 끝에 더블스티치가 1개씩 남을 때까지 7·8단을 반복한다.

2사이즈만

앞면의 절반에 각각 8코씩, 뒤꿈치에 27코가 있도록 코의 위치를 다시 잡는다.

뒤꿈치 닫기

다음 단 : 뒤꿈치 마지막 코 전까지 겉뜨기, 한 코로 더블스티치 겉뜨기, 그다음 발등 왼쪽(바늘 1) 코 겉뜨기, 뜨개바탕 돌리기.

다음 단 : 실을 앞쪽에 두고 걸러뜨기 1코, 뒤꿈치 마지막 코(더블스티치) 전까지 발등과 뒤꿈치 코 안뜨기, 한 코로 더블스티치 안뜨기, 그다음 발등 오른쪽(바늘 1) 코 안뜨기, 뜨개바탕 돌리기. 실을 뒤쪽에 두고 걸러뜨기 1코, 발등 6(7)코 겉뜨기한다. 그다음 발등의 겉면을 뒤꿈치 겉면 쪽으로 돌려 겉면끼리 맞대고 양쪽의 안면이 밖을 향한 상태로 두 바늘을 나란히 왼손에 잡는다. 3번째 바늘을 사용해 바늘 3개로 코막음하는 방법으로 발등의 모든 코를 마무리한다. 3번째 바늘에 한 코가 남는다. 뒤꿈치 코의 겉면을 바라보며 정상적으로 작업하기 위해 뜨개바탕을 다시 뒤집고 남은 한 코를 작업하는 오른바늘에 건다. 뒤꿈치 뒤쪽 코 끝까지 겉뜨기를 한다.

반대쪽도 바늘 3개로 코막음하는 방법을 사용해 발등 코를 마무리한다. 발등 코와 뒤꿈치 코를 겉면끼리 맞대고 안면이 밖을 향한 상태에서 실을 뒤로 가져가 3번째 바늘로 발등의 모든 코를 마무리한다. 뒤꿈치 코의 안면을 바라보며 정상적으로 작업하기 위해 뜨개바탕을 다시 뒤집고 남은 한 코를 작업하는 오른바늘에 건다. 9(13)코.

뒤꿈치의 뒤 모양 만들기

1단 : 뒤쪽 코 끝까지 안뜨기, 뜨개바탕 돌리기.

2단 : 더블스티치, 끝까지 겉뜨기, 뜨개바탕 돌리기.

3단 : 더블스티치, 더블스티치 전까지 안뜨기, 뜨개바탕 돌리기.

4단 : 더블스티치, 더블스티치 전까지 겉뜨기, 뜨개바탕 돌리기.

5단 : 더블스티치, 더블스티치는 한 코로 안뜨기하며 안뜨기.

더블스티치를 한 코로 뜨며 모든 코를 겉뜨기 방향으로 코막음한다.

마무리하기

실을 정리하고 슬리퍼를 부드럽게 흠뻑 적셔 블로킹한 다음 자수 작업을 시작한다.

메리야스 자수 Duplicate Stitching

완성한 뜨개바탕에 대조되는 색으로 바느질해 장식하는 기법으로 코 위에 직접 바느질해서 한 코 한 코 뜨개질한 것처럼 보인다.

234쪽 도안의 발가락·옆면·뒤꿈치 코에 이 기법을 사용한다. 도안에서 시작하고 싶은 곳을 결정하고 실을 약 61cm 길이로 자른 다음 돗바늘에 실을 꿴다.

준비 단계 : 바늘을 뜨개바탕 뒤쪽(슬리퍼 안쪽)에서 작업하고 싶은 코의 'V'의 토대에 찔러 넣는다. 이때 첫 코에 새 실을 넣고 실 끝은 남겨두어 나중에 정리한다.

1단계 : 자수를 놓으려는 코의 윗코 두 다리 밑에 돗바늘을 오른쪽에서 왼쪽으로 찔러 넣고 아주 세지 않게 실을 당겨 'V'의 오른쪽 다리를 덮는다.

2단계 : 작업하고 있는 코의 'V'의 토대(시작했던 곳)에 돗바늘을 아래로 (본인에게서 멀리) 찔러 넣고 실을 잡아당긴다. 단, 뜨개바탕이 일그러지지 않도록 아주 세게 잡아당기지 않는다.

위아래 또는 수직으로 작업할 때는 1·2단계를 반복한다. 발가락에서 오른쪽이나 왼쪽, 수평으로 옮겨가 작업할 때는 2단계에서 바늘을 뜨개바탕 내부에 넣고 준비 단계를 거친 다음 수직으로 계속 작업한다. 이때 뜨개바탕 뒤에 실이 남는다. 실을 아주 세게 잡아당기지 않고 같은 장력을 유지하는 게 가장 중요하다.

발 입구 장식하기

각 색의 실을 약 61cm 길이로 자르고 돗바늘에 꿰어 한 번에 하나씩 바느질한다. 시작할 위치를 결정하고 뜨개바탕의 가장자리로부터 약 0.5cm 밑에서 바늘을 안쪽에서 바깥쪽으로 넣는다. 내부에 나중에 실을 정리할 수 있도록 충분히 실 끝을 남기고 잡아당긴다. 바늘을 가장자리 위로 넘어가 앞서 꿰맨 실에서 0.5cm 옆으로 안면에서 겉면으로 다시 넣는다. 이렇게 바늘을 항상 안면에 넣어 고리를 만들고 입구 전체를 꿰맨다.

2번째 색실로 반복한다.

태슬

골판지를 한 변의 길이가 2.5cm인 정사각형 조각으로 자른다. 캐빈색 실을 약 15cm 길이로 잘라서 한쪽 끝에 매듭을 만들고 느슨하게 조이지 않은 상태로 한쪽에 치워둔다. 캐빈색 실로 골판지를 8회 정도 감은 다음 골판지를 조심스럽게 제거하고 준비한 고리를 사용해 태슬의 상단을 단단히 묶어서 고정한다. 그다음 고리 밑부분을 팽팽하게 유지하며 고리를 잘라서 술을 만든다. 필요하다면 끝부분을 다듬어서 고르게 하고, 상단의 매듭에 부착된 긴 실 끝은 그대로 둔다. 한 번 더 반복해 2번째 태슬을 만든다. 태슬 상단의 긴 실 끝을 돗바늘에 꿰어 발 넣는 구멍을 장식했던 기법으로 (도안에 표시한) 뜨개바탕의 중앙 가장자리에 매단다. 원하는 길이로 조정하고 실 끝을 정리해 태슬을 고정한다.

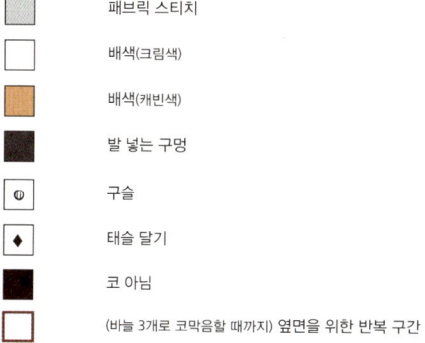

▨	패브릭 스티치
☐	배색(크림색)
▨	배색(캐빈색)
■	발 넣는 구멍
⑩	구슬
◆	태슬 달기
■	코 아님
☐	(바늘 3개로 코막음할 때까지) 옆면을 위한 반복 구간

※1·2사이즈 도안은 234쪽에 있습니다.

1사이즈 도안

2사이즈 도안

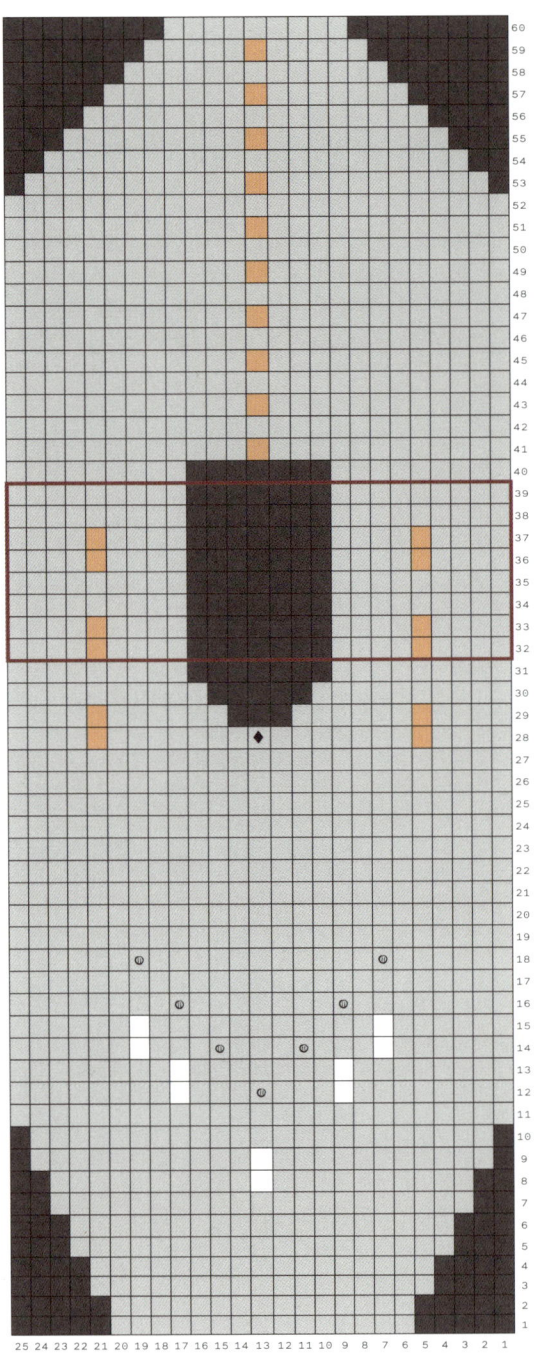

48 강줄기 양말 TRIBUTARY

사이즈
1(2)

완성 치수
발/양말목 둘레 … 21.5(23.5)cm
발길이 … 조절 가능

재료
실 … 스위트 파이버Sweet Fiber의 슈퍼 스위트 삭Super Sweet
Sock(슈퍼워시 메리노 80%, 나일론 20%, 379m/115g) 연초록색
Chartreuse 1볼
바늘 … 2.75mm(미국2) 줄바늘 또는 장갑바늘
도구 … 꽈배기바늘, 돗바늘

게이지
메리야스뜨기 30코×48단

손뜨개 약어
오른코 위 4코 교차뜨기(중앙에 안뜨기 1코 넣기) Cable Stitch 4-1-4
LPC : 5코를 꽈배기바늘에 옮기고 뜨개바탕 앞쪽에 두기, 겉
뜨기 4코, 꽈배기바늘에서 1코를 다시 왼바늘에 옮겨 안뜨
기 1코, 꽈배기바늘의 4코 겉뜨기.

발가락(원통뜨기)

주디의 매직 코잡기로 각 바늘에 10(10)코씩 20(20)코를 잡는다.

1단

바늘 1 : 겉뜨기로 1코 늘리기. 2코 남을 때까지 겉뜨기. 겉뜨기로 1코 늘리기. 겉뜨기 1코.

바늘 2 : 겉뜨기로 1코 늘리기. 2코 남을 때까지 겉뜨기. 겉뜨기로 1코 늘리기. 겉뜨기 1코. (+4코).

총 40(40)코가 될 때까지 1단을 반복(4회 더 반복)한다.

6단+짝수단 : 겉뜨기.

7단 : 1단을 반복한다.

총 64(68)코가 될 때까지 6·7단을 반복한다.

다음 단 : 겉뜨기로 1코 늘리기. 0(2)코 남을 때까지 겉뜨기. 겉뜨기로 1코 늘리기. 겉뜨기 1코.

총 65(70)코.

겉뜨기 8(6)단.

발(원통뜨기)

바늘 1에 35(37)코, 바늘 2에 30(33)코로 나눈다.

1~40단

바늘 1 : 도안을 따른다.

바늘 2 : 겉뜨기.

원하는 발길이보다 7.5cm 짧을 때까지 설정한 대로 계속 진행한다.

발 코 늘리기

바늘 1 : 설정한 패턴을 유지한다.

바늘 2 : 겉뜨기로 1코 늘리기. 2코 남을 때까지 겉뜨기. 겉뜨기로 1코 늘리기. 겉뜨기 1코. (+2코).

위와 같이 설정한 패턴대로 뜨면서 바늘 2에서 30코가 늘어날 때까지 두 단마다 코 늘리기를 계속한다. 총 95(100)코.

힐 턴(왕복뜨기)

바늘 1의 첫 35(37)코는 설정한 대로 계속 진행한다. 다음 15코와 바늘 2의 마지막 15코를 풀림막음핀에 옮기고 작업할 30(33)코는 바늘 2에 남긴다. 실을 끊는다. 새 실을 사용해 왕복하며 바늘 2의 남은 30(33)코에서 뜨기 시작한다.

1단(겉면) : 실을 연결하고 겉뜨기 27(30)코. 랩앤턴.

2단(안면) : 안뜨기 방향으로 걸러뜨기 1코, 안뜨기 24(27)코. 랩앤턴.

3단 : 안뜨기 방향으로 걸러뜨기 1코, 겉뜨기 22(25)코. 랩앤턴.

4단 : 안뜨기 방향으로 걸러뜨기 1코, 안뜨기 20(23)코. 랩앤턴.

5단 : 안뜨기 방향으로 걸러뜨기 1코, 겉뜨기 18(21)코. 랩앤턴.

6단 : 안뜨기 방향으로 걸러뜨기 1코, 안뜨기 16(19)코. 랩앤턴.

7단 : 안뜨기 방향으로 걸러뜨기 1코, 겉뜨기 14(17)코. 랩앤턴.

8단 : 안뜨기 방향으로 걸러뜨기 1코, 안뜨기 12(15)코. 랩앤턴.

9단 : 안뜨기 방향으로 걸러뜨기 1코, 겉뜨기 10(13)코. 랩앤턴.

10단 : 안뜨기 방향으로 걸러뜨기 1코, 안뜨기 8(11)코. 랩앤턴.

11단 : 1코 남을 때까지 감긴 실을 주워 코와 함께 뜨며 뒤꿈치 마지막 코 전까지 겉뜨기. 늘어났던 거싯 15코 중 14코는 왼바늘에 다시 걸고 (남은 코와 거싯 첫 코는) 오른코 겹쳐 2코 모아뜨기. 뜨개바탕 돌리기.

12단 : 걸러뜨기 1코, 1코 남을 때까지 감긴 실을 주워 코와 함께 뜨며 안뜨기. 늘어났던 거싯 15코 중 14코를 왼바늘에 다시 걸고 (남은 코와 거싯 첫 코는) 왼코 겹쳐 2코 모아 안뜨기. 뜨개바탕 돌리기.

기존의 뒤꿈치 30(33)코에서 아래 설정한 패턴으로 뜨기. 매 단의 끝에서 거싯 1코가 줄어든다.

1단 힐 플랩(겉면) : 안뜨기 방향으로 걸러뜨기 1코, *겉뜨기 1코, 걸러뜨기* 1(2)코가 남을 때까지 *-* 반복. 겉뜨기 0(1)코. 오른코 겹쳐 2코 모아뜨기. 뜨개바탕을 돌린다.

2단 힐 플랩(안면) : 안뜨기 방향으로 걸러뜨기 1코, 1코 남을 때까지 안뜨기. 왼코 겹쳐 2코 모아 안뜨기. 뜨개바탕을 돌린다.

모든 거싯코를 통합할 때까지 1·2단을 반복하고 안면 단에서 끝낸다.

뜨개바탕을 돌려서 바늘 2에 남아 있는 모든 코를 겉뜨기한다.

양말목(원통뜨기)

원통뜨기를 재개한다.

양말목 패턴의 첫 단 : 왼코 겹쳐 2코 모아뜨기. 겉뜨기 1(2)코. 바늘 1에 2코 남을 때까지 발에서 설정한 대로 계속 뜨기. 왼코 겹쳐 2코 모아뜨기.

바늘 1에 35(37)코, 바늘 2에 30(33)코가 있다.

바늘 1 : 위의 발에서 설정한 패턴을 반복한다.

바늘 2 : 겉뜨기 2(1)코, 안뜨기 1코, *겉뜨기 4코, 안뜨기 1코* 2(1)코 남을 때까지 *-* 반복. 겉뜨기 2(1)코.

원하는 양말목 길이보다 4cm 짧을 때까지 설정한 대로 계속한다.

양말단(원통뜨기)

1단 : 왼코 겹쳐 2코 모아뜨기(겉뜨기 1코), 안뜨기 1코, [겉뜨기 1코, 안뜨기 1코] 끝까지 반복.

2단 : [겉뜨기 1코, 안뜨기 1코] 끝까지 반복.

원하는 양말단 길이가 될 때까지 2단을 반복하고, 신축성이 매우 뛰어난 제니의 코막음으로 마무리한다.

마무리하기

남은 실을 보이지 않게 정리하고 흠뻑 적셔 블로킹한 다음 치수를 잰다.

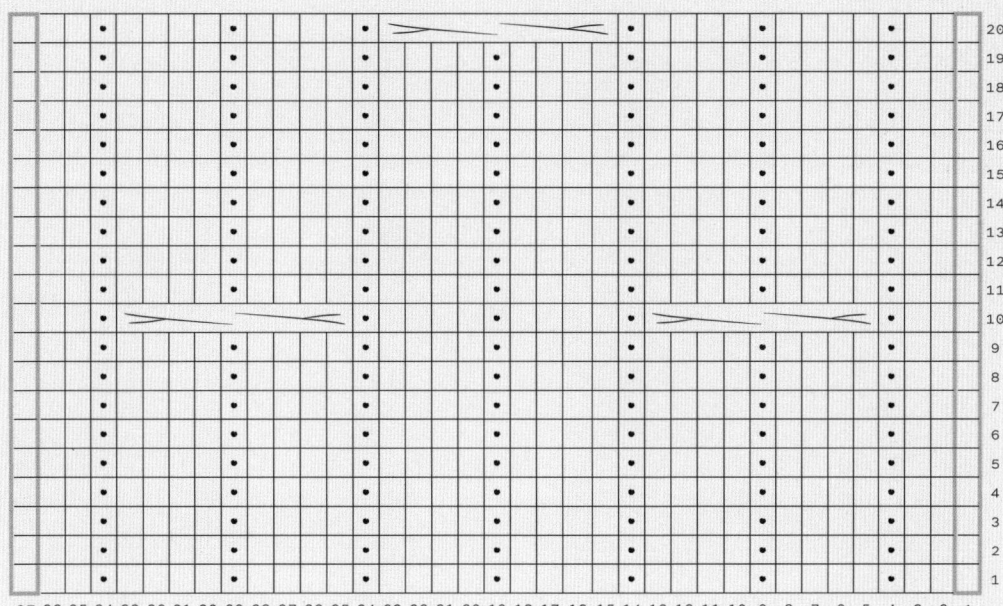

	겉뜨기
•	안뜨기
><	오른코 위 4코 교차뜨기(중앙에 안뜨기 1코 넣기)
	2사이즈만

49 신디가 선택한 양말 CINDY'S CHOICE

사이즈

1(2)

완성 치수

양말목 위쪽 둘레 ⋯ 30(34)cm
길이 ⋯ 조절 가능

재료

실(바탕색) ⋯ 라우베르크Rauwerk의 헤비 디케이Heavy DK(바이에른산 메리노 울 100%. 220m/100g) 자갈색Kies 2볼
실(배색) ⋯ 라우베르크의 천연염색 병태사Naturally Dyed DK(바이에른산 메리노 울 100%. 220m/100g) 헤나 골드색Henna gold 1볼
바늘 ⋯ 3.75mm(미국 5) 장갑바늘. 4mm(미국 6) 장갑바늘 또는 매직 루프용 줄바늘
도구 ⋯ 마커, 돗바늘. 블로킹 도구

게이지

메리야스뜨기 20코×32단/4mm(미국 6) 바늘

양말단(원통뜨기)

선호하는 코잡기 방법을 사용해 바탕실과 3.75mm(미국 5) 바늘로 60(68)코를 잡고 마커를 건 다음 코가 꼬이지 않도록 조심하며 원통으로 연결한다.
1단 : [겉뜨기 1코, 안뜨기 1코] 끝까지 반복.
양말단 길이가 기초코 단에서 7cm 될 때까지 1코 고무뜨기를 계속한다.
4mm(미국 6) 바늘로 바꾼다.

양말목(원통뜨기)

겉뜨기 1단.

배색실을 연결하고 도안의 1~21단까지 진행한다.

배색실을 자르고 바탕실로 양말목이 고무뜨기 단부터 9.5cm가 될 때까지 진행한다.

다음 단 : 겉뜨기 15(17)코, 마커 걸기, 끝까지 겉뜨기.

코 줄이기 단 : 마커 2코 전까지 겉뜨기, 오른코 겹쳐 2코 모아뜨기, 마커 옮기기, 겉뜨기 1코, 왼코 겹쳐 2코 모아뜨기, 끝까지 겉뜨기. (-2코). 겉뜨기를 5단 한다.

마지막 여섯 단을 4회 더 반복한다. 50(58)코가 남는다.

코 줄이기 단 : 마커 2코 전까지 겉뜨기, 오른코 겹쳐 2코 모아뜨기, 마커 옮기기, 겉뜨기 1코, 왼코 겹쳐 2코 모아뜨기, 끝까지 겉뜨기. (-2코). 겉뜨기를 3단 한다.

마지막 네 단을 1(3)회 더 반복한다. 46(50)코가 남는다.

다음 단 : 마커 전까지 겉뜨기, 마커 제거, 마지막 3(4)코 전까지 겉뜨기, 마커 걸기(새로운 단의 시작 마커), 겉뜨기 3(4)코, 예전 단의 시작 마커 제거.

양말목 길이가 기초코 단에서 약 35.5cm가 되거나 원하는 길이가 될 때까지 원통으로 메리야스뜨기를 한다.

뒤꿈치

23(25)코에서 뜨기 시작한다.

경사뜨기 1단

겉면 : 겉뜨기 23(25)코, 뜨개바탕 돌리기.

안면 : 더블스티치, 시작 마커 전까지 안뜨기, 뜨개바탕 돌리기.

경사뜨기 2단

겉면 : 더블스티치, 더블스티치 전까지 겉뜨기, 뜨개바탕 돌리기.

안면 : 더블스티치, 더블스티치 전까지 안뜨기, 뜨개바탕 돌리기.

경사뜨기 2단을 5(6)회 더 반복한다.

다음 경사뜨기단 : 더블스티치, 마커 전까지 겉뜨기(더블스티치가 나오면 더블스티치 겉뜨기).

원통뜨기 다음 단 : 끝까지 겉뜨기(더블스티치가 나오면 더블스티치 겉뜨기).

원통뜨기 다음 단 : 끝까지 겉뜨기.

경사뜨기 1단

겉면 : 겉뜨기 17(18)코, 뜨개바탕 돌리기.

안면 : 더블스티치, 안뜨기 10코, 뜨개바탕 돌리기.

경사뜨기 2단

겉면 : 더블스티치, 더블스티치 전까지 겉뜨기. 더블스티치 겉뜨기, 겉뜨기 1코, 뜨개바탕 돌리기.

안면 : 더블스티치, 더블스티치 전까지 안뜨기, 더블스티치 안뜨기, 안뜨기 1코, 뜨개바탕 돌리기.

경사뜨기 2단을 5(6)회 더 반복한다.

다음 단 : 더블스티치, 마커 전까지 겉뜨기(더블스티치가 나오면 더블스티치 겉뜨기).

발

다음 단 : 끝까지 겉뜨기(더블스티치가 나오면 더블스티치 겉뜨기).

발길이가 19.5cm가 될 때까지 또는 원하는 길이보다 5(5.5)cm 짧을 때까지 원통으로 메리야스뜨기를 한다.

바탕실을 자르고 배색실로 겉뜨기를 1단 한다.

발가락(원통뜨기)

1단(코 줄이기) : 겉뜨기 1코, 왼코 겹쳐 2코 모아뜨기, 겉뜨기 18(20)코, 오른코 겹쳐 2코 모아뜨기, 마커 걸기, 겉뜨기 1코, 왼코 겹쳐 2코 모아뜨기, 겉뜨기 18(20)코, 오른코 겹쳐 2코 모아뜨기. (-4코).

2·3단 : 끝까지 겉뜨기.

4단(코 줄이기) : 겉뜨기 1코, 왼코 겹쳐 2코 모아뜨기, 마커 2코 전까지 겉뜨기, 오른코 겹쳐 2코 모아뜨기, 마커 옮기기, 겉뜨기 1코, 왼코 겹쳐 2코 모아뜨기, 마지막 2코 전까지 겉뜨기, 오른코 겹쳐 2코 모아뜨기. (-4코).

5단 : 끝까지 겉뜨기.

4·5단을 3(4)회 더 반복한다.

4단을 5회 더 반복한다.

실을 자르고 남은 6코에 통과시켜 오므린다.

마무리하기

실을 정리하고 흠뻑 적셔 블로킹한 다음 치수를 잰다.

바탕색

배색

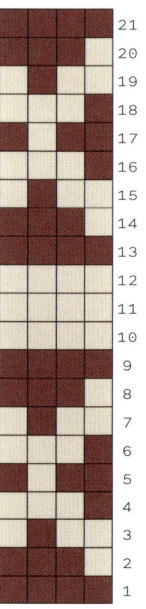

50 수오카투 양말 SUOKATU

사이즈
1(2)

완성 치수
발둘레 … 17.5(19)cm
발길이 … 23(25.5)cm

재료
실 … 캐새케르호 폼 폼Kässäkerho Pom Pom의 BFL 삭BFL Sock
(슈퍼워시 블루페이스 레스터 75%, 나일론 25%, 425m/100g) 잉크색
Muste 1볼
바늘 … 2.5mm(미국 1.5) 줄바늘 또는 장갑바늘
도구 … 마커 2개, 돗바늘

게이지
메리야스뜨기 32코×48단

손뜨개 약어
왼코 늘리기INV-L : 실을 뒤쪽에 두고 안뜨기 방향으로 다음 코
옮기기. 왼바늘을 방금 옮긴 코의 아랫단에 있는 코의 왼쪽
다리에 뒤에서 앞으로 넣어 끌어 올리기. 끌어 올린 코의 뒷
고리에 겉뜨기. (+1코).
오른코 늘리기INV-R : 오른바늘을 왼바늘의 첫 코 아랫단에 있
는 코의 오른쪽 다리에 뒤에서 앞으로 넣어 왼바늘에 끌어
올리기. 끌어 올린 코를 겉뜨기한 다음 실을 뒤쪽에 두고 안
뜨기 방향으로 원래 코를 옮기기. (+1코).

발가락(원통뜨기)

주디의 매직 코잡기로 각 바늘에 15코씩 30코를 잡는다. 단의 시작에 마커를 건다.

겉뜨기를 1단 한다.

1단(코 늘리기) : [겉뜨기 1코, 돌려뜨며 왼코 늘리기, 바늘 마지막 코 전까지 겉뜨기, 돌려뜨며 오른코 늘리기, 겉뜨기 1코] 2회. (+4코).

2단 : 겉뜨기.

총 62(66)코가 될 때까지 1·2단을 반복한다. 바늘당 31(33)코.

다음 단

바늘 1 : 겉뜨기 1코, 돌려뜨며 왼코 늘리기, 마지막 코 전까지 겉뜨기, 돌려뜨며 오른코 늘리기, 겉뜨기 1코.

바늘 2 : 겉뜨기. 총 64(68)코, 바늘 1에 33(35)코, 바늘 2에 31(33)코.

발(원통뜨기)

겉뜨기를 1단 한다.

교차무늬 뜨기를 시작한다.

바늘 1 : 뜨려고 하는 사이즈에 맞는 도안의 1단부터 시작한다.

바늘 2 : 겉뜨기.

기초코 단에서 잰 발길이가 14(16)cm가 될 때까지 또는 발가락에서 뒤꿈치까지 길이가 원하는 길이보다 9(9.5)cm 짧을 때까지 설정한 대로 뜬다.

이 지점에서 거싯을 시작한다.

1단

바늘 1 : 도안을 따라 진행한다.

바늘 2 : 겉뜨기 1코, 돌려뜨며 왼코 늘리기, 마지막 코 전까지 겉뜨기, 돌려뜨며 오른코 늘리기, 겉뜨기 1코.

2·3단

바늘 1 : 도안을 따라 진행한다.

바늘 2 : 겉뜨기.

바늘 2(발바닥)의 코가 51(55)코가 될 때까지 1·2·3단을 반복한다. 양말의 윗면(바늘 1)을 뜨면 아랫면을 뜰 차례가 된다.

왕복하며 뒤꿈치 확장과 플랩을 뜨기 시작한다. 동시에 양말 두 짝을 뜨고 있다면 1번째 양말을 뜨는 동안 2번째 양말은 보류한다.

확장하기

겉뜨기 16(17)코. 마커 걸기. 오른코 겹쳐 2코 모아뜨기. 겉뜨기 17(19)코. 마커 걸기.

뜨개바탕 돌리기. 왼코 겹쳐 2코 모아 안뜨기. 마커 사이의 코 안뜨기. 뜨개바탕 돌리기. 오른코 겹쳐 2코 모아뜨기. 마커 사이의 코 겉뜨기 마커 사이에 7(9)코가 남을 때까지 *-*를 반복한다.

힐 플랩(왕복뜨기)

뒤꿈치 뒷면을 양말목 쪽으로 뜬다. 이를 위해 방금 만든 '웨지Wedge'를 따라서 코를 주워야 한다. 마커를 제거하고 13(13)코를 줍는다. 뜨개바탕 돌리기. 안뜨기 방향으로 걸러뜨기 1코. 뒤꿈치에서 안뜨기(마커가 나오면 마커 제거). 안뜨기로 13코 줍기. 플랩 33(35)코와 플랩의 양옆에 거싯 16(17)코가 있다.

거싯 코를 통합하며 뒤꿈치를 만들기 시작한다.

1단 : 뜨개바탕 돌리기. 겉뜨기 방향으로 걸러뜨기 1코. *겉뜨기 1코. 걸러뜨기 1코* 거싯 2코 전까지 *-* 반복. 겉뜨기 1코. 플랩 1코와 거싯 1코를 함께 오른코 겹쳐 2코 모아뜨기.

2단 : 뜨개바탕 돌리기. 안뜨기 방향으로 걸러뜨기 1코. 거싯 1코 전까지 안뜨기. 플랩 1코와 거싯 1코를 함께 왼코 겹쳐 2코 모아 안뜨기.

모든 거싯 코를 뜰 때까지 1·2단을 반복하고 안뜨기 단에서 끝낸다.

다음 단 : 뜨개바탕 돌리기. 겉뜨기 방향으로 걸러뜨기 1코. 마지막 코 전까지 겉뜨기. 발바닥의 마지막 코와 발등의 첫 코 사이에서 3코 늘리기. 왼코 늘리기. 돌려뜨며 왼코 늘리기. 오른코 늘리기. 총 69(73)코.

양말목

발등 마지막 코 전까지 패턴 뜨기. 발등 마지막 코와 발바닥 첫 코 사이에서 3코 늘리기. 왼코 늘리기. 돌려뜨며 오른코 늘리기. 오른코 늘리기.

다음 33(35)코에서 앞면과 같은 단부터 시작해 도안 뜨기, 도안 뜨기를 하고 안뜨기 1코, 겉뜨기 1코, 안뜨기 1코. 72(76)코.

두 바늘에서 계속 도안 뜨기, 발등과 발바닥 사이에 늘어난 3코에서 [안뜨기 1코, 겉뜨기 1코, 안뜨기 1코]. 양말목 길이가 약 10cm 될 때까지 뜨다가 도안의 60(64)단에서 끝낸다. 4의 배수 단위로 단을 추가하거나 빼서 길이를 수정할 수 있다.

양말단(원통뜨기)

고무뜨기 단 : [꼬아뜨기, 안뜨기 1코] 끝까지 반복한다.

양말단이 2.5cm가 될 때까지 고무뜨기를 반복한다.

제니의 코막음처럼 신축성 있게 코를 마무리한다.

마무리하기

남은 실을 보이지 않게 정리하고 흠뻑 적셔 블로킹한 다음 치수 잰다.

1사이즈 도안

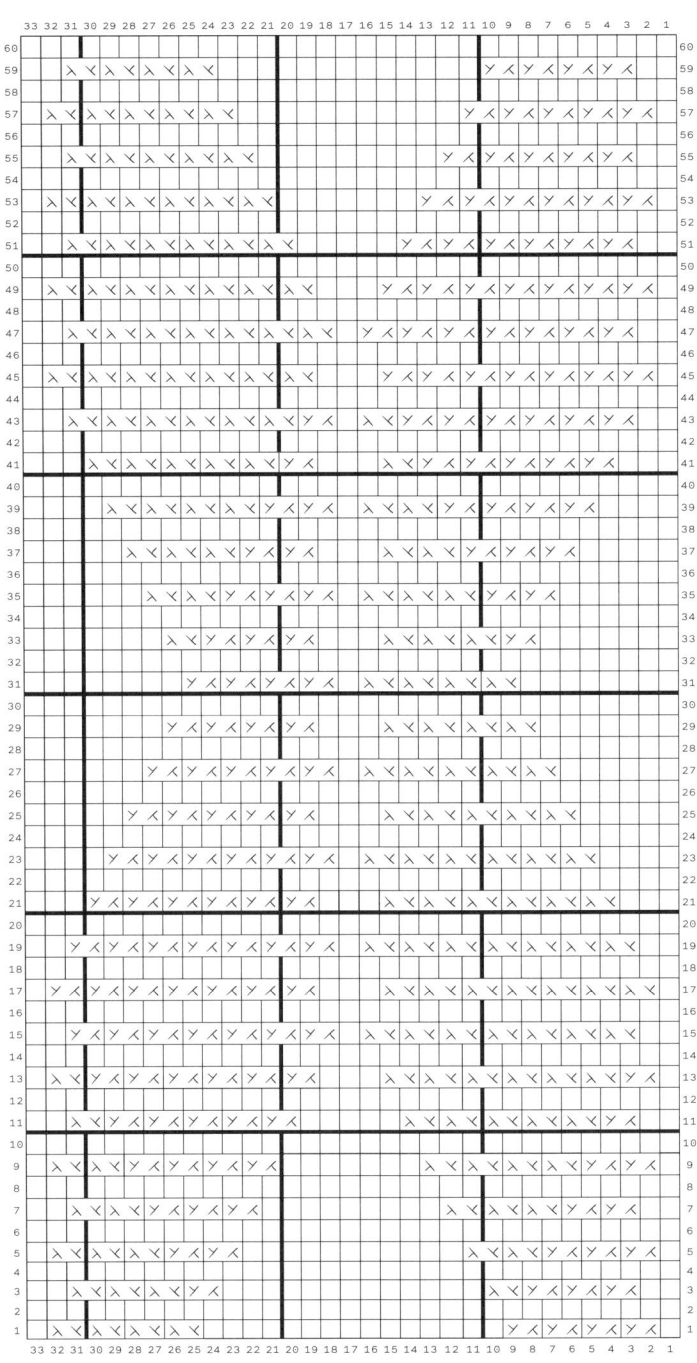

2사이즈 도안

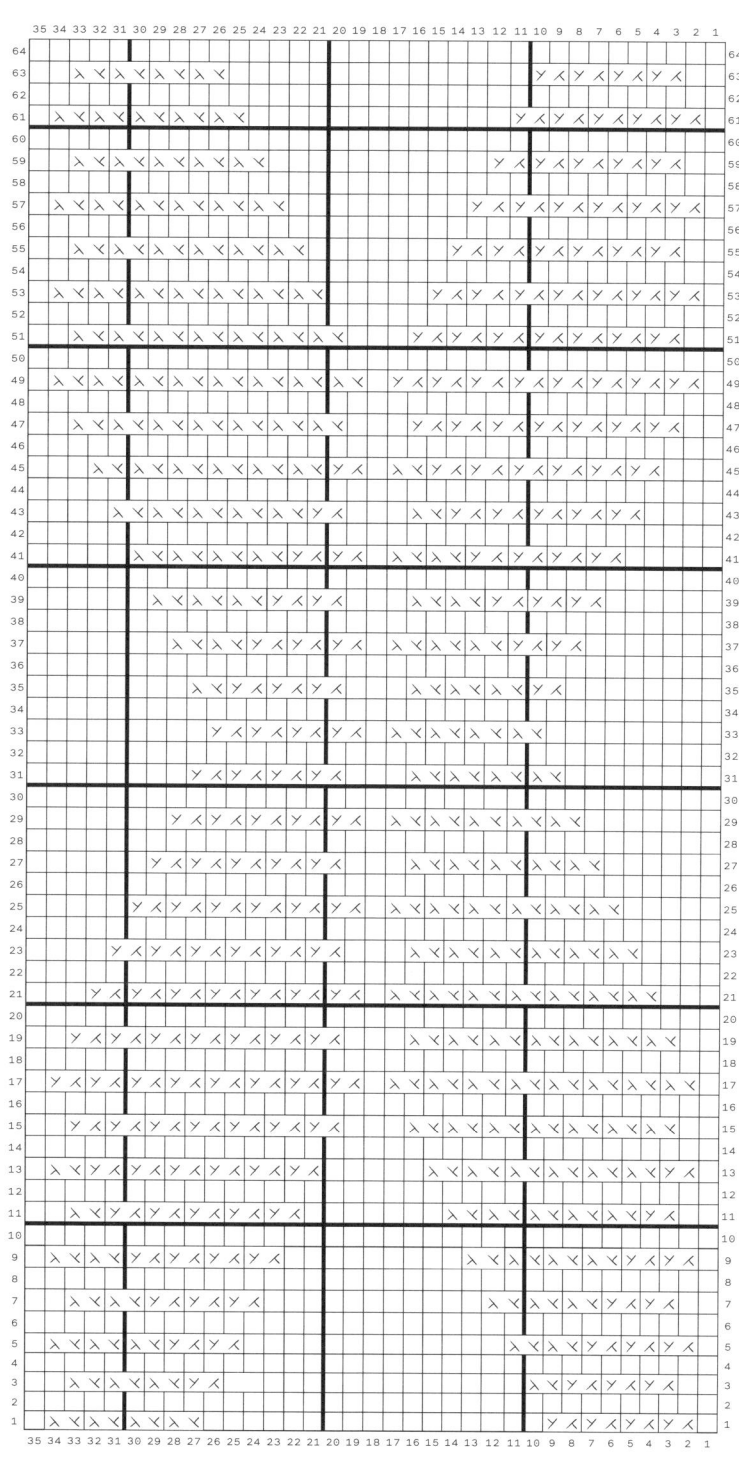

□	겉뜨기
⅄ ⅄	오른코 교차뜨기 : 왼바늘의 2번째 코에 꼬아뜨기한 다음 첫 코와 2번째 코 함께 꼬아뜨기. 2코를 바늘에서 벗겨내기
⅄ ⅄	왼코 교차뜨기 : 왼바늘에 걸려 있는 상태로 왼코 겹쳐 2코 모아뜨기. 첫 코 다시 겉뜨기. 2코 모두 바늘에서 벗겨내기

51 서머싯 양말 SOMERSET

사이즈
1(2)

완성 치수
발둘레 … 20.5(23.5)cm
발길이 … 조절 가능

재료
실 … 투쿠울Tukuwool의 투쿠울 삭Tukuwool sock(핀란드산 울
80%. 나일론 20%. 160m/50g) 만투색Mantu (07) 2(3)볼
바늘 … 2.25mm(미국 1) 줄바늘
도구 … 제거 가능한 마커. 돗바늘

게이지
메리야스뜨기 27코×35단

손뜨개 약어
오른코 교차뜨기1/1LC : 꽈배기바늘에 1코 옮기고 뜨개바탕 앞
쪽에 두기. 겉뜨기 1코. 꽈배기바늘의 1코 겉뜨기.
왼코 교차뜨기1/1RC : 꽈배기바늘에 1코 옮기고 뜨개바탕 뒤
쪽에 두기. 겉뜨기 1코. 꽈배기바늘의 1코 겉뜨기.

발가락(원통뜨기)

터키식 코잡기로 각 바늘에 12(14)코씩 24(28)코를 잡는다. 제거 가능한 마커로 단의 시작을 표시한다. 바늘은 윗면 바늘, 아랫면 바늘이라 부른다.

1단: 겉뜨기.

2단(코 늘리기)

윗면 바늘: *겉뜨기 1코, 돌려뜨며 왼코 늘리기, 마지막 코 2코 전까지 겉뜨기, 돌려뜨며 오른코 늘리기, 겉뜨기 1코*

아랫면 바늘: *-* 반복. (+4코).

1·2단을 7(8)회 더 반복한다. 32(36)코가 늘어서 총 56(64)코.

겉뜨기를 1단 한다.

윗면 바늘에서 아랫면 바늘로 1코를 옮긴다. 윗면 바늘에 27(31)코, 아랫면 바늘에 29(33)코 되어서 총 56(64)코다.

다음 단(에스토니아식 브레이드 Estonian Braid): [왼바늘의 2번째 코 뒷고리에 겉뜨기, 왼바늘의 첫 코 겉뜨기, 이 2코를 바늘에서 벗겨내기, 오른바늘의 마지막 코를 왼바늘로 옮기기] 끝까지 반복.

발(원통뜨기)

1단

윗면 바늘: 뜨려고 하는 사이즈에 맞는 도안을 따른다.

아랫면 바늘: 겉뜨기.

발가락에서 뒤꿈치까지의 길이가 원하는 길이보다 7.5(8.5)cm 짧을 때까지 반복한다.

거싯(원통뜨기)

1단

윗면 바늘: 도안을 따른다.

아랫면 바늘(코 늘리기): 겉뜨기 1코, 돌려뜨며 왼코 늘리기, 마지막 1코 전까지 겉뜨기, 돌려뜨며 오른코 늘리기, 겉뜨기 1코. (+2코).

2단

윗면 바늘: 도안을 따른다.

아랫면 바늘: 겉뜨기.

1·2단을 12(14)회 더 반복한다. 26(30)코가 늘어나 총 82(94)코가 된다. 윗면 바늘에 27(31)코, 아랫면 바늘에 55(63)코가 있다.

힐 턴(왕복뜨기)

윗면 바늘: 도안을 따른다.

뒤꿈치는 경사뜨기로 아랫면 바늘에서만 왕복하며 평면으로 뜬다.

1단(겉면): 겉뜨기 29(33)코, 오른코 겹쳐 2코 모아뜨기, 겉뜨기 1코, 뜨개바탕 돌리기. (-1코).

2단(안면): 걸러뜨기 1코, 안뜨기 4코, 왼코 겹쳐 2코 모아 안뜨기, 안뜨기 1코, 뜨개바탕 돌리기. (-1코).

3단(겉면): 걸러뜨기 1코, 틈 1코 전까지 겉뜨기, 오른코 겹쳐 2코 모아뜨기, 겉뜨기 1코, 뜨개바탕 돌리기. (-1코).

4단(안면): 걸러뜨기 1코, 틈 1코 전까지 안뜨기, 왼코 겹쳐 2코 모아 안뜨기, 안뜨기 1코, 뜨개바탕 돌리기. (-1코).

3·4단을 9(11)회 더 반복한 다음 3단을 1회 더 반복한다.

(-23(27)코). 아랫면 바늘에 32(36)코.

뜨개바탕을 돌리지 않고 이어서 원통뜨기를 한다.

뒤꿈치 마무리(원통뜨기)

1단

윗면 바늘: 도안을 따른다.

아랫면 바늘: 겉뜨기 1코, 왼코 겹쳐 2코 모아뜨기, 마지막 2코 전까지 겉뜨기, 오른코 겹쳐 2코 모아뜨기. (-2코).

2단

윗면 바늘: 도안을 따른다.

아랫면 바늘: 겉뜨기 1코, 왼코 겹쳐 2코 모아뜨기, 끝까지 겉뜨기. (-1코).

총 56(64)코. 윗면 바늘에 27(31)코, 아랫면 바늘에 29(33)코.

양말목(원통뜨기)

1단

윗면 바늘: 도안을 따른다.

아랫면 바늘: 겉뜨기.

뒤꿈치의 맨 밑에서 잰 양말목 길이가 12.5cm 정도 될 때까지 뜨다가 도안의 반복 구간을 완전히 반복한 다음 끝낸다.

다음 단(에스토니아식 브레이드): [왼바늘의 2번째 코

뒷고리에 겉뜨기, 왼바늘의 첫 코 겉뜨기, 이 2코를 바늘에서 벗겨내기, 오른바늘의 마지막 코를 왼바늘에 옮기기] 끝까지 반복.

양말단(원통뜨기)

고무뜨기 단: [꼬아뜨기, 안뜨기 1코] 끝까지 반복.

4.5cm가 될 때까지 1코 고무뜨기를 한다. 신축성 있는 코막음을 사용해 느슨하게 모든 코를 마무리한다.

마무리하기

남은 실을 보이지 않게 정리하고 흠뻑 적셔 블로킹한 다음 치수를 잰다.

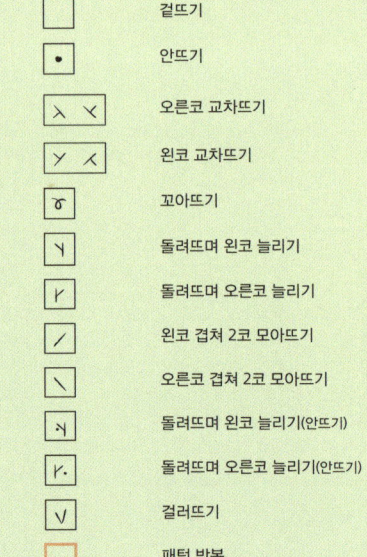

□	겉뜨기
•	안뜨기
⋋ ⋌	오른코 교차뜨기
⋎ ⋏	왼코 교차뜨기
♂	꼬아뜨기
Ɣ	돌려뜨며 왼코 늘리기
↰	돌려뜨며 오른코 늘리기
╱	왼코 겹쳐 2코 모아뜨기
╲	오른코 겹쳐 2코 모아뜨기
↘	돌려뜨며 왼코 늘리기(안뜨기)
↳	돌려뜨며 오른코 늘리기(안뜨기)
∨	걸러뜨기
□	패턴 반복

1사이즈 도안

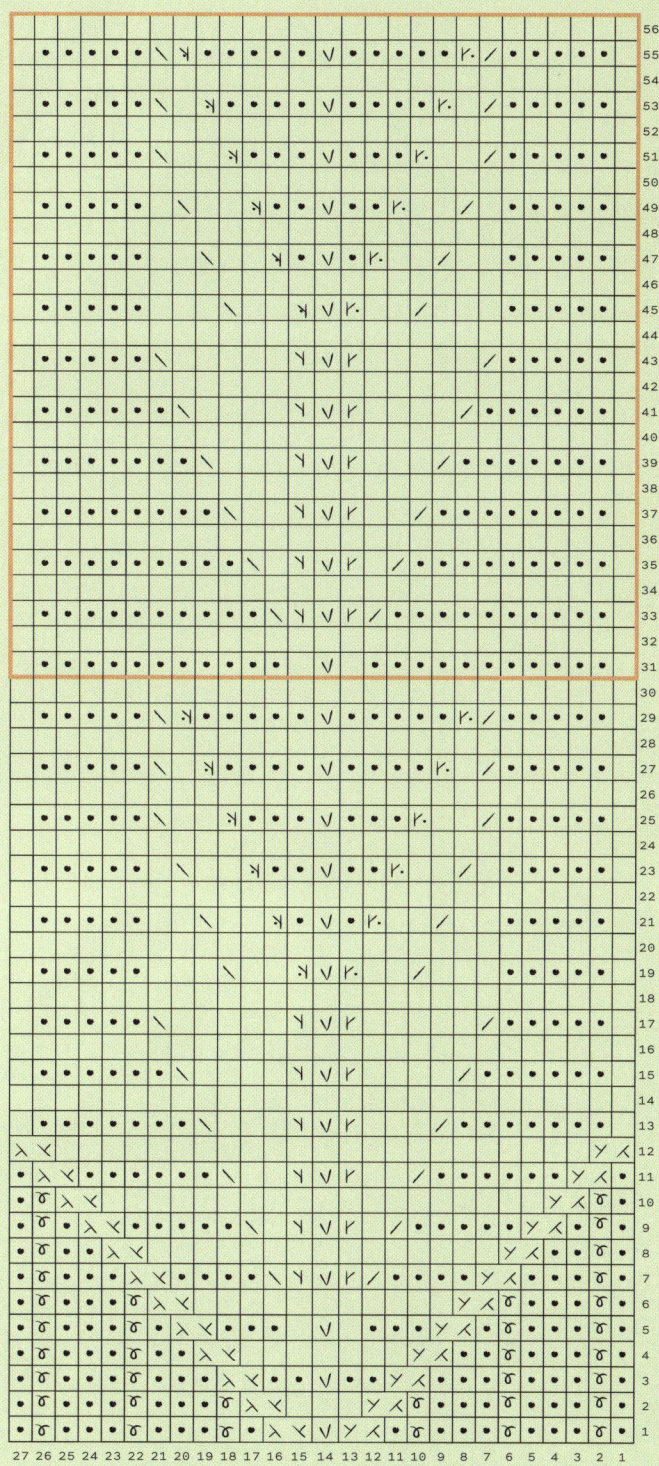

2사이즈 도안

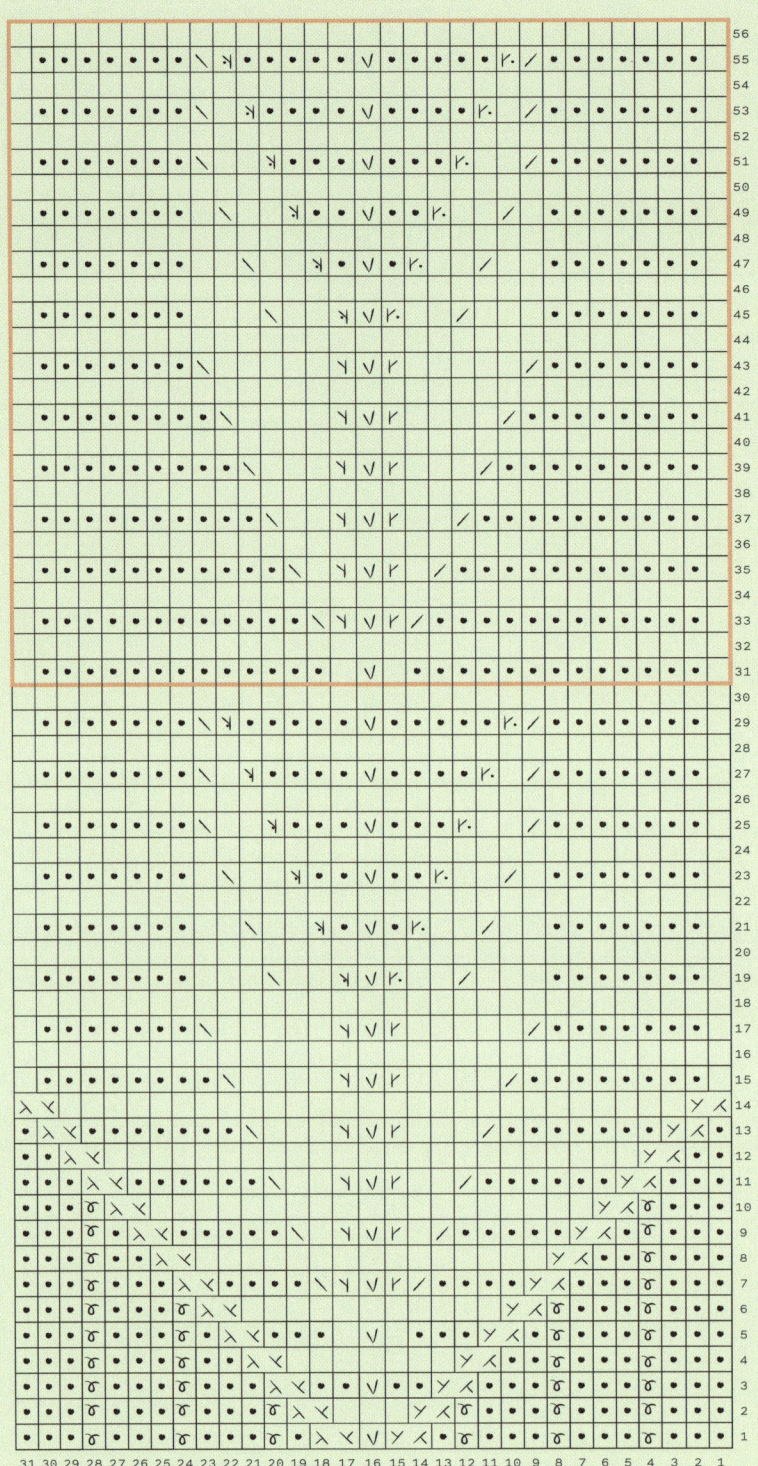

52
디어 비에른 양말DEAR BJÖRN

사이즈

1(2)

완성 치수

발둘레 … 19(21.5)cm
양말목 둘레 … 20(22.5)cm
발길이 … 조절 가능

재료

실 … 라 비앵 에메La Bien Aimée의 메리노 슈퍼 삭Merino Super
Sock(메리노 75%, 나일론 25%, 425m/100g) 에밀린색Emeline 1볼
바늘 … 2.25mm(미국 1) 줄바늘 또는 장갑바늘
바늘(양말단용) … 2mm (미국 0) 줄바늘
도구 … 마커, 별실 또는 풀림막음핀
※ 필요하다면 장갑바늘을 준비하세요.

게이지

메리야스뜨기 32코×44단/2.25mm(미국 1) 바늘

손뜨개 약어

왼코 늘리기LLI : 오른바늘의 방금 뜬 코의 2단 아래 코의 왼쪽
다리를 끌어 올려 겉뜨기. (+1코).
오른코 교차뜨기LT : 꽈배기바늘에 1코 옮기고 뜨개바탕 앞에
두기, 겉뜨기 1코, 꽈배기바늘의 1코 겉뜨기.
오른코 늘리기RLI : 왼바늘의 다음 코 아랫단 코의 오른쪽 다리
를 끌어 올려 겉뜨기. (+1코).
왼코 교차뜨기RT : 꽈배기바늘에 1코 옮기고 뜨개바탕 뒤에
두기, 겉뜨기 1코, 꽈배기바늘의 1코 겉뜨기.

POINT

발바닥과 발등의 콧수가 같지 않습니다. 양말목 부분은 발보다 4코 더 넓어서 걸러뜨기 패턴의 부족한 신축성을 보완했습니다.
단, 마커를 언급하지 않았다면 마커를 옮겨가며 진행합니다.
본인이 선호하는 바늘로 뜨개질을 하면 됩니다. 매직 루프로 뜬다면 발등을 뜨는 바늘 1에 단의 시작 마커를 건 다음 코를 배치하고, 발바닥을 뜨는 바늘 2에 마커를 걸어서 나머지 코를 배치합니다. 이때 마커가 바늘을 전환하는 스위치 역할을 합니다. 단, 장갑바늘은 마커를 바늘 끝에 걸면 안 되니 주의하세요.

발가락(원통뜨기)

오른쪽&왼쪽 양말

주디의 매직 코잡기로 18(22)코를 잡는다.

1단 : [겉뜨기 9(11)코, 마커 걸기] 2회.

2단 : [겉뜨기 1코, 왼코 늘리기, 마커 1코 전까지 겉뜨기, 오른코 늘리기, 겉뜨기 1코, 마커 옮기기] 2회. (+4코)

2단을 2(3)회 더 반복한다. 30(38)코.

3단 : 겉뜨기.

4단 : [겉뜨기 1코, 왼코 늘리기, 마커 1코 전까지 겉뜨기, 오른코 늘리기, 겉뜨기 1코, 마커 옮기기] 2회. (+4코).

3·4단을 6회 반복한다. 56(66)코.

5단 : 겉뜨기.

6단 : 겉뜨기 1코, 왼코 늘리기, 마커 1코 전까지 겉뜨기, 오른코 늘리기, 겉뜨기 1코, 마커 옮기기, 끝까지 겉뜨기. (+2코).

총 60(68)코. 발등에 31(35)코, 발바닥에 29(33)코.

5단을 5회 더 진행한다.

발

메인 패턴은 발등 코인 처음 31(35)코에서만 뜬다. 오른쪽 양말과 왼쪽 양말의 지침을 각각 제공하니 참고한다.

발바닥[나머지 29(33)코] : 끝까지 겉뜨기.

오른쪽 양말의 발등 패턴(원통뜨기)

1단 : *걸러뜨기 1코, 겉뜨기 3코* 마커 3코 전까지 *-* 반복, 걸러뜨기 1코, 겉뜨기 2코, 마커 옮기기.

2단 : *오른코 교차뜨기, 겉뜨기 2코* 마커 3코 전까지 *-* 반복, 오른코 교차뜨기, 겉뜨기 1코, 마커 옮기기.

3단 : 겉뜨기 1코, *걸러뜨기 1코, 겉뜨기 3코* 마커 2코 전까지 *-* 반복, 걸러뜨기 1코, 겉뜨기 1코, 마커 옮기기.

4단 : 겉뜨기 1코, *오른코 교차뜨기, 겉뜨기 2코* 마커 2코 전까지 *-* 반복, 오른코 교차뜨기, 마커 옮기기.

5단 : 겉뜨기 2코, *걸러뜨기 1코, 겉뜨기 3코* 마커 1코 전까지 *-* 반복, 겉뜨기 1코, 마커 옮기기.

6단 : 겉뜨기 2코, *오른코 교차뜨기, 겉뜨기 2코* 마커 1코 전까지 *-* 반복, 겉뜨기 1코, 마커 옮기기.

7단 : 겉뜨기 3코, *걸러뜨기 1코, 겉뜨기 3코* 마커 전까지 *-* 반복, 마커 옮기기.

8단 : 겉뜨기 3코, *오른코 교차뜨기, 겉뜨기 2코* 마커 전까지 *-* 반복, 마커 옮기기.

왼쪽 양말의 발등 패턴

1단 : 겉뜨기 2코, 걸러뜨기 1코, *겉뜨기 3코, 걸러뜨기 1코* 마커 전까지 *-* 반복, 마커 옮기기.

2단 : 겉뜨기 1코, 왼코 교차뜨기, *겉뜨기 2코, 왼코 교차뜨기* 마커 전까지 *-* 반복, 마커 옮기기.

3단 : 겉뜨기 1코, 걸러뜨기 1코, *겉뜨기 3코, 걸러뜨기 1코* 마커 1코 전까지 *-* 반복, 겉뜨기 1코, 마커 옮기기.

4단 : 왼코 교차뜨기, *겉뜨기 2코, 왼코 교차뜨기* 마커 1코 전까지 *-* 반복, 겉뜨기 1코, 마커 옮기기.

5단 : 겉뜨기 1코, *겉뜨기 3코, 걸러뜨기 1코* 마커 2코 전까지 *-* 반복, 겉뜨기 2코, 마커 옮기기.

6단 : 겉뜨기 1코, *겉뜨기 2코, 왼코 교차뜨기* 마커 2코 전까지 *-* 반복, 겉뜨기 2코, 마커 옮기기.

7단 : *겉뜨기 3코, 걸러뜨기 1코* 마커 3코 전까지 *-* 반복, 겉뜨기 3코, 마커 옮기기.

8단 : *겉뜨기 2코, 왼코 교차뜨기* 마커 3코 전까지 *-* 반복, 겉뜨기 3코, 마커 옮기기.

발길이가 뜨려고 하는 길이보다 약 10(11.5)cm 짧을 때까지 1~8단을 뜬다. 8(4)단에서 끝낸다. 견본(1사이즈)은 전체 패턴을 5회 반복하고 거싯을 시작했다.

거싯(원통뜨기)

발등 코[처음 31(35)코] : 설정한 대로 오른쪽 양말과 왼쪽 양말의 발등 패턴 뜨기를 계속한다.

발바닥 코[나머지 29(33)코]

1단 : 겉뜨기 1코, 왼코 늘리기, 마커 1코 전까지 겉뜨기, 오른코 늘리기, 겉뜨기 1코, 마커 옮기기.(+2코).

2단 : 겉뜨기.

1·2단을 13(15)회 더 반복한다. 발등에 31(35)코,

발바닥에 57(65)코, 총 88(100)코.

오른쪽 양말만

발등 코[처음 31(35)코] : 겉뜨기 2코, *걸러뜨기 1코, 겉뜨기 3코* 마커 1코 전까지 *-* 반복, 걸러뜨기 1코, 마커 옮기기.

왼쪽 양말만

발등 코[처음 31(35)코] : 걸러뜨기 1코, *겉뜨기 3코, 걸러뜨기 1코* 마커 2코 전까지 *-* 반복, 겉뜨기 2코, 마커 옮기기.

발등 코는 풀림막음핀이나 별실에 둔다.

힐 턴(왕복뜨기)

발바닥 코에서만 뜬다.

오른쪽&왼쪽 양말

1단(겉면) : 겉뜨기 39(45)코, 랩앤턴.

2단(안면) : 안뜨기 21(25)코, 랩앤턴.

3단 : 겉뜨기 19(23)코, 랩앤턴.

4단 : 안뜨기 17(21)코, 랩앤턴.

5단 : 겉뜨기 15(19)코, 랩앤턴.

6단 : 안뜨기 13(17)코, 랩앤턴.

7단 : 겉뜨기 11(15)코, 랩앤턴.

8단 : 안뜨기 9(13)코, 랩앤턴.

2사이즈만

9단 : 겉뜨기 0(11)코, 랩앤턴.

10단 : 안뜨기0(9)코, 랩앤턴.

힐 플랩(왕복뜨기)

오른쪽&왼쪽 양말

준비단(겉면) : 겉뜨기 9코, [실 주워 뜨기, 겉뜨기 1코] 4(5)회, 겉뜨기 3코, 오른코 겹쳐 2코 모아뜨기, 뜨개바탕 돌리기. (-1코).

준비단(안면) : 걸러뜨기 1코, 안뜨기 20(22)코, [실 주워 뜨기, 안뜨기 1코] 4(5)회, 안뜨기 3코, 왼코 겹쳐 2코 모아 안뜨기, 뜨개바탕 돌리기. (-1코).

1단(겉면) : 걸러뜨기 2코, [겉뜨기 1코, 걸러뜨기 1코] 15(17)회, 오른코 겹쳐 2코 모아뜨기, 뜨개바탕 돌리기. (-1코).

2단(안면) : 걸러뜨기 1코, 안뜨기 31(35)코, 왼코 겹쳐 2코 모아 안뜨기, 뜨개바탕 돌리기. (-1코).

1·2단을 10(12)회 더 반복한다. 33(37)코.

오른쪽 양말만

3단 : 걸러뜨기 1코, 겉뜨기 2코, [걸러뜨기 1코, 겉뜨기 3코] 7(8)회, 걸러뜨기 1코, 겉뜨기 1코.

왼쪽 양말만

3단 : 걸러뜨기 2코, [겉뜨기 3코, 걸러뜨기 1코] 7(8)회, 겉뜨기 3코.

발등 코를 풀림막음핀에서 바늘로 옮긴다. 발등에 31(35)코, 발바닥에 33(37)코, 총 64(72)코. 양말목을 이어서 뜬다.

양말목(원통뜨기)

오른쪽 양말만

준비단 1단 : 겉뜨기 2코, *오른코 교차뜨기, 겉뜨기 2코* 마지막 2코 전까지 *-* 반복, 오른코 교차뜨기.

준비단 2단 : 겉뜨기 3코, *걸러뜨기 1코, 겉뜨기 3코* 마지막 1코 전까지 *-* 반복, 걸러뜨기 1코.

※준비단 3단을 시작하기 전에 단의 첫 코와 마지막 코를 뜨지 않고 위치만 바꿔서 마지막 코가 앞에 오게 합니다. 이렇게 하면 단의 마지막 코가 첫 코, 단의 첫 코가 마지막 코가 됩니다. 단, 마커는 이 2코 사이에 계속 있어야 합니다.

준비단 3단 : 겉뜨기 3코, *오른코 교차뜨기, 겉뜨기 2코* 마지막 코 전까지 *-* 반복, 겉뜨기 1코.

왼쪽 양말만

※준비단 1단을 시작하기 전에 단의 첫 코와 마지막 코를 뜨지 않고 위치만 바꿔서 마지막 코를 뒤에 오게 합니다. 이렇게 하면 단의 마지막 코가 첫 코, 단의 첫 코가 마지막 코가 됩니다. 단, 마커는 이 2코 사이에 계속 있어야 합니다.

준비단 1단 : 걸러뜨기 1코, *겉뜨기 2코, 왼코 교차뜨기* 마지막 3코 전까지 *-* 반복, 겉뜨기 3코.

준비단 2단 : [겉뜨기 3코, 걸러뜨기 1코] 끝까지 반복.

준비단 3단 : [겉뜨기 2코, 왼코 교차뜨기] 끝까지 반복.

오른쪽 양말만

1단 : [걸러뜨기 1코, 겉뜨기 3코] 끝까지 반복.

2단 : [오른코 교차뜨기, 겉뜨기 2코] 끝까지 반복.

3단 : 겉뜨기 1코, *걸러뜨기 1코, 겉뜨기 3코* 마지막 3코 전까지 *-* 반복, 걸러뜨기 1코, 겉뜨기 2코.

4단 : 겉뜨기 1코, *오른코 교차뜨기, 겉뜨기 2코* 마지막 3코 전까지 *-* 반복, 오른코 교차뜨기, 겉뜨기 1코.

5단 : 겉뜨기 2코, *걸러뜨기 1코, 겉뜨기 3코* 마지막 2코 전까지 *-* 반복, 걸러뜨기 1코, 겉뜨기 1코.

6단 : 겉뜨기 2코, *오른코 교차뜨기, 겉뜨기 2코* 마지막 2코 전까지 *-* 반복, 오른코 교차뜨기.

7단 : 겉뜨기 3코, *걸러뜨기 1코, 겉뜨기 3코* 마지막 1코 전까지 *-* 반복, 걸러뜨기 1코.

※8단을 뜨기 전에 단의 첫 코와 마지막 코를 뜨지 않고 위치만 바꿔서 마지막 코가 앞에 오게 합니다. 이렇게 하면 단의 마지막 코가 첫 코, 단

의 첫 코가 마지막 코가 됩니다. 단, 마커는 이 2코 사이에 계속 있어야 합니다.

8단 : 겉뜨기 3코, *오른코 교차뜨기, 겉뜨기 2코* 마지막 1코 전까지 *-* 반복, 겉뜨기 1코.

왼쪽 양말만

1단 : 겉뜨기 2코, 걸러뜨기 1코, *겉뜨기 3코, 걸러뜨기 1코* 마지막 1코 전까지 *-* 반복, 겉뜨기 1코.

2단 : 겉뜨기 1코, 왼코 교차뜨기, *겉뜨기 2코, 왼코 교차뜨기* 마지막 1코 전까지 *-* 반복, 겉뜨기 1코.

3단 : 겉뜨기 1코, 걸러뜨기 1코, *겉뜨기 3코, 걸러뜨기 1코* 마지막 2코 전까지 *-* 반복, 겉뜨기 2코.

4단 : 왼코 교차뜨기, *겉뜨기 2코, 왼코 교차뜨기* 마지막 2코 전까지 *-* 반복, 겉뜨기 2코.

5단 : 걸러뜨기 1코, *겉뜨기 3코, 걸러뜨기 1코* 마지막 3코 전까지 *-* 반복, 겉뜨기 3코.

※6단을 뜨기 전에 단의 첫 코와 마지막 코를 뜨지 않고 위치만 바꿔서 마지막 코가 뒤에 오게 합니다. 이렇게 하면 단의 마지막 코가 첫 코, 단의 첫 코가 마지막 코가 됩니다. 단, 마커는 이 2코 사이에 계속 있어야 합니다.

6단 : 걸러뜨기 1코, *겉뜨기 2코, 왼코 교차뜨기* 마지막 3코 전까지 *-* 반복, 겉뜨기 3코.

7단 : [겉뜨기 3코, 걸러뜨기 1코] 끝까지 반복.

8단 : [겉뜨기 2코, 왼코 교차뜨기] 끝까지 반복.

오른쪽 양말과 왼쪽 양말의 양말목 패턴 뜨기를 원하는 길이보다 4cm 정도 짧을 때까지 뜬다. 8단을 뜨고 끝낸다.

양말단

※필요하다면 2mm(미국0) 바늘로 변경하세요.

오른쪽 양말만

1단 : [걸러뜨기 1코, 안뜨기 1코, 꼬아뜨기, 안뜨기 1코] 끝까지 반복.

2단 : [꼬아뜨기, 안뜨기 1코] 끝까지 반복.

왼쪽 양말만

1단 : [꼬아뜨기, 안뜨기 1코, 걸러뜨기 1코, 안뜨기 1코] 끝까지 반복.

2단 : [꼬아뜨기, 안뜨기 1코] 끝까지 반복.

1·2단을 6회 더 반복한다.

제니의 코막음이나 신축성 있는 코막음을 사용해 모든 코를 마무리한다.

마무리하기

남은 실을 보이지 않게 정리하고 흠뻑 적셔서 블로킹한 다음 치수를 잰다.

52주의 뜨개 양말

1판 1쇄 인쇄	2022년 9월 19일
1판 1쇄 발행	2022년 9월 29일

지은이	레인(Laine)
옮긴이	서효령
펴낸이	김기옥

실용본부장	박재성
편집 실용2팀	이나리, 장윤선
마케터	이지수
판매 전략	김선주
지원	고광현, 김형식, 임민진

디자인	푸른나무디자인
인쇄·제본	민언프린텍

펴낸곳	한스미디어(한즈미디어(주))
주소	121-839 서울시 마포구 양화로 11길 13 (서교동, 강원빌딩 5층)

전화	02-707-0337
팩스	02-707-0198
홈페이지	www.hansmedia.com
출판신고번호	제 313-2003-227호
신고일자	2003년 6월 25일

ISBN	979-11-6007-846-6 13590